개정판

교사를 위한

교육평가

정종진 저

Educational Assessment for Teachers

태영출판사

머리말

학생들의 학습을 평가하는 일은 모든 교사들이 자주 해야만 하는 일이다. 교실에서의 평가는 학생들의 학업성적과 관련된 결정을 내릴 때 개입되는 모든 과정이 포함된다. 평가에는 학생들이 작성한 글, 교사의 질문에 대한 대답, 교사가 직접 제작한 검사나 표준화 검사에서 학생들이 보인 수행 등이 포함되고, 학생들이 그리거나 만든 작품 혹은 과학 실험과정이나 무용 동작을 관찰하는 등의 수행평가가 포함되며, 또한 어떤 주제를 다시 가르칠 것인지 그리고 어떤 점수를 부여할 것인지를 결정하는 것이 포함된다.

지필검사, 서평, 연구과제, 연습문제 풀어 보기, 구두 발표, 질의 응답, 과학 프로젝트 및 여러 종류의 예술품은 교사가 학생들의 학습을 평가하기 위한 몇 가지 방법들이며, 이 중에서 필기시험이 학생들의 교과 점수를 산출하기 위해 가장 많이 사용되는 방법이다. 교사가 교실시간의 약 1/3을 여러 유형의 평가 활동에 쏟고 있다는 조사 결과가 있다. 이처럼 평가가 중요하고 이에 많은 시간이 소요됨에도 불구하고, 정작 교사들은 이러한 요구에 응할 준비가 잘 안 되어 있다고 느끼며, 학생들의 학습을 평가하는 일을 싫어하고 잘 수행하지 못한다. 그 이유 중의 하나가 많은 교사들이 평가의 원리에 대한 지식이 부족하거나 깊이가 없기 때문이다. 또 다른 이유는 평가자의 역할과 교사의 역할을 서로 다르게 보기 때문이다.

이 책은 교사가 되고자 준비하고 있는 교원양성과정의 예비교사들이 교육평가에 대해 갖추어야 할 최소한의 기본 소양을 함양하는 데에 목적을 두고 만든 것이다. 평가 대상 및 영역 중에서도 주로 학습평가와 표준화 검사에 초점을 두었으며, 대학에서 한 학기 동안 2학점 시수로 가르칠 만큼의 분량을 고려하여 내용을 구성하였다. 제1부는 교실에서의 학습평가와 관련하여 교수-학습과 평가, 학습평가의 방법, 전통적 평가, 수행평가, 평가의 실시, 성적 처리와 보고를 다루었다. 제2부는 학교 현장에서 각종 표준화된 심리검사가 실시되고 있는 상황이기 때문에 표준화 검사의 이해와 활용과 관련하여 표준화 검사의 특성, 평가 준거, 점수의 해석, 활용에 대해 다루었다.

평가는 교사의 교육활동과 관련하여 불가분의 관계를 갖고 있고, 교사는 평가자로서의 역할을 수행해야 하기 때문에 예비교사나 현직교사 모두에게 교육평가에 대한 이해가 요구된다. 본문에서 더러 언급되어 있는 '여러분'은 '교사'를 지칭한다는 것을 미리 밝혀 둔다. 이 책이 교사의 교육평가에 대한 기본적 이해를 도모하고 평가에 대한 이론적 및 실무적 소양을 높이는 데에 조금이나마 도움이 되기를 바란다. 이 책의 출간을 독려하고 도움을 주신 태영출판사 김현태 사장님과 뒤에서 보이지 않게 수고해 주신 편집부의 관계자 여러분께 이 자리를 빌려 감사를 드린다.

2015년 1월

저자 정 종 진

차 례

제1부 교실에서의 학습평가

제2부 표준화 검사의 이해와 활용

제7장 표준화 검사의 특성 189

제8장 표준화 검사의 평가준거 213

제1부

교실에서의 학습평가

제1장

교수-학습과 평가

1. 평가의 의미
2. 학습평가의 목적과 기능
3. 학습평가의 일반적 원리
4. 학습평가의 최근 동향
5. 학습평가의 방향

교실에서 평가는 학생들의 학업향상과 관련된 결정을 내릴 때 개입되는 모든 과정을 포함한다. 평가는 학생들이 작성한 글, 교사의 질문에 대한 대답, 교사가 직접 제작한 시험이나 표준화된 검사에서 학생들이 보인 수행 등을 포함한다. 또한 평가는 학생들이 그림을 그린 것, 도자기를 만드는 것을 관찰하는 등의 수행평가를 포함한다. 뿐만 아니라 평가는 어떤 주제를 다시 가르칠지, 시험을 언제 실시하고 점수를 어떻게 부여할지를 결정하는 것도 포함한다. 그러므로 교수-학습과정에서 평가는 없어서는 안 될 중요한 요소다. 이 장에서는 평가의 의미를 살펴본 뒤에 학습평가의 목적과 기능, 일반적 원리, 최근 동향과 방향에 대해서 알아보기로 한다.

1. 평가의 의미

평가란 용어는 영어의 assessment와 evaluation의 개념들을 우리말로 옮긴 것인데, 이 두 개념은 종종 상호 교환적으로 사용된다. 왜냐하면 두 과정들이 서로 얽혀 있기 때문이다. 어떤 사람은 assessment의 과정을 자료를 수집하는 것, 즉 학생이 학습한 내용과 방법에 대한 정보를 수집하는 것으로 간주하고, evaluation의 과정을 어떤 학생이 자기 자신과 다른 학생 혹은 교육과정 목표와 비교하여 얼마나 잘 학습하고 있는가를 판단하고 결정하는 것으로 간주하기도 한다. 그리하여 두 개념을 구분하기 위해 assessment를 사정(査定), 그리고 evaluation을 평가(評價)라고 번역하여 사용하기도 한다. 여기서는 assessment를 평가로 번역하여 사용하되, 자료수집과 가치판단을 포함하여 다음과 같은 정의를 내포하고 있는 것으로 보고자 한다.

평가(assessment)란 광범위하게 정의하면 (ⅰ) 학생들과 학부모들에게 학습되거나 습득되어야 할 지식, 기능 및 태도에의 도달을 위해 진행되고 있는 상황에 대한 정보를 주기 위해, (ⅱ) 학생들에 대해 교육적 의사결정(수업, 진단, 배치, 진급, 졸업, 교육과정 계획, 프로그램 개발, 정책 등)을 해야 하는 위치에 있는 사람들에게 정보를 주기 위해 활용되는 정보를 수집하고 해석하는 과정이다(Principles for Fair Student Assessment Practices for Education in Canada, 1993).

넓게 보면 교실에서의 평가(assesment)는 두 가지 유형의 활동, 즉 수치화하기 위한 측정(測定, measurement)과 가치판단을 위한 평가(評價, evaluation) 활동을 포함하고 있다. 다시 말해서, 하나는 학생들이 얼마나 지식과 기능을 학습했는가에 관한 정보를 수집하는 일이고, 다른 하나는 각 학생의 학습 수준의 적절성 혹은 수용성에 관해 판단하는 일이다. 교사들이 어느 정도 학습했는가를 알아보기 위해 사용하는 가장 흔한 방법은 시험을 치루거나, 구두 질문에 응답하게 하거나, 연습문제를 숙제로 내거나, 간단한 소논문을 작성하게 하거나, 문제를 해결하게 하거나, 결과물을 산출하게 하거나, 구두 발표를 하게 하는 것이다. 그런 다음 교사들은 이러한 활동으로부터 얻어진 점수를 학생 상호간에 비교하거나 아니면 절대적인 기준에 비추어 평가할 수 있다.

측정(measurement)이란 정해진 규칙에 따라 어떤 대상이나 사건 혹은 사람의 속성에 대해 수치화(수량화) 하는 일이다. 예를 들면, 우리는 어떤 사람의 타이핑 실력을 분당 정확하게 타이핑하는 단어의 수를 헤아림으로써 측정할 수 있고, 어떤 사람의 수학적 추리력의 수준을 정확하게 해결한 문제의 수를 헤아림으로써 측정할 수 있다. 교실 혹은 다른 집단 상황에서 수를 할당하기 위해 사용되는 규칙은 통상적으로 다른 사람들이 소유하고 있는 속성이 얼마나 되는가를 나타내는 순위를 매기는 것이다(Airasian, 2001).

평가(evaluation)란 정해진 규칙을 사용하여 일련의 측정에 대한 가치를 판단하는 일이다(Airasian, 2001). 예를 들면, 어떤 학생이 50개의 과학 질문 중에서 40개를 정확하게 대답했다면 이것이 의미하는 바가 무엇인가? 사용된 규칙에 따라 이는 그 학생이 일단의 지식을 매우 잘 학습했고 다음 수업 단원으로 나아갈 준비가 되어 있음을 의미할 수도 있고, 또는 지식이 매우 부족하고 보충 수업이 요구됨을 의미할 수도 있다.

❦ 평가의 유사 용어들

- test: 행동의 표본을 측정하기 위한 체계적인 절차 또는 도구
- measurement: 특별한 특성에 대하여 개인이 가지고 있는 정도를 양적(量的)인 기술(記述)로 얻는 과정(How much에 대한 대답), 수량화(수치화)
- evaluation: 학생들이 수업목표를 성취하는 정도를 결정하는 정보를 수집 · 분석 · 통합하는 체계적인 과정(How good에 대한 대답), 가치에 관한 결정 · 가치부여 · 판단의 과정(가치판단)
- assessment: 학생들에 대하여 교사에 의해 자료와 정보가 수집되고 종합되는 과정(자료수집 과정), 다양한 측정 결과를 통하여 한 개인이나 대상의 전체적인 모습을 조명하는 전인적 평가(총평)

2. 학습평가의 목적과 기능

전통적으로 평가는 한 단원의 끝이나 또는 한 과목을 다 배운 후 학생들이 지금까지 얼마만큼 배웠는지를 결정하기 위해 사용되어 왔다. 그러나 학습을 위한 평가(assessment for learning)는 평가를 학생들의 학습을 지지하고 증진시키기 위해 고안된 과정으로 변화시킨다(Beers, 2006; Stiggins, 2007). 학습을 위한

평가는 총체적인 교수-학습과정의 필수불가결한 요소다. 교사들이 내리는 모든 결정은 학생들의 학습을 향상시켜야 한다. 좋은 결정을 내리기 위해서는 학생들에 관한 정보가 필요하다. 현재 학생들의 이해 수준, 배우고자 하는 동기, 자신의 학업에 대해 얼마나 책임감을 느끼고 있는지, 그리고 학습목표에 도달했는지를 알아야 한다. 학습을 위한 평가는 이러한 정보를 제공하는데 도움이 된다(Santi & Vaughn, 2007).

학생들의 학습을 평가하는 목적 혹은 이유는 ① 학습에 대한 최종 결과를 요약하여 제공하기 위해서, ② 학습 진전에 관한 정보를 제공하기 위해서, ③ 개개 학생의 구체적인 강점과 약점을 진단하기 위해서, ④ 후속학습에 대한 동기를 부여하기 위해서, ⑤ 학생의 학습 향상과 교사의 수업의 질에 관한 피드백을 제공하기 위해서다. 평가가 이런 목적을 가진다는 것은 곧 평가가 이런 기능이나 역할을 수행한다는 것이기도 하다. 각각의 목적에 대해서 좀 더 구체적으로 설명하면 다음과 같다.

1) 학습에 대한 최종 결과를 요약하여 제공하기 위해서

평가를 하는 첫 번째 이유이자 가장 명백한 이유는 어떤 학생이 교사가 의도했던 교육목표를 얼마나 잘 충족시켰는가에 대한 간단하고 의미 있으며 유용한 요약 혹은 설명을 모든 관심 있는 사람들(학생, 학부모, 교사, 학교 행정가 등)에게 제공하기 위해서다. 시험이 어떤 문자나 숫자로 점수를 할당할 목적으로 행해질 때, 그것은 종종 총괄평가(summative assessment)라고 불린다. 왜냐하면 그 주된 목적이 학생이 시간의 흐름에 따라, 그리고 여러 과제에서 얼마나 잘 수행하였는가를 총합적으로 요약하는 데 있기 때문이다.

대부분의 교사제작검사의 가장 기본적인 목적은 학습을 확인하기 위해서다(Hogan, 2007). 예를 들어, 단원이 끝날 때마다 실시되는 시험과 기말시험은 주로 학생들의 학습을 확인하는 데에 그 목적이 있다. 또한 교육청이나 국가수준에서 실시되는 학업성취도검사와 배치검사와 직업관련검사와 같은 표준화 검사의 기본 목적은 학생들의 학습을 확인하는 데에 있다. 이러한 목적을 위해 평가가 실시될 때, 평가 결과는 점수로 부과되는 경우가 흔하다.

2) 학습 진전에 관한 정보를 제공하기 위해서

학생들을 평가하는 두 번째 이유는 그들의 학습 진전 상황을 점검하기 위한 것이다. 교사들이 때때로 알고 싶어하는 중요한 것은 학생들이 수업의 속도에 잘 따라오고 있는지, 다루었던 자료들을 잘 이해하고 있는지의 여부이다. 학습의 속도가 평균보다 느리거나 빠른 학생들이나 어떤 내용을 잘못 이해하고 있는 학생들을 위해서 교사는 보충수업, 교정수업, 혹은 학급 내 능력별 집단 편성을 도입할 수 있다. 그러나 평가의 목적은 학습을 촉진하거나 형성하기 위한 것이지 점수를 할당하기 위한 것이 아니다. 이러한 평가는 보통 형성평가(formative assessment)라고 불린다.

형성평가의 목적을 달성하기 위한 한 가지 방법은 Vygotsky의 근접발달영역에 기초한 역동평가(dynamic assessment)라 불리는 과정에 착수하는 일이다. 역동평가의 목적은 학생이 전문가의 지도를 받으면서 독립적으로 행할 수 있는 것이 무엇인가를 알아보기 위한 것이다. 이러한 유형의 평가와 함께 교사들은 질문에 대한 대답이나 문제의 해결방법에 대한 힌트에서부터 부분적인 설명 혹은 과제에 대한 시범에 이르기까지 모든 것을 제공하도록 허락된다(Shepard, 2000).

3) 개개 학생의 구체적인 강점과 약점을 진단하기 위해서

평가를 하는 세 번째 이유는 두 번째 이유에서 나온다. 만일 교사가 동료학생들을 따라가는 데에 어려움을 지니고 있는 학생을 발견한다면, 교사는 아마도 가장 적절한 지도방법을 모색하기 위해서 그 이유를 알고 싶어할 것이다. 이때 구체적인 진단적 정보를 제공해 줄 평가를 마련하게 될 것이다. 이러한 평가는 흔히 진단평가(diagnostic assessment)라고 불린다. 진단평가는 학생들의 사전지식에 관한 정보뿐만 아니라 잘못된 생각을 파악하는 데 도움을 준다(Burns, 2005). 진단평가는 교사들로 하여금 학생들의 근접발달영역을 확인하게 하고, 학생들이 그러한 영역을 통과하는 데 있어 교사가 비계설정(scaffolding)을 할 수 있게 해 준다.

4) 후속 학습에 대한 동기를 부여하기 위해서

학생들의 수행을 평가하는 네 번째 이유는 평가가 교수와 학습의 여러 측면에 잠재적으로 긍정적 효과를 가지고 있다는 점이다. Crooks(1988, p. 467)가 지적한 바와 같이 교실에서의 학습평가는 "학습이 중요하다는 것에 대한 학생들의 판단을 이끌고, 학생들의 동기와 유능감에 대한 자기지각에 영향을 미치고, 학생 자신의 공부방법과 공부시간을 마련하게 하고, 학습을 강화하며, 지속적인 학습전략과 학습기술의 발달에 영향을 미친다. 평가는 교육에 영향을 미치는 가장 강력한 요소 중의 하나인 것 같다."

교실에서의 학습평가가 학생들에게 그들의 학습을 강화하는 데에 도움이 된다는 Crooks의 주장은 긴 시간이 지난 뒤에 실시하는 한두 번의 평가보다는 짧은 시간이 지난 뒤에 자주 실시하는 평가에서 더 많은 것을 학습한다는 연구결과(Bangert-Drowns, Kulik, & Kulik, 1991; Dempster, 1991; Dempster & Perkins, 1993)에 의해 입증되었다. 학생들이 알아서 스스로 학습하는 것이 우리의 가장 간절한 바람이지만, '시험을 실시하는 것'이 많은 학생들의 학습에 대한 동기를 부여하는 데에 이바지한다는 점에 대해서는 의심의 여지가 없다. 주기적인 평가는 학생, 교사, 행정가, 학부모 등 모든 교육관련 종사자들의 주의를 이끄는 데에 도움이 된다.

학습동기를 향상시키는 평가는 학습목표와 일치하고, 숙달목표 및 향상에 초점을 두고, 사회적 비교를 피하며, 높은 수준의 학습을 측정한다는 특징을 지니고 있다(Brookhart, Walsh, & Zientarski, 2006; Schunk, Pintrich, & Meece, 2008). 평가가 학습목표와 일치할 경우, 학생들은 스스로의 노력에 집중하게 되고 성공 가능성을 높이는 데 필요한 정보를 제공받게 된다. 학생들이 성공했고 성공한 이유를 자신의 노력에 귀인할 경우, 배우려는 동기와 자기효능감이 향상된다. 숙달목표와 향상에 초점을 두고, 사회적 비교를 피하며, 높은 수준의 성과를 측정하는 것 또한 자율성과 유능감을 향상시키는데, 이러한 자율성과 유능감은 학습동기를 향상시킨다. 높은 성취 기준을 설정하고 학생들이 그것에 도달하도록 책임감을 느끼게 하면, 학생들에게 더 잘하려는 동기가 생길 수 있다.

5) 학생의 학습 향상과 교사의 수업 효과성에 관한 피드백을 제공하기 위해서

평가를 하는 다섯 번째 이유는 학생들에게 학습의 향상에 관한 피드백을 제공하고, 교사들에게 교수전략이 효과적이었는지 또는 수업의 질이 어떠했는지에 관한 피드백을 제공하기 위해서다. 이 목적은 종종 학생들의 학습을 확인하기 위한 목적과 밀접한 관련이 있다. 그러나 피드백을 제공하기 위한 이 목적은 학습을 확인하는 것을 넘어 학생들에게 학습결과에 대한 정보를 제공한다는 점에서 첫 번째 목적과 다르다.

학생들은 자신들의 향상에 대해, 바르게 하는 것과 틀리게 하는 것에 대해, 그리고 수정하는 방법에 대해 가급적 자주 피드백을 받는 것이 필요하다(Bardine, 1999). 피드백을 통해 학생들은 자신들의 향상을 도표로 만들고 최종 목표에 가까이 다가감에 따라 더 많이 동기가 부여될 수 있다. 학생들에게 제공되는 피드백은 긍정적이고 건설적인 것이어야 한다. 긍정적인 피드백은 능력과 노력에 대해 학생들의 자신감을 높여주는 칭찬과 격려이고, 건설적 피드백은 학생들에게 개선되어야 할 측면이 무엇이며 어떻게 개선해야 할 것인지에 대해 자세하게 알려주는 것이다.

학생들의 성취도를 평가하는 것은 수업이 성공적이었는지 수업의 질이 어떠했는지에 관해 교사에게 중요한 피드백을 제공하기도 한다. 평가의 목표는 유의미 학습이다. 만약 학생들이 평가에서 유의미 학습을 보여주지 못한다면 왜 그렇게 되었는지 질문하고 이런 상황을 개선하려고 노력해야 한다. 학부모들 또한 자녀의 학습과 발달에 있어서 어떤 향상이 있었고 아직 부족한 점이 무엇인지에 대해 피드백을 받고 싶어한다. 학교행정가들과 교육당국 또한 교육과정의 전반적인 성공 여부에 대한 피드백을 받기 위해서 평가정보를 활용하기도 한다.

이상에서 살펴본 것처럼 교실에서의 학습평가는 여러 목적에 이바지한다. 학습평가는 학생들이 최근에 배웠던 지식과 기능을 어느 정도 습득했는가에 대한 정보를 제공하는 전통적인 평가의 역할뿐만 아니라, 학생들이 배웠던 내용을 잘 이해하고 있는지 그리고 수업의 속도를 잘 따라가고 있는지의 여부를 알려주고, 학습곤란의 구체적인 원인을 파악할 수 있으며, 학생들로 하여금 효과적으로 공부에 대한 동기를 부여하고 노력을 자기조절하도록 도와주는 기능 또한 포함하고 있다.

이러한 점이 바로 학습평가의 본래 목적이고 기능이다. 그렇지만 평가는 '양날의 칼'과 같아서 잘 사용하면 유용한 도구가 되지만, 잘못 사용하면 흉기로 변할 수도 있다. 즉, 학습평가가 역기능을 가질 수도 있다는 점에 유의해야 한다. 학습평가의 역기능으로는 평가를 통하여 개인차를 변별하고 우열을 가려냄으로써 학생들 간 차별의 빌미를 제공할 수 있다는 점, 평가를 받는 학생들에게 과도한 경쟁을 유발시켜 긴장과 불안 및 스트레스를 줄 수 있다는 점, 학습을 위한 평가가 아닌 평가를 위한 학습으로 본말이 전도될 수 있다는 점을 들 수 있다.

❦ 학습평가의 목적과 기능에 대한 여러 입장들

곽병선 외(1988)
- ○ 학습결과의 사정
- ○ 학습곤란의 진단과 치료
- ○ 학습진전 상황의 점검
- ○ 교수-학습과정의 개선

NCTM(1995)
- ○ 학생들의 진보 정도를 확인함으로써 학습을 촉진
- ○ 수업과 관련된 교육적인 의사결정을 내림으로써 수업의 질을 개선
- ○ 학생들의 성취 수준에 대한 정보를 제공
- ○ 교육프로그램의 양적 · 질적 보완과 개선을 위한 정보를 제공

McAfee & Leong(2007)
- ○ 학생의 발달과 학습을 모니터하기 위해서
- ○ 수업 계획과 결정을 안내하기 위해서
- ○ 특별한 도움으로 이익을 받을 수 있는 학생을 규명하기 위해서
- ○ 다른 사람들과 소통하고 보고하기 위해서

Reynolds, Livingston, & Willson(2006)
- ○ 학생들의 성취의 진행 사항 및 정도를 점검하기 위해서
- ○ 교수내용, 교수방법, 수업의 효과 정도를 결정하기 위해서
- ○ 학생들을 선발, 배치, 분류하기 위해서
- ○ 교육과정 및 수업자료에 대한 평가, 교사 및 학교 평가, 국가의 교육정책에의 반영을 위해서
- ○ 학생의 자기에 대한 이해, 진로(미래) 계획 및 선택을 위해서

Borich & Tombari(2004).

- 수업이 시작되기 전에 학생들의 성취수행에 관한 정보를 얻어 기대수준 혹은 목표를 설정하기 위해서
- 수업 전, 수업 중, 수업 후에 학생들의 학습문제의 근원을 찾아내기 위해서
- 비공식적 관찰과 질문 등을 통해서 학생들의 학습과 수행의 과정과 결과를 점검하고 피드백을 주기 위해서
- 학생들의 최종 학습 성과에 대한 점수나 등급을 부여하기 위해서

Hogan(2007)

- 학생들의 학습을 확인하기 위해서
- 계획(특히 수업계획)을 세우기 위해서
- 예측을 하기 위해서
- 피드백을 제공하기 위해서
- 동기를 부여하기 위해
- 연구를 하기 위해서

3. 학습평가의 일반적 원리

학습 및 아동에 대한 평가는 다음과 같은 원리에 토대를 두고 이루어져야 한다(김재복 외, 1990).

1) 전인적 평가의 원리

아동들은 발달단계상으로 보아 아직 미분화된 전체성을 소유하고 있기 때문에 전인적 관점에서의 이해가 필요하다. 그러므로 학습활동을 통해 단순한

지식의 습득뿐만 아니라 아동의 인지적, 신체적, 사회적, 정서적, 심미적, 도덕적 측면의 발달을 도모해야 한다. 아동을 통합적 · 거시적 · 총체적 관점에서 이해하려고 노력하며, 아동의 전인적 성장을 돕기 위해 학습평가가 무엇을 해야 할 것인가에 초점을 두어야 한다. 이를 위해서는 무엇보다도 전통적으로 강조되던 교과중심의 주지주의식 평가관에서 벗어나서, 아동의 제 특성을 넓은 영역에 걸쳐 종합적으로 판단하려는 방향으로 평가가 나아가야 한다.

2) 발달적 평가의 원리

많은 수의 아동들을 패배자로 만들면서 소수의 우수 아동들에게만 최대한의 교육적 성장을 가져오게 하는 폐쇄적인 생각에서 벗어나 모든 아동들이 그들의 재능을 최대로 개발할 수 있도록 도와주는 개방적이고 발달적인 관점이 필요하다. 교육의 궁극적 목표는 개인의 자아실현에 있다. 자아실현인은 자신이 갖고 있는 잠재적 가능성을 그것이 크든 작든 간에, 최대한으로 확장하고 발현시킴으로써 끊임없이 자아의 성장을 추구하는 사람이다. 그러므로 아동의 잠재적 능력이 무엇이고, 어떤 교육적 노력에 의해서 목표에 도달할 수 있는지에 대한 정보를 제공하는 평가가 되어야 한다. 이런 점에서 학습평가는 발달적 교육관에 입각해야 하며 상대평가(규준관련평가)가 아닌 절대기준평가(준거관련평가, 목표관련평가)를 지향해야 한다.

❦ 선발적 교육관과 발달적 교육관

선발적 교육관이란 교육을 통해서 달성하고자 하는 어떤 교육목적이나 일정한 교육수준에 도달할 수 있는 학생은 어떤 교육방법을 동원하든지 간에 다수 중의 일부이거나 소수에 지나지 않는다는 신념을 가진 교육관이다. 이러한 선발적 교육관에서는 평가가 주로 일정한 교육수준이나 교육목표에 도달할 가능성이 있는 소수의 우수자를 선발하기 위한 것과 일정한 학습 후에 어느 학생이 보다 많은 학업성취를 이루었는가의 개인차 변별에 보다 더 많은 관심을 둔다.

반면, 발달적 교육관이란 모든 학생에게 각각 절절한 교육방법만 활용될 수 있다면 누구나 의도하는 바의 주어진 교육목표를 달성할 수 있다는 가정과 신념을 가진 교육관이다. 이러한 발달적 교육관에서의 평가는 학생을 선발하거나 개인차를 밝히려는 데에 관심을 갖는 것이 아니라 모든 학생이 가급적 의도한 바의 목표에 도달할 수 있도록 교수방법의 평가와 목표 도달의 평가에 관심이 집중된다. 발달적 교육관을 바탕으로 한 평가관은 규준관련평가가 아닌 준거관련평가(목표지향평가)를, 등위 중심이 아닌 능력 중심의 평가를, 그리고 암기(지식) 위주의 평가가 아닌 사고력 중심의 평가상황을 취하게 된다.

3) 통합적 평가의 원리

통합적 평가의 원리는 전인적 평가의 원리와 맥을 같이 한다. 지적 영역의 평가에 있어서 분과주의를 지양하고, 교과서 위주의 단편적이고 분절적인 시험으로부터 벗어나 통합적 접근을 취해야 한다. 즉, 아동들의 생활 속에서 만나는 다양한 경험들을 의미 있는 관계로 엮어 줌으로써 자아의 통합적 성장을 돕고자 시도해야 한다. 아동들의 생활경험 속에 국어와 수학이 분리되어 있는 것이 아니며, 노래와 율동이 별개의 세계일 수 없다. 교육과정 통합은 아동들이 학교의 지도하에 시간적으로, 공간적으로 그리고 내용 영역에 있어서 각각 다른 학습경험들이 상호 관련지어지고 의미 있게 모아져서 전체로서의 학습이 이루어지고, 나아가서 인간의 성향 변화가 가치 있게 이루어지게 하는 과정이다. 이런 점에서 초등학교 즐거운 생활을 음악, 미술, 체육의 시험을 따로따로 실시하고 그 평균점수로 평가하려 하는 일은 지양되어야 하고, 각각의 통합 교과는 그 지도의 과정이 통합적으로 이루어져야 함은 물론 그 결과의 평가에 있어서도 통합적인 관점에서 하나의 종합교과로써 다루어져야 한다.

4) 언어적 평가의 원리

학습평가란 아동의 성적으로 이를 심판하려는 것이 아니라, 교사의 교육활동에 도움을 줄 수 있도록 아동에 관한 정보와 자료를 얻는 활동이다. 따라서 학습평가를 통해 얻어지는 아동에 관한 정보는 가급적이면 자세하고 구체적이며, 교사의 교수활동에 주는 의미가 있어야 한다. 그러기 위해서는 국어 80점, 수학 70점과 같은 숫자나 수, 우, 미, 양, 가의 글자 하나로 아동의 특성을 나타내기보다는 언어라고 하는 질적인 매체를 사용할 필요가 있다. 우리는 언어 속에서 사고하고, 언어 속에서 행동하며, 언어 속에서 살아가고 있기 때문에 언어는 인간의 의미를 표출하는 가장 본질적인 방법이다. 인간을 이해하는 과정에서 언어가 중요한 역할을 할 수 있다는 생각은 학습평가와 관련하여 두 가지 시사점을 갖는다. 하나는 지필검사라고 하는 제한된 방식의 울타리를 넘어서서 언어적인 평가방식을 적극 도입 · 활용할 필요가 있다는 점이다. 흔히 학습평가에 대한 질적 접근의 하나로 분류되기도 하는 언어적 평가방식은 종래의 양적 접근이 주로 검사나 측정의 간접적인 경로를 통하여 정보를 구하는데 비하여, 관찰이나 면접 등 보다 직접적인 대화의 과정을 통하여 아동에 관한 자료와 정보를 얻고자 한다. 다른 하나는 학습평가의 결과를 문장으로 기술하는 일이다. 평가의 결과를 숫자나 수, 우, 미, 양, 가의 평정치로 나타내기보다는 언어(문장)를 사용함으로써 보다 생동적인 의미의 전달이 가능해지며, 종래의 수량적 방법이 갖는 비교육적인 문제점도 극복할 수 있는 것이다. 평가는 아동을 일률적으로 점수화하는 일이 아니라, 아동의 능력과 특성을 종합적으로 이해하여 잘 하는 측면과 보강해야 할 측면을 가려주는 방향으로 이루어져야 하는 것이다.

5) 교육적 평가의 원리

학습평가도 교육활동의 한 부분이므로 평가장면과 평가방법도 교육적이어야 한다. 도덕시간에 친구 사이의 믿음과 협동을 가르치고 그것을 시험문제로 출제하여 평가하면서도 책상 위에 책가방으로 친구와의 사이에 불신의 담을 쌓고 시험을 치르도록 요구하는 것은 비교육적인 것이다. 지나치게 빈번한 시험이 본래의 교육적인 목적을 벗어나서 이루어질 때 아동들의 부정적인 자아개념의 형성 등 정신건강에 해를 끼칠 수도 있다. 학습평가는 분명 교육을 위해 존재하는 것이다. 그것은 어떤 교육목표를 달성하기 위한 교육의 한 수단적 활동이다. 교사는 보다 나은 교육을 위해 평가하는 것이지, 평가하기 위해 가르치는 것은 아니다. 그러므로 학습평가는 아동들에게 긍정적이고 교육적인 영향을 줄 수 있도록 계획되고 실천되어야 한다. 학습평가는 아동 서로 간에 실력을 겨루는 백일장도 아니고, 앞으로의 진로를 결정하는 대학입학시험도 아니며, 표준화 검사와 같이 분초를 재고 모든 절차를 규격화한 상황과도 거리가 멀다. 수업의 과정이 아동들의 학습을 돕는 과정인 것 같이 평가 장면은 아동들로 하여금 학습의 열매를 잘 거둘 수 있도록 돕는 교육적 과정이어야 한다.

4. 학습평가의 최근 동향

교육의 장에서 활발하게 논의되고 있는 평가연구의 동향은 새로운 평가용어에서 확인해 볼 수 있다. 즉, 대안평가, 직접평가, 참평가, 수행평가, 포트폴리오 평가, 과정중심평가 등의 용어가 전통적 평가와 대비되는 개념으로 논의되고 있다. 이러한 평가 용어들에 담겨진 평가의 관점과 특징 및 강조점을 중심으로 새로운 평가의 흐름을 제시하면 다음과 같다.

1) 평가목적의 재구조화와 평가결과의 다양한 활용

평가의 개념이 가치판단을 의미하는 evaluation에서 자료 수집과정과 총체적 이해 및 전인격적 평가를 강조하는 assessment로 전환되고 있다. 그리고 평가의 초점이 학생들을 서열화하는 데에 두지 않고 학생들 개개인의 성취수준, 능력, 잠재력을 평가하는 데에 두고 있다. 예를 들어, 학생들의 학습결과로 주어지는 작품을 평가할 경우, 서열화의 관점에서는 작품의 등급을 매겨 나란히 일렬로 줄 세우는 데 초점을 두게 되지만, 학생 개개인의 능력 혹은 성취도에 관심을 갖게 된다면 학생들의 작품을 숙고하는 평가를 지향하게 될 것이다. 이는 학생들의 작품에 담긴 철학을 이해하는 것으로부터 평가행위가 시작된다고 볼 수 있다.

학습평가의 주된 목적 중의 하나가 학습결과에 대한 피드백을 제공하는 것이다. 이에 따라 학습활동을 유도하는 촉진자, 학생들의 반응을 조정하는 중재자, 학생들의 언어적 반응과 학습결과에 대해 적절하게 피드백을 하는 안내자로서의 교사 역할이 강조되고 있다. 이러한 feedback 외에도 feedforward가 중요한 의미를 가진다(Javaris, 1993). 즉, 평가의 목적이 학생들과 교사의 수업 및 학업성취에 대한 되먹임은 물론, 앞으로 학생들의 학습 및 교사들의 교수행위에 대한 정보를 제공하는 것이다.

2) 평가 영역과 내용에 대한 직접적, 실제적인 평가의 지향

선택형 검사는 단순한 지식이나 정보의 습득 여부에 대한 평가를 하기에는 좋은 방법일지 모르나 학생들의 창의성, 문제해결력, 비판력, 판단력, 정보 수집 및 분석력, 통합력 등 고등사고기능에 대한 평가가 어렵다. 그리하여 선택형 평가에 대한 대안으로 수행평가, 참평가, 직접평가, 포트폴리오 평가가 각광을 받고 있다. 수행평가(performance assessment, 실행평가라고도 함)는 심동적 행동특성을 평가하기 위하여 음악이나 체육 등과 같은 분야에서 주로 사용하던 평가방법으로 배운 내용이나 지식, 그리고 습득한 기술이나 기능을 얼마나 잘 수행하는지, 즉 행위로 나타내는 정도를 측정하여 판단하는 평가방법이다. 참평가(authentic assessment, 실제적 평가, 진정한 평가, 본연적 평가라고도 함)는 실제 생활이나 상황에서 수행 정도를 측정하여 판단하는 평가방법으로 학생들이 알고 있는 것을 직접적으로 평가하고, 고등사고력을 평가하며, 학습과정에서의 적극적인 수업 참여를 이끌 수 있다는 장점을 갖고 있다. 직접평가(direct assessment)는 표출되는 행위를 직접 관찰에 의하여 실시하는 평가방법으로 검사라는 도구를 빌어 간접적으로 측정을 실시하는 간접평가와 반대되는 개념으로 쓰인 용어이다. 포트폴리오(portfolio) 평가는 하나 이상의 분야에서 학생의 관심, 능력, 진도, 성취, 성장 등의 증거를 보여주는 작업결과나 작품 혹은 어떤 수행의 결과를 모아놓은 자료집이나 서류철을 이용한 평가방법이다.

이들 평가는 인지적으로 아는 것도 중요하지만(학문적 지능, 볼 줄 아는 것) 아는 것을 실제로 적용할 수 있는지 여부를 파악하는 것도 중요(실천적 지능, 할 줄 아는 것)하다는 점에서 직접적이고 실제적인 수행행동을 평가한다는 공통점을 지니고 있다.

3) 과정지향적 평가의 강조와 수업-평가의 통합적 접근 시도

과거에는 학습이 끝나고 평가가 이어지는 결과지향적 평가가 주를 이루었지만, 최근에는 학습의 결과뿐만 아니라 학습의 과정을 중시하고 있다. 그리하여 명명적 지식(무엇에 대해 아는 것, knowing what)의 수준뿐만 아니라 절차적 지식(어떻게 하는지 아는 것, knowing how) 수준을 파악하는 것도 중요시하고 있으며, 결과중심의 학습에 대한 평가(assessment of learning)가 아니라 과정중심의 학습을 돕는 평가(assessment for learning)로 전환되고 있다. 또한 암기위주의 단편적인 지식이나 사실에 대한 측정이 아닌 문제해결력과 창의력을 길러주고 학생의 다양한 개인차를 존중하는 평가로, 최종적인 가치판단의 작용(총괄평가)보다는 수업과정을 개선하고 그 효율성을 개선하기 위한 조직적인 정보수집의 과정(형성평가)으로서의 평가를, 양적 평가뿐만 아니라 질적 평가(참여관찰, 비구조화된 심층면접)를, 그리고 수업과 별개의 활동이 아닌 수업과 연계된 평가를 취하고 있는 추세다.

수업과 연계된 평가 활동은 수업 전, 수업 중, 수업 후의 연속선상에서 수업 전체와 유기적인 관계를 맺으며 진행된다. 〈표 1〉에서 보듯이 수업 전에 이루어지는 평가 활동을 통해 학생의 준비도, 수업의 내용과 계획, 모둠 나누기, 예외적인 학생에 대한 정보를 수집하여 수업을 계획하게 된다. 수업 중에 이루어지는 평가는 수업 진행 과정의 확인, 적절한 피드백의 사용, 학생의 학습 활동 확인, 학생의 반응 파악 및 대처 방안 수립, 수업의 종결 방식에 대한 의사결정 등을 위해 활용된다. 수업 후에 이루어지는 평가는 학생들의 성취 정도, 학생들의 학업 수행 과정에서의 강점과 약점, 성적 부여 방식, 조언의 수준과 유형, 수업 운영 방식과 수업 자료의 효과성 등을 확인하기 위해 활용된다. 그러므로 평가는 교수-학습과정의 개선을 위해 필요한 정보를 수집하고 활용하는 과정이므로 평가는 결과로서 종료를 의미하는 것이 아니다.

표 1 수업 흐름에서 수집되어야 할 평가 정보(McMillan, 2004)

분류	평가 질문	평가 정보
수업 전 평가	◦ 학생의 문화적 배경, 흥미, 특기와 적성, 선행학습의 정도 등은 어떠한가? ◦ 학생은 배울 준비가 되어 있는가? ◦ 예외적인 학생은 없는가? 있다면 그 학생을 위해 어떤 일을 해야 할까? ◦ 어떤 수업 활동을 계획해야 하는가? ◦ 어떤 과제를 내야 할까?	◦ 학생의 이전 성취 결과, 시험 점수 등 ◦ 학생의 자발적 참여 의지 관찰 ◦ 학생 기록, 특수교육 교사와의 협의 ◦ 학생의 강점과 요구, 교사의 이전 평가 결과 ◦ 학생의 진전 상태와 이해 수준
수업 중 평가	◦ 학생들에게 어떤 피드백을 주어야 할까? ◦ 어떤 발문을 해야 할까? ◦ 발문에 대한 학생의 반응은 어떠한가? ◦ 특별한 주의를 요하는 학생이 있는가? ◦ 학생의 주의 산만함에 어떻게 대응해야 할까? ◦ 어디서 수업을 끝내야 하는가?	◦ 학생 활동의 특징 ◦ 학생 이해 정도 관찰 ◦ 답을 알고 있는 능력 ◦ 과제 수행 정도, 교실 내 활동 관찰 ◦ 다른 학생에게 미치는 영향 ◦ 학생의 주의도 관찰
수업 후 평가	◦ 학생이 얼마나 잘 배웠는가? ◦ 학생이 다음 단원을 배울 준비가 되어 있는가? ◦ 학생에게 어떤 성적을 부여할까? ◦ 학부모에게 어떤 정보를 줄 것인가? ◦ 수업을 어떻게 개선해 가야 하는가?	◦ 구체적인 성취 결과 ◦ 학생이 보여준 지식 분석 ◦ 시험, 퀴즈, 숙제, 수업 참여도 ◦ 학생의 향상 정도, 행동 관찰 ◦ 진단된 학습 결과, 학생 평가 결과

4) 학생들의 반성적 자기평가 기회 확대

그동안 평가는 가르치는 교사 혹은 평기기관에서 수행되어 왔다. 학생 개개인의 이해를 위한 평가에서는 제3자의 평가도 중요하지만 학생 스스로의 학습 과정 또는 결과에 대한 자기반성적인 평가를 통해 더 나은 개선을 꾀할 수 있다. 학생들은 자신이 제작한 포트폴리오를 통해 자기 자신의 변화 과정을 알 수 있고, 자신의 강점이나 약점, 성실성 여부, 잠재 가능성 등을 스스로 인식할 수 있으며, 교사들은 학생들의 과거와 현재의 상태를 쉽게 파악할 수 있을 뿐만 아니라 앞으로의 발전 방향에 대한 조언을 쉽게 할 수 있다. 학생들은 자신의 준비도, 학습동기, 성실성, 만족도, 다른 학생들과의 관계, 성취수준 등에 대해 스스로 생각하고 반성할 수 있도록 자기평가의 기회가 확대되고 있는 추세다.

5) 평가기법과 전략의 다양화

최근 단답형, 논술형, 구술시험, 찬반토론법, 실기시험, 실험실습법, 연구보고서, 관찰, 자기평가, 토론과 면담 등 다양한 평가방법이 동원되고 있다. 새로운 평가기법은 새로운 것에 있다기보다는 다양한 접근을 하고 있다는 것에 의미를 부여해야 할 것이다. 포트폴리오 평가에서 자료화하는 방법으로 아코디언 서류철, 바인더 외에 컴퓨터 디스크, 비디오 녹화 자료, 멀티미디어 시스템 등의 다양한 매체를 평가도구로 활용하고 있다.

6) 교사의 전문적인 평가 능력에 대한 요구 증대

학습을 돕는 평가활동을 하기 위해서 교사는 학습에 관한 정보를 체계적으로 수집하고 이를 적절하게 해석하여 그 결과를 교수-학습과정에 활용할 수 있어야 한다. 학교교육의 내실화, 학업성적 신뢰성 제고 등과 같은 교육의 문제들이 대두되면서 학생평가와 관련된 교사들의 업무가 더욱 복잡하고 다양해졌으며 더불어 신뢰롭고 타당한 학생평가를 하기 위한 교사의 전문성에 대한 요청이 증가하고 있는 현실이다.

5. 학습평가의 방향

앞에서 살펴본 학습평가의 목적, 원리, 최근 동향에 비추어 볼 때, 학교현장에서 학생들의 학습평가가 나아가야 할 방향은 다음과 같다.

첫째, 학습평가의 방법이 지필 일변도에서 실험, 실습, 실기, 관찰, 면접 등 다양한 방법이 동원되어야 한다. 특히 평가 자료를 다양화하여 과제, 수업에 대한 태도 및 열의, 그림, 일기, 대화 등 여러 측면에서의 평가 자료의 활용이 필요하다.

둘째, 학생의 지적 영역은 물론 정의적 영역에 대한 평가도 고려되고 반영되어야 한다. 즉, 평가내용에 있어서 지적 성취에만 관심을 둘 것이 아니라 정의적 특성에 대한 평가의 비중을 높이고 특별활동, 행동발달상황, 교내봉사활동 등 학교생활 전반에 대한 평가가 활성화되어야 한다.

셋째, 학습평가에 있어서 나타나는 결과만을 가지고 학생을 판정, 분류, 유목화, 선별하는 데에 초점을 두지 말고 오히려 학생의 학습과정을 도와주고 학습을 극대화시켜 주는 방향으로 평가의 기능이 발휘되어야 하며, 특히 평가의 기준 혹은 평과결과를 해석함에 있어서 다른 동료하고의 비교에 초점을 둘 것이 아니라 주어진 수업목표와 학생 각자의 자기기대치에 초점을 둘 필요가 있다. 즉, 규준관련평가에서 목표관련평가 및 자기관련평가 체제로 전환해야 한다.

넷째, 객관식 일변도 평가에서 벗어나 주관식 평가방식이 대폭 강화되어야 한다. 그리고 학생들의 학습평가에 있어서 단편적인 지식위주의 평가를 넘어서 사고력, 비판력, 탐구력, 종합력, 문제해결력 등 보다 고차적인 능력에 대한 평가의 비중을 높여 나가야 한다. 다시 말하여 만들어진 결과로서의 지식을 암기하거나 이해하는 낮은 수준의 지적 능력보다는 새로운 지식을 암기하거나 이해하는 지식과, 그러한 과정에 필수적으로 요구되는 다양한 종류의 고등정신기능들을 평가하는 데에 초점이 맞춰져야 한다.

다섯째, 지식의 정도를 평가하는 결과중심의 평가보다는 지식을 창출해 가는 과정중심의 평가체제로 전환해야 한다. 교육에서는 최종 결과도 중요하지만 어떤 절차나 내용을 통해서 교육이 이루어지는가도 매우 중요한 것이다. 평가내용에서의 강조가 결과중심이 될 때, 최종적인 성취의 정도에 관심을 갖게 되고, 교육 상황이나 진행되는 과정에 대한 점검이 부실해진다. 교육에서 학습하는 방법의 학습, 탐구하는 과정 등이 중요하다고 한다면, 결과중심의 교육평가에서 과정중심의 평가에로 전화되어야 함은 당연한 일이다. 최종의 성취도뿐만 아니라 학습내용이 학생에게 얼마나 흥미가 있는지, 학생의 경험과 얼마만큼 연결되어 있는지, 얼마만큼 창의적 사고를 하고 있는지, 수업에는 자율적으로 참여하고 있는지 등에 관한, 즉 교육목표에 도달하는 과정에 대한 평가가 끊임없이 이루어지고 또한 평가의 결과에 반영되어야 할 것이다.

여섯째, 학습평가의 본질적인 목적은 행동증거를 수집하여 얻은 결과에 의해 '어디가 어떠니 어떻게 해야 하겠다'는 다음의 형성적 목적에 이바지하기 위한 것이므로 평가가 단순히 평가로서 그쳐서는 안 되며, 그 평가의 결과를 적극 활용함으로써 어떤 조치를 강구하는 일종의 질적 관리체계여야 한다. 이런 점에서 형성평가의 적극적인 실시와 활용이 요구되며, 평가과정을 통해서 교정과 송환 작용(피드백)이 끝없이 살아 숨쉬어야 한다.

토의문제

1. 학교학습에 있어서 교육평가가 존재해야 하는 이유는 무엇인가?
2. 교육평가란 목표달성 여부에 대한 가치판단인가, 아니면 교육적 의사결정을 위한 것인가?
3. 학습평가에 있어서 교사의 피드백이 왜 필요한가?
4. 교육평가는 선발적 교육관에 바탕을 두어야 하는가, 아니면 발달적 교육관에 바탕을 두어야 하는가?
5. 통합적 평가의 원리와 언어적 평가의 원리가 학습평가에 시사(示唆)하는 바는 무엇인가?
6. 학습평가의 최근 동향에 비추어 학교현장에서 학습평가가 나아가야 할 방향을 제시한다면?

제2장

학습평가의 방법

1. 비공식적 평가와 공식적 평가
2. 진단평가, 형성평가 및 총괄평가
3. 규준관련평가와 준거관련평가

학습평가를 하는 방법에는 여러 가지가 있다. 우선 비공식적 평가와 공식적 평가로 구분할 수 있다. 또한 수업이 진행되는 단계에 따라 어떤 시점에서 어떤 목적으로 이루어지느냐에 따라 진단평가, 형성평가, 총괄평가로 구분된다. 그리고 평가기준에 따라 혹은 평가 결과를 해석하는 방법에 따라 규준관련평가와 준거관련평가로 구분되기도 한다. 이 장에서는 이러한 평가의 특성과 방법에 대해서 알아보기로 한다.

1. 비공식적 평가와 공식적 평가

토론과 시험은 모두 학생이 무엇을 배웠는가에 대한 정보를 제공하지만, 이 두 방법은 서로 다르다. 토론은 비공식적 평가(informal assessment)에 해당하고 시험은 공식적 평가(formal assessment)에 해당한다.

1) 비공식적 평가

비공식적 평가는 학습 진척 사항이나 학생들의 행동에 대한 부가적인 정보를 수집해서 이를 토대로 결정을 내리는 과정을 말한다. 비공식적 평가는 교실 내에서 학생들이 공부하고 교사나 다른 학생들과의 대화를 관찰하는 것으로 구성된다. 이러한 대화에는 교사의 질문에 대한 대답이 포함된다. 비공식적 평가는 총체적인 평가과정에서 필수적인 부분이다. 왜냐하면 교사들은 비공식적 평가를 통해 매일매일 결정을 내리기 때문이다(Black, Harrison, Lee, Marshall, & William, 2004). 유능한 교사는 비공식적 평가를 통해 가르치는 것과 관련된 결정을 내린다.

비공식적 평가는 교수-학습과정에서 필수적인 부분이지만, 보다 큰 학교 맥락에서도 중요하다. 어떤 학생이 다른 학생을 넘어뜨리는 것을 목격하는 것이 한 예가 될 수 있다. 개인적 · 사회적 · 도덕적 성장은 학생의 전체적인 발달에서 중요하기 때문에 사실상 이러한 맥락에서 교사들이 내리는 모든 결정이 비공식적 평가라고 할 수 있다. 학생들이 서로 잘 어울리지 못할 때 중재하기로 결정하거나, 한 학생을 상담실에 의뢰하기로 결정하거나, 문제가 있어 보이는 학생에게 방과 후 면담을 하자고 요청하는 것 등이 비공식적 평가의 예가 될 수 있다.

이처럼 비공식적 평가는 교실과 학교가 기능을 함에 있어 필수적인 부분이긴 하지만, 학습에 대한 불완전한 그림을 제공하고 신뢰도가 문제가 될 수 있다. 예를 들어, 일부 학생들의 반응을 토대로 모든 학생들이 어떤 개념을 이해했다고 결론을 내리는 것은 교사들이 흔히 범하는 실수 중 하나다. 그리고 교사들은 성적을 매기는 것과 같이 중요한 결정을 내릴 때 비공식적 평가에 기초를 두기도 한다. 예를 들어, 즉각적으로 응답하고, 적극적인 성격을 지니고 있으며, 신체적으로 매력적인 학생들이 그렇지 않은 학생들에 비해 더 좋은 점수를 받는다(Ritts, Patterson, & Tubbs, 1992). 마찬가지로, 학교에서 한 번 일어나 사건을 토대로 어떤 학생을 약자를 괴롭히는 아이라고 결론을 내리고 비난하게 되면 그 학생에게 정서적인 상처를 줄 수 있다. 그러므로 교사들은 비공식적 평가가 잠재적으로는 신뢰롭지 않을 수 있다는 점을 유의해야 하고, 불충분한 근거를 토대로 마음의 상처가 될 수 있는 결정을 내려서는 안 된다. 이런 이유 때문에 공식적 평가가 필요하다.

2) 공식적 평가

공식적 평가는 모든 학생들에게 동일한 종류의 정보를 체계적으로 수집하는 과정으로, 학생들의 학습에 관한 정보를 얻기 위한 객관적이고 엄격한 방법이다. 시험, 퀴즈, 독후감, 발표 등이 공식적 평가의 예라 할 수 있다. 공식적 평가는 비공식적 평가에 수반되는 신뢰도 문제를 극복하도록 구안되며, 최근 학교현장에서 사용되는 대부분의 공식적 평가는 선다형 문항과 논술형 문항 등의 필기시험, 학생의 발표와 보고서 작성 등의 수행평가, 시간이 흐르면서 학생의 향상 정도를 평가하기 위한 작업 모음집인 포트폴리오의 세 가지 형태를 취하고 있다(Eggen & Kauchak, 2010).

공식적 평가는 모든 학생들에게 동일한 방식으로 정보를 수집하는 반면, 비공식적 평가는 모두에게 동일하지 않으며 특정 학생들에게 더 유리할 수 있다. 교사는 미래의 수업 계획과 현재 수업의 성공 여부를 재기 위해 정보를 수집하며, 모아진 정보를 토대로 학생 개개인을 평가하고 피드백의 기초로 구성하며 학생들이 잠재력을 최대한 발휘하도록 도와주기 위해 사용한다. 비공식적 평가와 공식적 평가를 조합해서 사용하게 되면, 교수-학습과 관련된 결정을 내리는 데 있어 정확한 정보를 수집할 가능성이 높아진다.

2. 진단평가, 형성평가 및 총괄평가

수업이 진행되는 단계에 따라 평가는 수업이 시작되기 전에 실시되는 진단평가(diagnostic assessment), 수업이 진행되는 과정에서 실시되는 형성평가(formative assessment), 그리고 수업이 끝난 시점에서 실시되는 총괄평가(summative assessment, 총합평가라고도 함)로 구분된다.

1) 진단평가

진단평가는 특정 학생이나 학급 전체의 기능, 능력, 흥미, 성취수준, 곤란을 평가하기 위해서 코스, 학기, 혹은 학년의 초기에 흔히 실시된다. 진단평가는 비공식적으로 행해져야 하며, 성적에 포함해서는 안 된다. 교사들은 진단평가의 결과를 프로그램을 수정하고, 학습곤란의 원인을 찾아내며, 학생들의 학습수준을 확인하는 데에 활용할 수 있다. 교사는 학생의 출발 수준의 기능에 관한 정보를 가짐으로써 학생이 코스 혹은 학년을 통해서 얼마나 진전하였는가를 평가할 수 있다. 진단평가는 또한 교사가 의도하는 결과를 야기하기 위한 새로운 중재활동을 시도하기 전에 학생들의 출발점행동(entry behavior)을 알아내기 위한 기초선 자료로 사용될 수 있다. 진단평가를 위한 도구로는 사전검사, 쓰기 견본, 문제해결을 위한 연습문제, 기능검사, 태도조사, 설문지 등이 있다.

Tomlinson(1999)은 교사들이 어떤 단원을 가르치거나 어떤 기능을 발달시키기 전에 학생들의 출발점행동을 사정하기 위한 간단한 전략에 대해 논의하고 있다. 교사들은 결과를 분석하여 학생들이 결여되어 있는 것을 학습하도록 돕기 위한 계획을 세운다. 사전평가에서 잘 수행하는 학생들은 그들이 이미 알고 있는 내용을 계속 공부할 필요가 없으며, 교사들은 이런 학생들이 지루해하지 않도록 도전적이고 동기부여적인 심화 활동을 수립할 수 있다. 코스나 학년 초기에 학생들의 이전 지식, 능력 수준, 개인적 흥미를 분석함으로써 교사들은 학생들의 다양한 요구를 충족시키기 위해 내용, 산출, 과정을 다양화시킬 수 있다. 통합 교실에서는 한 가지 방법만으로 모두를 만족시킬 수 없기 때문에 학생들의 학업적 및 사회적 요구를 알아보기 위해 진단 자료를 활용하여 그러한 여러 요구를 충족시키기 위한 수업전략과 교육과정의 기회를 계획하는 것이 중요하다.

2) 형성평가

형성평가는 수업이 진행되는 과정에서 그 수업이 주어진 수업목표의 달성을 향하여 제대로의 정상적인 학습 진전을 보여주고 있는지를 계속적으로 점검해 나가는 평가활동이다. 형성평가란 용어를 처음 사용한 Scriven(1967)에 따르면, 형성평가란 교수와 학습이 진행된 상태에서 학생들에게 피드백을 주고, 교과과정 및 수업방법을 개선하기 위해서 실시하는 평가이다. 요컨대, 형성평가는 학교학습이 진행 중일 때 학습의 밀도를 높이고 수업목표를 보다 정확히 그리고 보다 능률적으로 달성하기 위한 중간 궤도 수정을 위해 투입하는 평가라고 할 수 있다.

형성평가의 가장 주된 특징은 정보의 피드백과 교정이다. 학교학습이 성공하기 위한 길은 학생과 교사에게 어떤 오류나 곤란이 발생했을 때 즉시 알려주는 피드백 작용과 필요할 때 적절한 교정을 제공해 줌으로써 교실의 수업체제를 자아수정체제(self-corrective system)로 만드는 일이다. 학교에서 5분 테스트, 퀴즈, 쪽지검사, 형성검사 등으로 불리는 평가지가 형성평가를 위한 것이다. 형성평가는 이러한 시험지나 검사와 같은 평가지로만 이루어지는 것이 아니라 구두질문, 미소, 고개의 끄덕임, 칭찬 등도 형성평가의 역할을 수행한다(정종진, 2010). 형성평가는 학생들에게 충분한 학습이 이루어진 것은 무엇이며, 아직 더 학습해야 할 것은 무엇인지 학습결과에 대하여 시기적절하게 피드백을 제공해 줌으로써 그 뒤에 이어지는 학습을 용이하게 할 수 있도록 도와주는 동시에 학습행동을 강화시키는 기능을 가지고 있다. 형성평가는 학생들에게뿐만 아니라 교사에게도 수업활동에 대한 피드백을 제공한다. 그러므로 교사가 자신의 학습지도 방법을 개선하는 데에 형성평가의 결과를 활용할 수 있다.

형성평가는 교수와 학습이 유동적인 시기에 교과내용, 교수-학습의 개선을 위해서 실시하는 평가이다. 형성평가의 목적은 점수를 매기거나, 학생의 성적을 판정하거나, 교사의 능력을 평가하려는 것이 아니라 학생의 학습을 증진시키기 위해 무엇을 개선할 것인지를 추구하는 데 있다. 또한 형성평가를 실시하는 목적은 단순히 학습 진전 상황을 파악하는 데 있는 것이 아니라 학생들이 가지고 있는 학습곤란 또는 학습결손을 정확히 밝혀서 이를 교정하고 보충하는 데 있다. 형성평가는 교수와 학습이 유동적인 상태에서 이루어지는 것이므로, 만약 만족할 만한 학습이 이루어지지 않은 경우에는 충분한 시간적 여유를 가지고 교정학습이나 보충학습을 할 수 있다. 형성평가를 통하여 학습곤란이나 학습결손을 적절한 시기에 발견하고, 이에 대하여 교정학습과 보충학습을 실시하는 것은 결과적으로 학생들의 학습 진전을 효율화시키는 역할을 한다. 수업의 과정에서 교과내용을 적절한 단위로 나누고, 각 단위수업이 끝날 때마다 정기적으로 형성평가를 실시하면, 그만큼 학생들에게 학습을 위한 노력과 시간을 투입하도록 하고, 학생들에게 각 단위의 학습내용을 제때에 적절하게 공부하는 습관을 길러서 효율적인 학습 진전을 가능케 한다.

사실 모든 형태의 비공식적 평가가 형성평가다. 예를 들어, 교사가 문제에 대한 학생들의 반응을 토대로 그다음 학습활동으로 넘어가야 할지를 결정할 경우, 교사는 점수를 매기기 위해 그러한 정보를 사용하지 않는다. 사전 테스트, 작품 견본, 작문 과제 또한 자주 사용되는 형성평가의 예다. 이러한 활동의 주요 목적은 학생들에게 피드백을 제공해 주는 것인데, 학생들의 동기를 향상시키고 학생 스스로 자신이 나아지고 있는 정도를 관찰하도록 도와준다(Stiggins, 2007). 이러한 관점에서 형성평가는 학습하는 동안 학생들을 조력해 주는 교수적 발판의 한 형태라고 할 수 있다(Shepard, 2005). 요컨대, 형성평가는 학년 내내 계속적으로 행해지는 계속평가(ongoing evaluation)로, 학생들의 진전 상황을 점검하고, 학습기준을 달성하기 위해 학생들이 해야만 하는 것에 대한 의미 있고 즉각적인 피드백을 주기 위해 사용되며, 코스 내내 수업을 개선하기 위한 것이다.

3) 총괄평가

총괄평가는 학생들이 수업이 끝났을 때에 무엇을 학습했는가에 대한 최종적인 판단을 하거나 성적을 부여하기 위해서 사용되는 용어이다. 총괄평가는 보통 한 단원, 한 코스, 혹은 한 프로그램이 종결되었을 때에 실시된다. 총괄평가는 이미 완결된 수업활동의 효과성 여부를 결정한다. 흔히 학교에서 실시되고 있는 월말고사, 학기말고사, 학년말고사 등이 총괄평가에 해당된다. 총괄평가의 가장 큰 기능은 학생들의 학업성적을 판정하는 데 있다. 총괄평가의 결과에 의해서 학생들의 석차를 매기거나 어떤 등급을 정하는 일이 수반된다. 각급 학교에서는 총괄평가의 결과에 따라 어떤 교과목의 이수 또는 어떤 교과과정의 수료 등 자격을 인정한다.

일단 최종 평가가 이루어지면, 교사들이 학생들의 요구를 충족시키기 위한 수업활동을 조정하기에는 너무 늦다. 이미 수업이 끝난 것이다. 경험이 많은 교육자들은 총괄평가가 단지 무엇이 잘못되었는가를 교사들에게 보여주는 반면, 형성평가는 금년의 학생들이 성공할 수 있도록 교사들에게 도움이 된다는 것을 알고 있다. 총괄평가가 금년의 학생들을 돕기에는 너무 늦지만, 여전히 내년의 학생들을 잘 지도하도록 교사들에게 도움이 될 수 있다. 단원검사, 최종 연구보고서, 학기말고사, 학년말고사, 표준화 학력검사, 성적표는 일반적으로 총괄평가로 분류된다. 왜냐하면 이것들은 학생들에게 성취기준을 충족시키거나 개선의 기회를 학생들에게 주지 않고 최종 결과를 제시해 주기 때문이다.

❦ 진단평가, 형성평가, 총괄평가의 기능

진단평가의 기능

- ○ 출발점행동의 진단
- ○ 학습결손의 진단
- ○ 선수학습 정도의 확인
- ○ 학습부진의 교육외적 원인 파악

형성평가의 기능

- ○ 학습행동의 강화
- ○ 학습곤란의 진단과 교정
- ○ 학습속도의 조절
- ○ 학습지도방법의 개선
- ○ 학생들에 대한 피드백
- ○ 수업의 질적 관리

총괄평가의 기능

- ○ 학업성적의 평정
- ○ 후속 학습과정에서의 성공 예측
- ○ 기능 또는 자격의 인정
- ○ 학생들에 대한 피드백
- ○ 수업의 질적 관리

3. 규준관련평가와 준거관련평가

교사가 검사, 퀴즈, 숙제, 프로젝트, 실험 등에 대한 측정치(점수)를 수집하게 되면, 이에 대한 어떤 종류의 가치를 부여해야만 한다. 측정치에 대한 가치 부여 방법에는 일반적으로 두 가지가 있다. 한 가지 방법은 학생들 간에 비교하는 것으로 흔히 평균, 평균 이상, 평균 이하로 구분된다. 다른 한 가지 방법은 수행을 정해진 준거에 따라 해석하는 것으로 흔히 목표 도달, 미달 혹은 통과, 비통과로 구분된다. 전자를 규준관련평가(norm-referenced assessment, 규준참조평가 혹은 규준지향평가라고도 함, 흔히 상대평가라고 불림), 그리고 후자를 준거관련평가(criterion-referenced assessment, 준거참조평가 혹은 준거지향평가라고 함, 흔히 절대기준평가라고 불림)라고 부른다. 이들 두 평가방법은 평가기준 혹은 평가결과의 해석방법에 따른 분류인데, 그 특성과 장단점에 대해 살펴보면 다음과 같다(Snowman, McCown, & Biehler, 2012).

1) 규준관련평가

수학 과목에서 교사가 "20%는 A를, 40%는 B를, 나머지 40%는 C 이하를 받을 것이다"라고 말했다면, 그 교사는 어떤 학생이 다른 학생들과 비교해서 얼마나 잘하는지를 나타내는 규준관련평가 체제를 사용한 것이다. 이 체제는 동일한 평가를 받은 다른 학생들의 성적과 비교하여 한 학생의 성적을 부여하는 것이다.

규준관련평가 체제에서는 학생들의 선행학습, 학습기능, 동기 및 적성과 같은 특성들의 차이 때문에 이질적인 집단의 학생들 간에는 학업성취도가 자연적으로 달라질 것이라고 가정한다. 이상적인 상황에서 이러한 차이는 낮은 점수에서부터 높은 점수에 이르기까지 분포되어 있고, 아주 낮은 점수와 높은 점수를 받은 비율이 적은 종모양의 곡선 혹은 정상분포의 곡선을 나타낸다. 이러한 이유로 해서 규준관련평가는 정상분포곡선에 기초한 평가라고도 불린다.

규준관련평가에서는 표준화 검사처럼 교과에 대한 점수가 각 학생의 수행의 질을 집단의 평균 혹은 다른 학생들과 비교함으로써 결정된다. 그 비교 대상은 당해 연도 같은 반의 다른 학생들일 수도 있고, 여러 해에 걸친 여러 개 반의 평균 수행일 수도 있다. 비교의 기초로서 후자가 바람직하다. 왜냐하면, 두 가지의 심한 왜곡된 결과를 피할 수 있기 때문이다. 한 학급이 능력이 없는 학생들을 많이 포함하고 있을 때 조금만 능력이 있어도 높은 점수를 쉽게 받을 수 있고, 또한 한 학급이 능력이 있는 학생들을 많이 포함하고 있을 때 다소 능력이 없는 학생들은 낮거나 실패의 점수를 받도록 운명지어진다(Wangh & Gronlund, 2011; Kubiszyn & Borich, 2012).

규준관련평가에 기초하여 등급을 배정하는 기본 절차는 다음과 간단한 몇 가지 단계를 포함한다.

첫째, 각 등급을 받을 학생들의 비율을 결정한다. 예를 들어, 만약 교사가 모든 등급을 주기로 작정을 했다면 상위 15%에게는 A를, 다음 25%에게는 B를, 중간 35%에게는 C를, 다음 15%에게는 D를, 하위 10%에게는 F를 주기로 결정할 수 있다.

둘째, 가장 높은 점수에서부터 가장 낮은 점수에 이르기까지 점수를 배열한다.

셋째, 각 범주에 속하는 점수를 계산하여 그에 따라 등급을 배정한다.

점수를 배열하는 방식은 다양할 수 있다. 각 범주에 몇 %를 배정할 것인지는 학급 학생들의 특성, 시험과 과제의 난이도, 적절한 기준에 대한 교사의 의식 등과 같은 요인들에 달려 있다. 더욱이 규준관련평가 방식은 반드시 각 학급이 정상분포의 점수를 가질 것이라든가 누군가가 자동적으로 실패할 것을 의미하는 것은 아니다. 예를 들어, 만약 교사가 등급을 세 가지 범주로 한정하고 각 등급에 동등한 수를 배정하기로 결정했다면, 같은 수의 학생들이 A, B, C를 받을 수 있다. 규준관련평가 방식은 사용된 등급 기호가 다른 학생들과 비교하여 학생의 성취도를 가리킨다는 점을 의미할 따름이다.

적어도 규준관련평가 절차를 사용하기에 적합한 두 가지 경우가 있다. 하나는 고급 수준의 학습을 평가할 경우고, 다른 하나는 제한된 등록 프로그램을 위한 학생을 선발할 경우다. 교사는 두 단계의 수업계획을 세우고 싶어할 때도 있을 것이다. 첫 번째 단계는 모든 학생들이 특정 교과에서 기본적인 수준의 지식과 기술을 완전 습득하도록 도와주는 것을 포함한다. 이 단계에서의 수행은 미리 정해진 기준(예: 시험에서 80% 맞추기)에 따라 측정되고 평가될 것이다. 일단 이 기준이 성취되면, 교사는 학생들에게 보다 심화된 고급 수준의 학습을 위한 수업을 제공하고, 가급적 부가적인 자료를 많이 학습하도록 격려할 수 있다. 두 번째 단계 중에 학습한 양은 미리 정해진 기준과 관계가 없고, 학생들의 동기와 학습기능에 있어서 차이가 있기 때문에 학생들의 학습의 양을 평가할 때 규준관련평가를 사용할 수 있다. 이러한 상황은 또한 모든 사람이 동일한 기본적 지식의 수준에서 출발하기 때문에 경쟁적 목표 구조(competitive goal structure)의 사용에 적합하다. 경쟁적 목표 구조는 한 학생의 성적이 집단의 다른 학생들이 얼마나 잘 수행하느냐에 의해 결정되는 구조이다. 규준관련평가는 또한 대규모의 후보자들 중에서 제한된 수만 등록할 수 있는 프로그램에 들어올 우수 학생들을 선발하는 경우에 적용될 수 있다.

규준관련평가의 주요 약점은 교사들이 규준관련평가를 적절하게 사용할 수 있는 상황이 거의 없다는 점이다. 그런 상황이란 목표가 적합하지 않거나(모든 학생들이 어떤 자료와 기능을 완전 습득하는 것), 기본적인 조건이 충족되지 않는(학급의 크기기 작거나 동질적인 집단일 때) 경우다. 이러한 약점에도 불구하고 규준관련평가 방식이 사용될 때는 의사전달과 동기의 문제가 야기된다.

독일어 어휘와 문법을 완전 습득하는 데 매우 어려움을 겪고 있는 고등학교 2학년 한 집단의 예를 생각해 보자. 학생들은 학습준비가 덜 되어 있고 교사는 자료를 조직하고 설명하는 데 부족하다. 학기 중에 실시된 모든 시험, 퀴즈 암송에서 상위 학생들이 평균 48점을 받았다. 그리하여 40점대를 받은 학생들은 A 등급을 받게 될 것이다. 이러한 행운의 소수 학생들이 비록 그들의 지식과 기능이 불완전하다는 것을 인식할지라도 다른 사람들은 일반적으로 A등급을 우수생을 의미하는 것으로 여기기 때문에 이 학생들이 독일어를 아주 잘 학습했다는 잘못된 결론을 내릴 수 있다.

이와는 반대로, 대부분의 학생들이 잘 수행하고 있는 사회 교과의 예를 들어 보자. 학생들은 이전의 교사들에 의해 학습준비가 잘 되었고, 효과적인 공부기술을 사용하였고, 교사로부터 높은 질의 수업을 받았으며, 교사의 열정에 의해 강한 동기를 부여받았기 때문에 최종 시험에서 평균 90~95%를 맞추었다. 그렇지만 규준관련평가를 사용하는 교사는 이 집단에 적어도 A, B, C 등급을 할당해야 할 것이다. 이런 평가의 경우 열심히 공부하여 좋은 성취도를 보인 학생들의 동기에 심한 손상을 줄 뿐만 아니라, 다른 사람들에게 B와 C를 받은 학생들의 성취에 대해서 잘못된 의사전달을 하게 된다.

2) 준거관련평가

수학 시간에 교사가 "B를 받으려면 시험에서 80점 이상을 받아야 한다."라고 말했다면, 그 교사는 준거관련 성적처리 체제를 사용한 것이다. 이 체제에서 성적은 다른 학생들의 성취도와 아무 상관없으며, 한 학생이 획득한 성취도만 의미한다. 준거관련평가 체제는 학생들에게 실수로부터 이득을 얻게 되며 성취 수준을 개선하도록 한다. 더욱이 준거관련평가 체제는 다른 평가 체제보다도 훨씬 더 많이 학습하도록 동기를 촉진시키는 개별적 목표 구조(individualistic goal structure) 및 협동적 목표 구조(cooperative goal structure)를 확립한다. 개별적 목표 구조는 학생의 개인적 작업과 노력의 질에 대해서만 보상하는 것으로 특징지어지고, 다른 학생의 성공이나 실패와는 상관이 없으며 문제는 오직 학생이 특정 과제의 기준을 충족했는가 하는 것이다. 협동적 목표 구조는 학생들이 공동의 목표를 성취하기 위해 같이 작업하는 것으로 특징지어지고, 집단의 다른 학생들에게 이득이 되는 것은 개인에게도 이득이 되며 그 반대도 그렇게 된다.

준거관련평가 체제에서는 각 학생이 미리 정해진 성취 혹은 수행의 준거에 도달한 정도의 비교를 통해서 등급이 결정된다. 학급의 다른 학생들이 그 준거를 충족시키는 데 성공했느냐 혹은 성공하지 못했느냐 하는 것과는 무관하다. 따라서 등급의 분포는 반드시 정상분포가 아니라 어느 분포라도 가능해진다. 모든 학생들이 A를 받을 수도 있고 F를 받을 수도 있으며, A나 F를 받은 학생이 한 명도 없을 수도 있다. 준거관련평가 체제에서는 매우 낮거나 실패의 등급을 받는 빈도가 덜 발생할 수 있다.

준거관련평가에서는 보통 정확하게 답했던 검사 문항의 비율에 기초하여 문자 점수를 할당한다. 예를 들어, 교사는 일련의 검사 문제의 85%를 정확하게 답한 학생들에게는 A를, 75~84%를 정확하게 답한 학생들에게는 B를, 그리고 그 이하의 학생들에게는 가장 낮은 문자 점수를 주기로 결정할 수 있다. 이러한 유형의 평가 체제를 공정하게 사용하기 위해서는 현실적인 준거 수준을 명확하게 마련하는 일인데, 그러기 위해서는 학생들이 전형적으로 수행하는 수준에 대한 약간의 사전 지식을 가지고 있을 필요가 있다. 이와 같이 교사는 절대적 혹은 고정적 수행 준거를 세우기 위해서 규준적(표준적)인 정보를 활용해야 할 것이다. 비록 규준관련평가와 준거관련평가 모두가 규준적인 데이터베이스에 기초하여 이루어지지만, 규준관련평가 체제만이 등급을 결정하기 위해서 학생들 간의 비교를 활용한다.

준거관련평가 체제는 규준관련평가 체제보다 학생의 강점과 약점에 대해서 보다 구체적이고 유용한 정보를 제공해 주는 이점이 있다. 흔히 부모와 교사는 어떤 학생이 과학 시험에서 급우들 가운데 상위 8%에 해당되기 때문에 A를 받았다는 것에 보다 관심을 갖고 있다. 이 경우 A를 받았다고 해서 수업목표를 잘 달성했다는 보장이 없다. 또한 준거관련평가 체제는 충분히 잘 발달된 학습기능을 가지고 있고 좋은 질의 수업을 받은 학생들은 누구나 수업목표의 대부분을 완전 습득할 수 있다는 강한 기대를 가지고 있기 때문에 학습동기를 촉진시킨다(Wangh & Gronlund, 2011). 이러한 준거관련평가 체제의 동기 효과는 특히 숙달목표를 채택하는 학생들 사이에서 현저하게 나타나기 쉽다. 왜냐하면, 그들은 평가 혹은 점수를 보다 나은 개선을 위한 피드백으로써 활용하는 경향이 있기 때문이다(Covington, 1999).

준거관련평가 체제의 한 가지 약점은 한 교사가 정해 놓은 수행 준거(예: 90% 맞추면 A등급을 부여)는 임의의 것이며, 학부모와 동료 교사들에게 정당화하기 어려울 수 있다(예: 87%를 맞추면 왜 A가 아닌가? 92% 맞추면 왜 A인가?)는 점이다. 두 번째 약점은 비록 한 교사의 기준이 모든 검사에 일정하게 적용된다 하더라도(예: 모든 검사에서 90%를 맞추어야 A등급을 부여) 주목하지 않았던 각 검사의 난이도와 수업의 질 차이로 인해서 실제로 변동될 수 있다는 점이다(Wangh & Gronlund, 2011).

지금까지 살펴본 규준관련평가와 준거관련평가를 몇 가지 측면에서 비교해 보면 〈표 2〉와 같다(이종승, 2009). 이 두 가지 유형의 평가는 그 목적과 용도 및 장단점이 서로 다르기 때문에 어느 한 방법이 더 낫다고 볼 수는 없다. 규준관련평가와 준거관련평가는 상호 보완적 기능을 가지고 있으므로 평가의 목적과 용도에 알맞은 방법을 선택해야 하며, 필요한 경우 이 두 방법을 혼용할 수도 있다.

표 2 규준관련평가와 준거관련평가의 비교

구분	규준관련평가	준거관련평가
교육관	선발적 교육관	발달적 교육관
평가 목적	개인차 변별, 상대적 우열 확인	목표 달성, 자격 유무 확인
핵심 질문	누가 더 잘 하는가?	무엇을 얼마나 아는가?
기본 가정	정상분포 가정	비정상분포 인정, 부적 편포 지향

구분	규준관련평가	준거관련평가
평가 기준	비교집단 내 구성원 득점 분포 상대적 기준	사전에 설정한 준거와 수행 절대적 기준
강조점	변별도, 신뢰도	타당도, 적합도
결과 활용	선발, 분류, 배치 선발시험	진단, 점검, 자격 자격시험
문제점	교육목표 달성 확인 어려움 상대적 열등감, 패배감 조성 경쟁에 의한 협동성 상실	상대적 우열 변별 어려움 타당한 준거 설정의 난점 성적 부풀리기의 가능성

토의문제

1. 비공식적 평가와 공식적 평가의 차이점은 무엇인가?
2. 진단평가, 형성평가, 총괄평가의 과정과 중요성을 의사의 진료과정에 비추어 설명한다면?
3. 형성평가의 기능에 비추어 학교학습에 있어서 형성평가가 중요한 이유를 제시한다면?
4. N. E. Gronlund의 수업모형을 제시하고, 이 모형에 비추어 수업과정에서 평가의 역할을 설명한다면?
5. 규준관련평가를 지지하는가, 아니면 준거관련평가를 지지하는가? 그리고 그 이유는 무엇인가?
6. 준거관련평가는 왜 부적편포를 지향하는가?

제3장

전통적 평가

1. 시험 내용, 실시 시기와 방법
2. 좋은 문항의 조건
3. 선택형 시험
4. 서답형 시험

전통적 평가는 학생들이 학습한 것을 평가하기 위해 교사가 실시하는 중간시험, 기말시험으로 구성된다. 전통적 평가에서는 학생들이 주어진 답지 중에서 어느 하나를 선택하는 선택형(selection-type)인 진위형, 배합형, 선다형의 문항과 학생들이 정답을 제시해야만 하는 서답형(supply-type)인 단답형, 완결형, 논문형의 문항이 주로 사용된다. 이러한 전통적 평가는 학생들의 학습을 평가하는 최상의 방법은 아니지만, 잘 설계만 되면 학생들의 학습에 대해 가치 있는 정보를 제공한다(Miller, Linn, & Gronlund, 2011). 이 장에서는 설계하는 시험이 신뢰성 있고, 타당하고, 공정해지기 위해서 각 유형의 시험문항을 어떻게 설계하고 작성해야 하는지 알아보기로 한다.

1. 시험 내용, 실시 시기와 방법

1) 시험 내용

시험은 무엇을 다루어야 하는가? 특정한 시험에 적절한 문항을 작성하는 방법에 대해 고려하기 전에 먼저 시험에 포함될 내용을 결정해야 한다. 이를 위해 교사는 다음과 같은 질문을 던져 보고, 이에 부합된 시험 문제를 출제해야 내용타당도를 높일 수 있다.

- 학생들의 어떤 것을 평가할 것인가?
- 수업시간에 무엇을 다루었는가?
- 학생들이 수행한 활동은 무엇인가?

- 학생들에게 부과한 숙제와 과제는 무엇인가?
- 수업의 목적과 목표는 무엇이었는가?

좋은 시험 문제를 출제하는 데 있어 가장 중요한 것은 학생들이 배운 것을 반영해야 한다는 점이다. 다시 말해 시험은 내용타당도가 높아야 한다. 배운 내용과 시험 내용이 일치하도록 보장하는 최상의 방법은 수업목적을 활용하는 것이다. 교사가 처음 계획에 따라 수업을 진행했다면, 시험은 수업목적에 일치하는 기본적인 내용을 포함해야 한다. 또한 각 개념 혹은 주제들에 대한 문항의 수는 수업시간에 그 개념이나 주제에 대해 얼마나 많은 시간을 할애했고 또 학생들이 숙제나 교외 활동에서 얼마나 많은 시간을 보내도록 기대하는지를 결정해야 한다. 초등학교 교사들은 여러 과목을 가르치므로 시험문제를 출제할 때는 수업시간에 가르친 단원들을 참고로 해야 한다.

모든 수업과 수업전략은 수업목적에서 연유하기 때문에 교사가 시험문제를 제작할 때 수업목적에서 시작해야만 한다는 것은 당연한 논리적 귀결이다. 수업목적을 시험과 결부시킴으로써 교사는 시험 결과를 통해 학생들의 학습에 대한 진전 상황은 물론 교육과정이나 수업계획에 있어서 필요한 조정 사항에 대한 정보를 얻을 수 있다. 수업목적이 무엇인가를 이해하고자 노력할 때 곤란성과 복잡성의 정도를 차례로 보여주는 학습분류학에 기초해야만 한다(Jordan & Porath, 2006). 평가와 수업목적을 일치시키는 가장 간결한 방법은 행동-내용 매트릭스를 사용하는 것이다. 행동-내용 매트릭스는 [그림 1]처럼 배운 내용의 주제들을 왼쪽 열에 나열하고, 학생들이 참여해야 할 행동이나 사고의 유형을 위쪽 줄에 나열한다.

행동 / 내용	재생과 재인	용어	구체적 사실	방법	이론과 구조	지식 적용	질적 자료의 해석	가설 선택	문제 확인	외삽법	총점
세포: 구조											
기능											
재생산											
유전자: 이중역할											
매크로/마이크로 구조											
유전											
기술											

[그림 1] 행동-내용 매트릭스의 예(고등학교 생물 수업)

❦ 학습분류학

분류학은 학습행동을 설명하기 위해 사용되는 분류 체계이다. 아래에 있는 수준들은 보통 기본적이거나 단순한 수준을 나타내며, 무엇인가 명명하기와 같은 연합학습과 관련이 있는 경우가 많다. 위에 있는 수준들은 평가와 같은 복잡한 과제와 관련이 있다. 분류학은 인지적, 정의적, 운동기능적 영역에 대해 이루어져 있다.

- **인지적 영역**

  학습의 유형과 예

  평가: 논증하기, 대비하기, 비교하기

  종합: 계획하기, 설계하기, 생산하기

  분석: 분류하기, 구별하기, 재구성하기

  적용: 일반화하기, 발전시키기, 응용하기

  이해: 바꾸어 말하기, 해석하기, 결론내리기

  지식: 상기하기, 인지하기, 확인하기

- **정의적 영역**

  학습의 유형과 예

인격화: 고안하기, 해결하기, 관리하기
조직화: 논의하기, 이론화하기, 공식화하기
가치화: 지지하기, 토의하기, 양도하기
반응: 요구에 응하기, 따르기, 환호하기
감수: 수용하기, 경청하기, 반응하기

- **운동기능적 영역**
  학습의 유형과 예
  비언어적 의사소통: 신체적 자세, 제스처, 얼굴 표정
  숙련된 동작: 스포츠와 여가 활동에서의 능숙한 동작
  신체적 활동: 꾸준한 노력, 신속하고 정확한 동작
  지각적 협응 동작: 줄넘기, 잡기 등
  기본 동작: 걷기, 달리기, 비틀기
  반사 운동: 당기기, 뻗기, 구부리기

2) 시험 실시 시기와 방법

많은 학교에서는 시험 일정이 대부분 집행부나 교무회의에서 정해지지만, 때로는 학급 담임 혹은 교과 담당 교사가 시험 일정을 조정할 수도 있다. 일단 1년 동안의 수업과 평가를 계획하였다면, 시험을 통해 학생들이 가장 많은 혜택을 얻을 수 있도록 도와주는 다음과 같은 방법을 사용하는 것이 좋다(Sternberg & Williams, 2010).

첫째, 시험은 좁은 범위로 자주 실시하라. 시험을 넓은 범위로 가끔 실시하기보다는 좁은 범위로 자주 실시하는 것이 좋다. 왜냐하면, 학생들은 시험 직전까지는 공부를 하지 않는 경향이 있으므로 시험을 자주 칠수록 학생들이 더 많이 공부할 것이기 때문이다. 게다가 좁은 범위의 시험을 여러 차례 실시하는 것은 시험불안이 있는 학생들을 단지 한 번의 기회로 자신의 능력을 발휘해야 한다는 공포감을 극복할 수 있도록 도와주기 때문이다. 또한 시험을 자주 실시함으로써 학생들이 교재를 능동적으로 처리하고 사용할 수 있도록 격려할 수 있기 때문이다. 학생들이 개별 주제를 학습할 때마다 시험을 실시해야 교사가 좁은 범위의 시험을 여러 번 실시할 수 있게 된다. 또 나중에 주제를 통합시키고 학생들이 학습한 것에 대해 폭넓게 사고할 수 있도록 돕기 위해 좀 더 넓은 범위의 시험을 다시 실시해야 할 것이다.

둘째, 시험 조건을 고려하라. 다시 말해, 시험을 실시할 때 학생들이 직면하게 될 상황에 유의해야 한다. 열악한 상황에서는 시험 점수가 낮아질 수 있다. 예를 들어, 이웃 학급의 잡음, 음악소리, 웃음소리 등은 학생들의 집중력에 영향을 줄 수 있다. 시험 시간이 얼마인지, 경과된 시간을 말해 줄 것인지, 시험지를 제출한 학생들은 방해가 되지 않도록 무엇을 해야 하는지 등에 대해 학생들에게 명확히 지시해야 한다. 또한 시험을 실시하는 동안 학생들을 면밀히 관찰함으로써 도움이 필요한 학생들에게 반응해 주고 부정행위를 방지할 수 있다.

셋째, 지시문을 명료하게 하라. 학생들이 학습한 것을 정확히 반영하기 위해서는 학생들이 시험의 지시문을 명확히 이해할 수 있어야 한다. 예를 들어, 학생이 무엇을 해야 하는지를 보여주기 위해 예제 문제를 제시하고 검토하는 것이 좋다.

넷째, 빨리 피드백을 주어라. 일단 학생들이 시험을 완료하고 이를 거두었다면, 학생들이 여전히 시험에 관심을 가지는 동안 가급적 빨리 채점해서 나누어 주어야 한다. 너무 오래 끌게 되면 학생들은 자신의 성취를 학습 혹은 그 성취에 대한 보상이나 인정의 수준과 연결시키지 못하게 될 것이다. 시험이 끝난 즉시 정답에 대해 논의하거나 정답지를 배부하는 것이 좋다.

2. 좋은 문항의 조건

공식적 평가에서 가장 널리 사용되는 전통적인 방법은 지필검사(paper-pencil test)이다. 지필검사의 문항 작성에는 상당한 어려움과 제약이 뒤따른다. 문장표현은 일반적으로 구두표현에 비해 속도가 늦고, 격식을 요구하기 때문이다. 지필검사에서 문장으로 제시되는 문항은 언어적, 신체적 표현을 통한 단서를 주거나 받을 수 없기 때문에 학생들이 제대로 이해해서 올바른 반응을 할 수 있도록 좋은 문항을 제작한다는 것이 그리 쉬운 일이 아니다. 따라서 교사가 글로 표현하여 문항을 제작할 때는 세심한 주의가 필요하다. 문항 자체만으로 의도하는 요지를 충분히 전달할 수 있도록 간결하고 명확하게 진술해야 한다. 좋은 문항을 제작하기 위해서는 문항이 갖추어야 할 일반적인 조건을 알고 있어야 한다. 좋은 문항이 갖추어야 할 조건은 다음과 같다(이종승, 2009).

첫째, 검사 문항은 평가 대상이 되는 교육목표의 달성여부를 충실히 반영할 수 있어야 한다. 이는 곧 문항과 교육목표 간의 적절성을 의미하는 것이다. 즉, 문항은 학생들로 하여금 교육목표로 설정된 구체적인 내용과 행동을 드러내 보여줄 수 있도록 제작되어야 한다. 또한 검사 문항은 교육목표를 제대로 성취하지 못한 학생들의 경우 그 실패의 증거도 함께 제시해 줄 수 있어야 한다. 따라서 이 조건은 검사 문항이 교육목표로 명시된 내용과 행동을 구체적으로 다루고 직접 평가할 수 있어야 한다는 것을 의미한다.

둘째, 검사 문항은 평가 대상이 되는 교육목표에 상응하는 복잡성을 지녀야 한다. 문항의 복잡성이란 학생이 문항 속에서 직면하는 요소 또는 관계의 복잡한 정도를 의미한다. 예를 들어, 복잡한 정신과정을 요구하는 목표를 평가하는 문항은 적어도 그와 같은 정신과정을 자극하고 드러내 보여줄 수 있는 정도의 복잡성을 지녀야만 한다는 것이다. 그러나 문장표현상 진술 형태가 복잡하다고 해서 그것이 곧바로 문항의 복잡성과 연결되는 것이 아니다. 이것은 논문형 문항은 대개 겉으로 제시되는 문항의 형태는 간단하지만 실제는 고차적이고 복잡한 정신과정을 요구한다는 것을 보면 쉽게 이해할 수 있다. Bloom(1956)은 교육목표 이원분류학에서 인지적 영역의 교육목표를 복잡성의 원칙에 따라 지식, 이해력, 적용력, 분석력, 종합력, 평가력의 여섯 가지 수준으로 구분한 바 있다.

셋째, 검사 문항은 평가 대상이 되는 교육목표의 성격에 따라 적절한 추상성을 지녀야 한다. 추상성은 문항의 내용이 구체적인 사실과 어느 정도 떨어져 있는가를 나타낸다. 설정된 교육목표가 개개의 구체적인 사실과 관련된 경우에는 문항도 그에 따라 당연히 구체성을 띠겠지만, 설정된 교육목표가 어떤 현상에 대한 일반화 내지 추상화를 요구한다면 문항도 그에 상응하는 추상성을 지녀야 한다. 따라서 교육목표의 성격을 고려하지 않고 문항이 너무 구체적인 장면에 얽매이게 되면 단편적인 지식만을 평가할 위험성이 있다. 예를 들어, 학생들이 구체적인 사실은 잘 알고 있으면서도 그것을 일반화시키거나 추상적인 상태로 바꾸어 놓으면 잘 이해하지 못하는 것은 이러한 이유 때문이다.

넷째, 검사 문항은 학생들이 사전 학습경험에 비추어 적절한 참신성을 지녀야 한다. 참신성은 문항의 장면들이 학생들이 사전 학습경험을 넘어서서 얼마나 새롭게 구성되어 있느냐를 의미한다. 문항은 학생들에게 친숙한 것으로부터 아주 새로운 것에 이르기까지 다양하게 제시될 수 있다. 그러나 문항은 가급적 학생들이 경험하지 못한 새로운 문제로 구성되어야 한다. 이러한 참신성은 특히 문항의 표면적 참신성보다도 문항에서 측정하고자 하는 정신과정의 참신성이 중요하다. 왜냐하면, 학생들이 이전에 경험했던 질문이나 문제로는 고등정신능력을 측정하기가 어렵기 때문이다.

다섯째, 검사 문항은 학생들의 능력수준에 맞는 적절한 난이도를 지녀야 한다. 문항은 평가하고자 하는 학생집단의 능력수준을 고려하여 지나치게 어렵거나 또는 반대로 지나치게 쉽지 않도록 적절히 조절해야 한다. 문항이 학생들의 능력에 비추어 너무 어렵거나 쉬우면, 개별 학생들의 학습 성패를 밝혀 줄 수 없게 되며 교육목표의 달성여부를 파악하는데 아무런 도움을 주지 못한다. 따라서 이러한 경우에는 교육목표의 달성여부를 충실히 반영할 수 있도록 문항의 난이도를 조절해야 한다.

여섯째, 검사 문항은 학습동기를 자극할 수 있는 유인가를 지녀야 한다. 문항 자체는 교육목표의 달성여부를 반영하고 그 증거를 제시해 주는데 본질적인 목적이 있기는 하지만 학생들에게 미치는 부수적인 효과도 역시 고려해야 한다. 학생들은 주어진 문항에 대한 반응 결과를 통해 자기 스스로를 강화시키고 학습에 대해 보다 높은 흥미를 느낄 수 있다. 또한 누적되는 평가결과는 학생들의 자아개념 형성에도 큰 영향을 미친다. 따라서 하나하나의 문항은 학생들의 학업성적에 영향을 줄 뿐만 아니라 그들의 성취동기, 흥미, 자아개념 등 정의적 특성에도 많은 영향을 미친다는 사실을 염두에 두어야 할 것이다.

3. 선택형 시험

선택형(selection type) 시험은 학생들이 비교적 간단한 시작 문장(문두)을 읽고, 제시된 답지 중에서 정답이라고 생각되는 것을 하나 선택하도록 되어 있기 때문에 붙여진 이름이다. 선택형 시험은 간단하면서도 고정된 채점방식을 갖고 있기 때문에 때론 객관식 시험(objective test)이라고도 불린다. 선택형 시험의 주된 목적은 기초적 지식(foundational knowledge)을 평가하기 위한 것이다. 기초적 지식이란 학생들이 문제를 해결하고 산출물을 만들어 내는 등의 높은 수준의 과제를 행하기 위해서 필요로 하는 기본적인 사실적 정보와 인지기능을 말한다(Stiggins, 2005).

선택형 시험의 중요한 이점은 효율성이다. 즉, 교사는 짧은 시간에 많은 문제를 물을 수 있고, 채점하기가 용이하며, 채점의 신뢰도가 높다는 것이다. 채점판의 도움을 받으면 신속하고 일괄적으로 채점될 수 있다. 선택형 시험의 단점은 지적 목표 영역의 가장 낮은 수준(지식과 이해력 수준)을 반영하는 문항들이 작성되기 쉽다는 것이다. 따라서 학생들은 그 지식의 의미를 학습하기보다는 그 지식을 단순히 암기하고 이해하는 데 초점을 둔다. 또 다른 문제점은 비록 학생들이 무엇을 알고 있는지에 관해 약간의 정보를 준다하더라도 학생들이 그 지식을 가지고 무엇을 할 수 있는가에 관한 정보를 주지는 못한다는 것이다.

1) 진위형

진위형(true-false type) 문항은 한 진술문을 학생에게 제공하고 이 진술문이 참인지 거짓인지 판단하는 것이다. 대답하는 방법은 예-아니오, 옳음-그름, 맞음-틀림 등 여러 가지가 있다. 기본적으로 이러한 유형의 문항은 하나의 진술문을 주고 학생들에게 둘 중에 어느 하나를 선택하도록 요구하기 때문에 양자택일형이라고도 부른다. 두 가지 가능성만 있기 때문에 이러한 문항은 일반적으로 몰라도 정답을 맞힐 가능성이 50%가 되기 때문에 추측 요인을 배제하기 어렵다. 진위형 문항은 대개 간단하고 사실적이기 때문에 꼭 필요할 때만 사용해야 하고, 한 시험에 몇 개만 있어야 한다(Miller, Linn, & Gronlund,

2011). 진위형 문항은 교사가 짧은 시간에 많은 양의 자료를 다루고 싶거나, 아직 글쓰기를 못하는 어린 아동에게 적절하게 사용될 수 있다. 진위형 문항을 제작할 때는 다음과 같은 점을 유의해야 한다.

- 수업시간에 제시했거나 교재에 나왔던 내용을 그대로 사용하지 않는다.
- 학생들에 의한 표면적 분석이 오답을 시사하도록 문항을 표현하라.
- 명료하고 혼란을 주지 않게 진술하라. 그러기 위해서 이중부정문은 절대 사용하지 말라.
- 각 진술문에 단지 하나의 아이디어만을 포함시켜라. 각 문항은 참이거나 거짓 둘 중 하나로 판명될 한 가지 아이디어만 포함하고 있어야 한다. 두 가지 아이디어가 들어 있으면, 학생들은 한 아이디어는 참이고 다른 아이디어는 거짓으로 생각하기 쉽다.
- 참과 거짓의 진술문의 수가 거의 같도록 유지하고, 또한 참과 거짓의 진술문의 길이를 비슷하게 유지하라.
- 대부분, 약간, 때때로, 가능하면, 아마도, 대개, 항상, 결코, 모두 등과 같은 용어는 가급적 사용을 피하라.
- 때때로 학생들에게 진술문이 틀렸을 때 정답을 쓰도록 요구하라. 진위형 문항에서 거짓이면 왜 거짓인지 그 이유를 제시할 것을 요구함으로써 학생이 정확하게 알고 있는지를 판단할 자료를 더 많이 얻을 수 있다.

2) 연결형

연결형(matching type, 배합형이라고도 함) 문항에는 전제(본문제)와 답지(선택지)의 수가 여러 개 있다. 학생들이 연결 혹은 배합을 찾기 위해 노력해야 할 자극 진술은 전제(premises)라 불리며, 자극 진술에 대해 반응해야 할 진술은 답지 혹은 선택지(responses or alternatives)라 불린다. 정답을 찾기 위해서는 해당하는

항끼리 연결해야 한다. 잘 만들어진 연결형 문항은 여러 개의 선다형 문항을 단 하나의 연결형 문항으로 바꾸어 놓은 것이다. 이러한 연결형 문항은 교사가 이름과 날짜, 사건과 장소, 용어와 정의 등과 같이 함께 묶어 이해해야 할 개념들에 대해 점검하고 싶을 때 사용하면 아주 좋다. 연결형 문항을 제작할 때는 다음과 같은 점을 유의해야 한다.

- 왼쪽 열의 번호는 숫자로, 오른쪽 열의 번호는 문자로 표기되어야 한다.
- 대체로 전제와 답지의 수가 적게 사용되는 초등학생들이 아니라면 전제와 답지의 열을 서로 줄긋도록 하게 하지 말라. 엇갈린 선이 많으면 줄긋기가 매우 어려워진다.
- 전제와 답지의 열에 제목(혹은 A와 B)을 붙여라.
- 전제는 전제끼리, 답지는 답지끼리 서로 동질성 혹은 일관성을 갖도록 하라.
- 전제와 답지의 길이를 비교적 짧게 하라.
- 전제의 수보다 답지의 수를 더 많게 하라. 마지막 연결이 자동적으로 결정되도록 만들지 않아야 한다.
- 답지를 논리적인 순서에 의해 배열하라.
- 연결의 방법과 사용될 수 있는 반응의 횟수에 대해 기술하라. 교사는 학생들에게 어떻게 연결 혹은 배합하라고 하는 것인지 분명하게 설명하고 한 문항이 한 번 이상 사용될 수 있는지를 나타내는 지시사항에 관한 정보를 제공해야 한다.
- 한 문항에 대한 모든 전제와 답지를 동일 페이지에 배치하라. 하나의 문항은 반드시 같은 면에 있어야 한다. 두 면으로 나뉘어 있다면 앞면과 뒷면을 번갈아 보아야 하기 때문에 번거롭고 헷갈리게 만든다.
- 하나의 문항에 10개 이상의 답지를 넣지 않도록 하라.

3) 선다형

선다형(multiple-choice type) 문항은 두 부분, 즉 문제를 진술하고 있는 문두(stem)와 정답과 여러 개의 오답을 포함하고 있는 많은 답지 혹은 선택지(options)로 구성되어 있다. 이러한 유형의 문항은 기억에서부터 평가에 이르기까지 사용 범위가 넓다. 선다형 문항은 선택형 시험 중에서 많은 장점을 가진다. 선다형 문항은 비교적 짧은 시간에 많은 양의 정보와 자료에 대해서 평가할 수 있고, 특히 사실적 지식을 평가하는 데 유용하다. 그리고 잘 다듬어진 선다형 문항은 고등수준의 추론능력과 지식의 적용능력도 평가할 수 있다. 수업에서 다루지 않았던 새로운 자료를 시험에 포함시킴으로써 학생들이 수업시간에 배웠던 것과 관련이 있는 분석능력을 평가할 수도 있다. 선다형 문항의 문두와 답지가 어떻게 되어 있느냐에 따라 정답형, 최선답형, 다답형, 합답형, 부정형 등으로 구분되기도 한다. 선다형 문항을 제작할 때는 다음과 같은 점을 유의해야 한다.

- 문두(問頭)를 명확하고 정확하게 기술하라. 하나의 문두에는 하나의 질문이 있어야 문제가 명료하고 혼란을 주지 않는다. 또한 학생들을 혼란시키는 길고 복잡한 문장의 문두는 피하는 것이 좋다.
- 혼동을 주기 위해 만들어진 답지(선택지)들도 명료해야 하고 문두와 연관성이 있어야 한다. 따라서 정답을 찾는 것이 기술적인 문제가 아니라 사실적 지식을 알아야만 가능하도록 만들어야 한다.
- 수업 중에 어떤 학생이 오답한 것을 답지(선택지)에 포함시켜라. 이것은 주제에 대해 학생들의 이해 정도와 개별 학생의 학습곤란을 진단하기 위한 출발점에 관한 정보를 제공해 줄 수 있다.
- 오답을 그럴듯하고 매력적으로 만든다. 그 내용을 정확히 알고 있는 학생

에게는 분명한 오답으로, 아직 완수하지 못한 학생에게는 그럴듯하게 보이도록 제시한다.

• 정답에 대한 힌트나 암시가 주어지지 않도록 하라. 문법상 정답에 힌트가 주어지지 않도록 해야 한다. 을(를) 혹은 이(가)와 같이 표기하여 문법상 정답에 대한 힌트가 주어 지지 않도록 해야 하며, 또한 '항상', '모두', '결코 아니다'와 같은 절대적인 의미를 포함시켜 정답을 쉽게 추측할 수 있도록 해서는 안 된다.
• 부정적으로 진술된 문두, 즉 부정형의 문항을 삼가라. 검사도 교육적 행위의 일부이므로 틀린 답을 찾는 것보다 맞는 답을 찾게 하는 것이 보다 교육적이고 바람직하다. 또한 질문이 부정문으로 되어 있을 때, 높은 능력을 소유하고 있지만 주의력이 산만한 학생은 부주의로 답을 맞히지 못하는 경우가 발생한다. 이는 측정의 오차를 유발시키는 원인이 되어 검사의 신뢰도를 저하시킨다. 부득이 부정형으로 출제할 경우엔 부정적 의미의 낱말은 밑줄을 긋거나 고딕체로 표시하여 학생들이 그것을 볼 수 있게 해야 한다.
• 모든 답지(선택지)들의 길이는 서로 비슷하게 하라. 정답지가 오답지보다 길어 답지의 길이가 정답에 대한 단서가 되지 않도록 해야 한다.
• 정답의 답지 위치를 무작위로 배열하라.
• 답지에서 '모든 것이 정답'을 절대 사용하지 말고, 문항 난이도를 높이기 위해서 '정답없음'을 사용하라.

❦ 고등 인지 수준의 선다형 문항 제작의 원칙

Gareis와 Grant(2008)에 의하면, 많은 사람들이 선다형 문항은 단지 낮은 인지 수준을 평가한다는 잘못된 생각을 가지고 있다. 선다형 문항이 비록 높은 수준의 종합력, 평가력(비판력), 창의력을 평가하기는 매우 어렵지만 이해력, 적용력, 분석력의 인지 수준을 평가할 수 있다. Gareis와 Grant는 고등 인지 수준의 선다형 문항을 제작하기 위한 다섯 가지 원칙을 다음과 같이 기술하고 있다.

- **원칙** 1: 내용의 이해와 인지 수준을 세련화하라. 기준으로부터 얻어진 내용과 동사(분석하다, 해석하다)로부터 얻어진 인지 수준을 목표로 삼으라.
- **원칙** 2: 참신함을 이끌어라. 학생들에게 교실에서 논의된 어떤 상징에 대한 선다형 문항을 질문하기보다는 그들이 문학 양식에 대한 인지와 해석의 과정을 학습했는지를 확인하기 위해서 교실에서 논의되지 않은 이야기에서 하나의 상징을 골라 그 상징이 무엇을 의미하는지를 해석하도록 요구하라.
- **원칙** 3: 복잡한 내용을 초점화하라. 과학 수업에서 "물이 증발할 때 물은 A: 액체, B: 고체, C: 기체, D: 용액으로 바뀐다."라는 질문을 묻기보다는 학생들이 물의 순환 과정을 알 수 있도록 요구하는 질문을 통해 높은 수준에서 다음과 같은 내용에 접하게 하라. "매우 무더운 날, 소나기가 잠시 내린 후 햇빛이 다시 비추었다. 거리에 있던 물웅덩이는 A: 기체, B: 액체, C: 고체, D: 용액으로 바뀔 가능성이 가장 크다."
- **원칙** 4: 여러 단서를 활용하라. 추가적인 배경 정보를 포함한 여러 단서를 한 학생들에게 제공하고 해당 질문에 답하는 데 필요한 맥락적 정보를 제공해 주어라.
- **원칙** 5: 해당 질문에 답하는 정보를 학생들이 활용하도록 하라. 여기에는 도해 도표, 지도, 그림, 문서의 인용문, 정보나 데이터를 학생들이 해석할 수 있는 짧은 지문 등이 포함된다. 몇 가지 검사 질문들은 이러한 촉매물을 기반으로 할 수 있다.

4. 서답형 시험

서답형(supply type) 시험은 문두만 제시하여 학생으로 하여금 답을 생각해서 쓰도록 하는 형식이기 때문에 붙여진 이름이다. 이런 형식의 문항은 학생으로 하여금 답을 스스로 생성하는 재생과정을 요구한다는 점에서 흔히 회상형 문항이라고 불린다. 또한 서답형 시험은 채점자의 주관이 다소 개입될 수 있기 때문에 때론 주관식 시험(subjective test)이라고도 불린다.

1) 완성형

완성형(completion type) 문항은 질문 또는 불완전한 진술에 적절한 단어나 숫자 또는 상징을 채워 넣어야 하는 평가 형식이다. 질문에 간략한 답을 하는 단답형(short-answer type)과 빠진 정보를 채워 넣는 빈칸 채우기 두 가지 형태가 있다. 이런 형태의 문항은 교과서에 있는 문장을 기초로 하여 좋은 문항을 만들기 쉽기 때문에 교사들이 선호하는 형식의 문항이다. 단답형이든 빈칸 채우기이든 간에 매우 짧게 응답하도록 하는 데에 목적을 두고 있다. 완성형의 문항은 긴 문장을 쓸 수 있는 기능을 반드시 갖고 있는 것은 아닌 초등학생들에게 아주 적합하며, 주로 기초적 지식을 평가하는 데 사용된다. 완성형 시험에서는 하나 이상의 답지로부터 선택하는 것 대신에 학생들은 이름, 단어, 구절, 혹은 상징으로 구성되어 있는 간단한 대답을 기억을 통해 제시하도록 질문을 받는다. 선택형 시험과 마찬가지로 완성형 시험은 신속하고 정확하며 일관되게 채점될 수 있고, 따라서 객관성을 갖게 된다. 완성형 문항은 한 검사로서 혹은 한 검사의 일부로 비교적 작성되기 쉽고, 따라서 꽤 신속하게 제작될 수 있다. 완성형 시험은 학생들이 짧은 시간에 많은 문항에 반응할 수 있기 때문에 기초적 지식을 광범위하게 혹은 심층적으로 평가할 수 있다. 학생들은 답을 제시해야 하기 때문에 정보를 인지하기보다는 상기해야만 한다. 반면, 완성형 문항들은 단지 짧은 대답을 요구하기 때문에 학생들은 그 수준에서 그들의 정보를 처리하는 것에 한정하기 쉽다. 그리고 완성형 문항은 학생들이 학습한 것을 얼마나 잘 활용할 수 있는가에 관한 정보를 제공해 주지 못한다. 또한 기대하지는 않았지만 그럴듯한 대답을 채점하기가 어려워질 수 있다. 완성형 문항을 제작할 때는 다음과 같은 점을 유의해야 한다.

- 응답이 간결하도록 문두를 구조화하라.
- 단지 하나의 정답만이 있도록 문항을 작성하라. 정답이 여러 개로 나올 수 있는 질문은 학생들에게 혼란스러울 뿐만 아니라 교사들도 또한 정답을 맞히기가 어려워진다.
- 교과서에 있는 문장을 그대로 사용하지 말라. 이는 학생들에게 기계적인 암기를 조장하기 때문이다.
- 핵심적인 내용을 빈칸으로 처리한다.
- 문법적인 힌트(단서)를 주지 말라.
- 빈칸의 공간 길이를 일정하게 유지하라. 그렇지 않으면 학생들은 제시된 공간 길이에 맞추어 채워 넣으려고 노력할 것이다.
- 직접적으로 질문을 할 경우 가장자리에, 불완전한 진술문의 경우 진술문 끝에 여백을 두어라.
- 문항당 한두 개 정도의 빈칸을 만든다. 너무 빈칸이 많으면 문제가 어려워지고 심지어 문제를 이해하기조차 어려워져 혼란을 야기할 수 있다.
- 모든 문항의 빈칸은 길이가 같도록 하라. 빈칸의 길이를 모두 같게 만들어서 학생들에게 정답의 길이에 대한 단서를 주지 말아야 한다.
- 숫자를 기입해야 할 경우 정확도와 단위를 명시하라.

2) 논술형

논술형(essay type, 논문형이라고도 함) 문항은 질문이나 문제에 대해 확장된 서술 반응을 요구하는 평가 형식으로, 학생들에게 많은 양의 중요한 자료에 대한 비판적 분석이나 평가를 하기 위한 기회를 제공해 주는 데에 아주 좋다. 논술형 시험은 학생들이 질문에 답할 때 자신들의 답을 쓰고 변론하는 등 적극적으로 참여하게 되고, 추측은 더 이상 통하지 않는다. 논술형 문항은 최소한 세 가지 이유 때문에 가치가 있다. 첫째, 논술형 문항은 다른 형식의 문항으로는 평가할 수 없는 창의적이고 비판적인 사고로 평가할 수 있다. 둘째, 학생들이 작문을 통해 자신의 사고를 조직하고 어떤 주장을 하고 방어하며 자신의 이해 정도를 묘사하도록 가르치는 것은 교과과정 전체에 걸친 중요한 목적인데, 논술형 문항은 이러한 목적을 얼마만큼 달성하고 있는가를 평가할 수 있는 방법 중 하나다(Stiggins, 2005). 셋째, 논술형 문항은 학생들의 공부하는 방식을 향상시킬 수 있다. 학생들이 시험에 논술형 문제가 나온다는 것을 알게 되면, 배운 것들 간의 관련성을 찾게 되고 의미 있는 방식으로 정보를 조직할 가능성이 더 커진다(Shepard, 2001). 반면, 논술형 문항은 완성하는 데 시간이 많이 걸리기 때문에 다양한 영역에 걸친 학습을 평가할 수 없고, 채점하는 데 시간이 많이 걸리며, 때로는 채점이 신뢰롭지가 않다는 단점이 있다. 또한 문법, 철자, 필적과 같은 글쓰기 기술이 점수에 영향을 미치기도 한다(Nikto & Brookhart, 2010). 논술형 문항을 제작할 때는 다음과 같은 점을 유의해야 한다.

- 학생들의 고등정신능력을 평가할 수 있도록 문항을 만들어라. 비교하거나 대조하기 또는 사건의 원인과 결과를 분석하도록 요구함으로써 학생들이 고차적 사고기능을 사용하도록 요구한다. 또한 자신의 답을 뒷받침할 사실들을 쓰라고 요구한다.
- 학생들에게 바라는 응답의 규모에 관한 명확한 아이디어를 전달하라. 논술형 문항을 만들 때 답에 포함되어야 할 것이 무엇인지 밝혀 질문의 핵심에서 벗어난 답안 작성을 하지 않도록 해야 한다.
- 학생들이 무엇을 해야 하는지 명시적으로 기술되도록 문항을 구조화하라. 좋은 논술형 문항은 명료하고, 모호하지 않으며, 구체적인 질문으로 구성된다.

- 질문에 대해 사려 깊게 답하도록 충분한 시간을 제공하라. 어떤 학생들은 적절한 지식과 이해를 가지고 있음에도 불구하고 글 쓰는 속도가 느리거나 쓰기를 통해 표현하는 데에 어려움을 갖고 있다는 점을 감안하여 응답할 시간을 정해야 한다.
- 논술형 문항을 너무 길게 만들지 마라. 특히 어린 아동들에게는 긴 논술형 문항이 좋지 않다. 긴 논술형 문항은 학생들이 능력을 발휘하는 것을 저해할 수 있다. 아울러 한 시험에 너무 많은 논술형의 질문을 하지 않도록 한다.
- 만약 질문이 너무 크다면, 하나의 주제 밑에서 여러 개의 작은 질문으로 나누어라.
- 학생들에게 각 문항에 소요되는 시간과 각 문항의 배점을 비슷하도록 제공하라.
- 문항 중 선택하여 응답하도록 하지 마라. 즉, 모든 학생이 모든 문항에 답하도록 요구하라. 학생들이 특정한 문항을 선택하도록 허용하게 되면 학생 간 비교가 어렵고 신뢰도가 떨어진다.
- 검사를 제작할 때 정답 루브릭(rubric)을 만들어라. 각 질문에 대해 가치를 부여하고, 학생들의 대답에 대해 재점검하라. 그런 다음 채점을 시작하기 전에 정답 루브릭을 수정 · 보완하라.
- 사전에 채점기준과 모범답안을 마련하라.

논술형 답안지를 공정하게 채점하는 방법

선택형 시험의 가장 큰 쟁점은 좋은 문항을 만드는 것이고 채점은 중요하지 않다. 그러나 논술형 시험의 가장 큰 쟁점은 공정하고 정확한 채점을 어떻게 하느냐 하는 것이다. 논술형 답을 내용과 형식 두 가지로 성적처리하려면 사전에 채점기준을 마련하고 시험을 치기 전에 이 사실을 학생들에게 고지해야 한다. 논술형 답안지를 공정하게 채점하는 방법을 소개하면 다음과 같다(Williams, Blythe, White, Sternberg, & Gardner, 1996).

- ○ 짧은 여러 개의 논술형 문제가 아니라 하나의 문제로 길게 응답해야 하는 논술형 문제를 채점할 경우, 학생들의 모든 답안지를 읽고 다섯 가지 묶음으로 분류한다. 첫 번째 묶음은 최고 답안지를 모은 것이고, 다섯 번째의 것은 최악의 답안지를 모은 것이어야 한다. 이렇게 분류한 다음, 각 답안지를 다시 한 번 훑어 읽으면서 분류가 공정하게 되었는지를 확인한다. 마지막으로 성적을 A, B, C, D, E 순으로 준다.
- ○ 모범답안을 마련한다. 이 모범답안은 학생들이 점수를 얻을 수 있는 조건들이 모두 들어 있어야 한다. 이것을 몇몇 학생의 답과 비교하고 채점기준을 수정할 필요가 있는지 살펴본다. 이 모범답안을 기준으로 하여 정확하게 일치하는 것만큼 점수를 부여한다. 미리 마련한 기준에 따라 답안지를 잘 작성한 것(논리성이나 명료성)에 추가 점수를 부여한다.
- ○ 여러 가지 논술형 시험에서도 통용될 수 있는 보편적인 채점기준을 마련한다. 1~5까지 점수 기준을 마련한다. 1점은 부적절하고 이해하기 힘든 응답을 의미하고, 5점은 주장이 뚜렷하고 구조화가 잘 되었으며 깔끔하게 작성된 응답을 의미한다. 각 학생의 답을 읽어 내려가면서 점수를 부여한다.
- ○ 논술형 답안을 공정하게 채점한다는 것을 보장하기 위해 한 문제에 대한 전체 학생의 답을 먼저 채점하고 나서 다음 문제의 답을 채점하도록 한다. 이런 절차는 첫 번째 문제에 대한 각 학생의 응답 수준이 다음 문제에 영향을 주지 않도록 도와준다.
- ○ 한 문제에 대한 전체 학생의 답을 가급적 한 장소에서 채점하려고 노력한다. 이렇게 함으로써 채점의 신뢰도가 높아진다.
- ○ 학생의 신분을 모른 채 채점한다. 학생들의 이름은 답안지 뒷면에 쓰도록 하거나, 이름이 보이지 않도록 가려서 채점함으로써 학생들의 과거 수행 정도나 교사의 기대나 학생들에 대한 교사의 편견이 미치는 영향을 줄일 수 있다.

최근 우리나라 학교현장에서는 논술형 평가문항의 유형인 서술형 평가가 강조되고 있는 추세여서 이에 대해 좀 더 구체적으로 살펴보기로 한다(백문수, 2008; 최윤옥, 2005 참조). 보통 서술형과 논술형이 혼용되어 사용되나 굳이 분류하여 정의하자면, 서술형은 논술형에 비해 서술해야 하는 분량이 많지 않고 채점할 때 서술된 내용의 깊이와 넓이에 주된 관심을 두는 문항인 반면에,

논술형은 학생이 자신 나름대로의 생각이나 주장을 논리적으로 설득력 있게 조직하여 작성해야 함을 강조하는 문항이라 할 수 있다.

서술형 문항은 학생의 반응 허용 정도가 어떠한가에 따라 응답제한형과 응답자유형(확대반응형)으로 구분되기도 하고, 문항에 답안 작성과 관련한 자료나 정보를 포함시켜 제시하는가의 여부에 따라 단독과제형과 자료제시형으로 구분되기도 하며, 문항을 통해 재고자 하는 평가 내용이 무엇인가에 따라 일반쓰기능력형과 교과관련능력형으로 구분되기도 한다.

응답제한형은 학생들의 반응 허용 정도가 상당히 제한된 것으로, 반응의 내용과 형식을 구체적으로 지시하여 제한된 방향으로 답을 구성하도록 하는 문항 형태이다. '지식' 수준을 측정하는 것이 아니라 '이해' 수준 이상의 행동을 측정하고, 그 답은 학생의 말로 표현되어야 한다. 응답제한형 문항의 예를 제시하면 다음과 같다. "(과학) 초등학교 6학년 학생에게 100m를 몇 초에 달릴 수 있는지 알아보려고 한다. 출발지점에는 출발을 알리는 총을 가진 교사가 서 있고 도착지점에는 스톱워치를 가진 교사가 서 있다. 출발 시에 총을 가진 교사가 총을 쏘아 신호를 하고 도착지점에서는 스톱워치를 가진 교사가 시계를 작동한다. 시간을 정확하게 재기 위해서 스톱워치를 가진 교사가 총소리를 듣는 순간에 그 시계를 작동하는 것이 좋은가? 또는 그 총에서 나는 빛을 보고 그 시계를 작동하는 것이 좋은가? 선택을 하고 그 이유를 설명하시오." 반면, 응답자유형(확대반응형)은 응답의 내용범위와 서술양식에 큰 제한이 가해지지 않고 답안의 길이에 대한 제한도 명시되어 있지 않는 것으로, 답안의 최대 길이가 학생 개개인의 능력수준과 시험시간에 의해서만 간접적으로 제한을 받는 문항 형태이다. 응답자유형의 주요 특징은 학생들이 조직화된 방법으로 자신의 생각을 '응답제한형'보다 자유롭게 표현하도록 요구하고, 학생에게 있어 응답제한형보다 더 도전적인 문항유형으로서, 중요한 교육목표의 성취 정도를 보다 직접적으로 파악하는데 도움이 되고 학생의 개인적 특성을 나타내게 하는데 유용하게 활용될 수 있다는 점이다.

단독과제형은 "남녀 간의 임금격차와 업종에 따른 임금격차의 관련성을 논하시오."처럼 자료나 정보를 제시하지 않고 특정 질문에 응답하도록 하는 문항 형태이다. 흔히 논술형이라고 할 때 가장 널리 쓰이는 것으로, '응답자유형'과 밀접한 관련이 있다. 반면, 자료제시형은 문항 속에 학생이 읽을 자료를 제시해 주고 그것을 바탕으로 해서 응답하도록 하는 문항 형태이다. 보통 응답자유형보다는 '응답제한형'과 밀접히 관련되어 있다. 자료제시형의 문항 예를 들면 다음과 같다. "과학의 발달이 인간에게 도움을 주는 측면과 인간생활을 파괴하는 위험한 측면을 열거하고 내일의 인류를 위한 과학의 발전방향을 별지로 제시한 18절 4쪽 정도의 과학 분야의 논문 또는 평론을 읽고 다음 물음에 답하라. (1) 읽은 내용을 신문 문화란에 발표한다고 가정하고 간략히 요약하라. (2) 자연개발과 생태계의 보전방안에 대한 구상의 타당성을 논하라. (3) 유전공학을 잘못 이용하면 인간사회에 큰 혼란을 야기시킬 우려가 있다는 주장에 찬성하는 내용의 글을 실례를 들어 서술하라."

일반쓰기능력형은 문항의 내용이 쓰기표현력(expressive writing skill)과 관계된 문항유형으로, 대개의 경우 기본적인 의사소통능력을 포함하도록 요구한다. 즉, 어느 정도의 상식만 있으면 누구나 답을 쓸 수 있게 출제되고, 필체, 어휘, 철자, 문법 등은 평가의 대상이 되지 않으며(경우에 따라서는 이들 분야의 오류도 평가하는 경우가 있음), 주어진 주제를 어떻게 지각, 해석, 분석, 정리, 구성해서 논리적으로 표현하느냐 하는 것을 주된 평가의 내용으로 하는 문항이다. 일반쓰기능력형의 문항 예를 들면 다음과 같다. "사람들은 때때로 단지 재미를 위해서 글을 쓴다. 이것은 여러분이 재미나는 글을 쓸 기회이다. 여러분이 '테니스 신발'이라고 가정하자. 여러분은 날씨에 관계없이 여러분 주인과 함께 모든 일을 해왔다. 이제 여러분이 여러분 주인에 의해서 다시 선택되어졌다. '테니스 신발'로서 여러분에게 무슨 일이 일어날 것인가에 대해 생각해서 말해 보아라. 여러분 주인에 대한 감정을 말해 보아라." 반면, 교과관련능력형은 문제의 내용이 어떤 특정 교과목과 직접 관련되어 있거나 혹은 범교과적인 성질을 띤 문항유형으로서, 주로 사고능력을 포함하도록 요구한다. 교과관련 능력형의 문항 예를 들면 다음과 같다. "(범교과적 성격) 만약 여러분이 학생대표로 동남아 여러 나라를 여행할 기회가 생겼다고 가정하자. 여행에 참여한 학생대표 회합에서 여행할 때 각각 나라의 어떤 점에 관해 어떻게 관찰, 조사해야 할 것인지에 대한 계획을 마련하는 일을 당신에게 맡겼다고 하자. 우리나라의 국가적, 사회적, 문화적 상황에 비추어 당신의 계획을 어떻게 마련할 것인가에 대한 개요를 제안해 보자."

서술형 문항의 제작 절차는 다음과 같다.

① 과목별 교사협의회를 통하여 출제계획서를 작성한다. 출제 영역(내용 및 행동 영역), 문항 유형, 문항 수, 배점 등을 설정하고, 출제 이원분류표를 작성한다. 특히, 서술형 평가를 다른 유형의 지필평가 문항과 함께 포함하여 실시할 것인지 별도의 시간을 설정하여 실시할 것인지도 계획하여야 한다. 이론적으로는 평가하고자 하는 교육목표 및 내용에 적절한 평가 문항의 형태와 수를 결정한 후 시험 시간을 설정하는 것이 이상적이나, 학교 교육과정 운영의 현실적 여건에 따라 가능한 시험 시간을 고려하면서 계획서를 작성해야 할 것이다. 또한 선택형 문항과 함께 시험을 실시하는 것은 학생들에게 인지적 부담을 많이 줄 수도 있기 때문에, 별도로 분리하여 실시하는 방안도 적극 검토해 볼만하다.

② 출제할 내용 및 행동 영역에 비추어 평가 목표를 상세화한다. 이원분류표에 근거하여 평가를 통해 측정하고자 하는 능력 및 내용을 행동적 목표 진술 방식에 따라 상세하고 명료하게 진술한다.

③ 평가 목표에 부합하는 문제 상황을 결정하고, 문항의 체계 및 발문을 구상한 후 문항 초안을 작성한다. 다음의 서술형 문항 제작상의 유의점을 고려하면서 문항을 작성한다. 발문 시 유의 사항은 다음과 같다.

- 서술형 평가문항의 발문은 평가자가 요구하는 정답 서술의 내용과 조건이 명확하게 전달되도록 작성하여야 한다.

- 답지로 응답자의 반응 범위를 제한할 수 없으므로 발문 작성시 평가자의 의도에 맞게 수험생이 올바르게 반응할 수 있도록 명확한 표현을 구사하여야 한다.
- 평가자의 의도, 즉 '무엇(평가요소)'에 대해 '어떻게' 반응할 것을 요구하는 메시지가 수험생에게 직접적으로 전달될 수 있도록 명료하게 작성한다.
- 완전한 형태의 문장으로 하되 종결 표현은 '~하시오'를 사용하고, 수험생이 정답의 범위를 분명히 인지하고 반응할 수 있도록 발문에는 평가요소(내용 영역)를 구체적으로 명확하게 제시하여야 한다.
- 발문에 평가자가 수험생이 반응해야 하는 평가요소가 둘 이상일 경우에는 각각의 평가요소를 쉼표 혹은 기호 등으로 구분하여 수험생이 둘 이상의 질문에 모두 응답하도록 작성해야 한다(가독성을 높이기 위해 각각의 평가요소를 굵은 글꼴로 표기할 수 있다).
- 평가자가 제시한 장면을 1차적으로 수험생이 이해하고 문제를 해결할 수 있도록 작성하되 평가자가 측정하고자 하는 행동 영역이 분명하게 드러나는 행동 지시어를 사용한다.
- 서술형 평가문항에는 정답 서술에 필수적인 내용이나 형식 조건을 명확히 한정하여 제시하되 단순한 글자 수나 표현 형식을 정답의 조건으로 한정하는 것은 지양한다(단, 글자 수나 표현 형식을 측정하는 것 자체가 평가 목표로 설정한 교과목의 경우는 예외로 한다).
- 서술형 평가문항에 포함된 문항 조건은 출제자의 의도대로 수험생이 문제해결 과정에 필수적인 사고 과정이나 정보를 활용하도록 안내하거나 정답 서술에 필요한 필수적인 내용 요소를 한정하는 목적으로 제시하는 것을 원칙으로 한다(단순한 배점 안내를 위한 조건 제시는 지양한다).
- 배점표시는 선택형 문항 배점표시와의 일관성을 기하도록 표기하며 해당 문항의 종결어미 뒤 혹은 해당 줄의 맨 끝에 배치하되 [ ]기호

안에 배점을 기입하도록 한다.

④ 채점기준표와 모범답안(유사 답안 포함)을 작성한다. 채점기준이나 모범답안을 작성해 봄으로써, 문항 초안에 따라 학생들이 제대로 반응할 수 있을 것인지, 예측 가능한 반응은 무엇인지, 답안 작성 시 유의해야 할 점은 무엇인지, 답안 작성에 소요되는 시간은 어느 정도인지 등을 가늠해 볼 수 있기 때문이다.

⑤ 문항을 검토하고 수정한다. 출제자의 관점에서보다도 학생의 입장에서 검토하는 자세가 필요하다. 특히, 학생이 질문을 이해하여 출제자가 의도하는 방향으로 응답할 수 있는지, 채점기준이 명료한지, 소요 시간이 적정한지 등을 중점 검토한다. 그리고 동교과 혹은 동학년 교사들끼리 검토팀을 구성하여 공동으로 검토하는 작업도 매우 유용할 것이며, 문항 검토 항목 등을 체크리스트 형태로 만들어 사용하는 것도 권장할 만하다. 서술형 문항의 검토 항목은 다음과 같다.

- **출제 의도와의 부합성**
  - 측정하고자 하는 능력을 평가하는가?
  - 문항이 묻고자 하는 요점이나 지시문이 명료한가? (답을 작성하는데 필요한 조건이 모두 포함되어 있는가? 여러 개의 다양한 답이 나올 수 있는 문항은 아닌가?)
  - 출제범위를 벗어난 것은 아닌가?
  - 학생들의 발달 및 능력 수준에 부합하는가?
  - 난이도와 소요 시간이 의도한 바에 부합하는가?
  - 출제에 인용한 교과서나 참고 도서에 모범답안의 근거가 분명히 제시되어 있는가?

- **문항의 교육적 기능 및 공정성**
  - 문항의 내용이 지나치게 특수하거나 세부적이지 않는가? (문항의

내용이 너무 지엽적이고 단편적인 지식을 측정하고 있지는 않은가?)
- 문항(특히 지문)의 내용이 비교육적이거나 반사회적이지는 않은가?
- 지나치게 어렵거나 쉬운 문항은 없는가?
- 지역이나 성별, 취미, 기호 등에 따라 특별히 유리하거나 불리한 내용은 없는가?
- 정답에 대한 단서가 본 문항 또는 타 문항에 나와 있지 않는가?
- 기출문제, 시중 참고서나 문제지 혹은 학원교재 등에 그대로 나와 있는 문항은 없는가?

• **채점기준과 모범답안**
- 채점기준과 모범답안에 오류가 없는가?
- 채점기준과 모범답안은 명료하고 이해하기 쉬운가?
- 채점기준은 실제 채점과정에서 활용하기 쉬운가?
- 문제지에 있는 문항 번호, 내용, 배점과 동일한가?

⑥ 최종 문항을 확정하여 편집, 인쇄한다. 검사 문항의 수정, 보완 작업을 마친 후에는 최종 문항과 검사를 편집하고 인쇄한다. 이 과정에서는 편집 지침을 만들어 사용하고, 편집 및 인쇄상의 유의점을 고려하여 작업을 진행해 볼 것을 권장한다. 서술형 평가문항의 편집 지침을 보면 다음과 같다.

• 문항의 어미는 '...하시오' 혹은 '...하라'의 종결어를 사용하며, 한 검사지 안에서는 종결어를 통일하여 사용한다.
• 소문항이 있는 경우에는 그 소문항이 속하는 대문항의 번호에 연결하여 문항번호를 부여하며, 문항 끝에는 해당 배점을 표기한다.
• 한 문항이 다음 페이지로 넘어가지 않도록 한다. 그리고 한 문항의

답란이 다음 페이지로 절대 넘어가지 않도록 하며, 특히 소문항이 있는 경우에는 해당 문항에 속한 모든 소문항이 가급적 동일 페이지에 있도록 한다(※ 문항 단위의 채점을 하는 경우, 채점의 용이성을 제고하기 위함).

- 답란은 가로줄 여백 형태를 권장하며, 부득이한 경우 완전 백지형이나 모눈종이나 그래프 형태 혹은 원고지 형태의 답란을 사용할 수 있다.
- 문제지와 답안지 양식은 가급적 문항 바로 아래 직접 답을 쓰게 하는 '문제지 답안지 통합형'(문제지는 단면 인쇄)을 권장한다. 이 경우 답란의 여백을 충분히 주어야 한다. 시험 과정에서 학생 반응의 용이성을 높이고, 채점 시 문항과 답지의 확인을 통한 채점의 정확성을 높이기 위해 가급적 문제지에 답을 쓰도록 하는 것이 좋다. 그러나 문제지의 면수가 많아져 문제지 인쇄, 보관 등에 애로사항이 발생하는 경우에는 문제지와 답안지를 분리하여 편집하는 것도 무방하다. 특히, 선택형 문항과 일부 서답형 문항을 혼합하여 검사를 실시하는 경우에는 별도의 답안지를 마련하는 것이 효율적일 수 있다.

서술형 평가문항의 편집 및 인쇄상의 유의점은 다음과 같다.

- 각 검사문항이 주어진 명세적 목표를 측정해 주는 데 적절한가를 보고, 검사문항의 표현이나 배열상에 어떤 결점이 있는가를 재검토한다.
- 가능한 한 동일한 교수목표를 측정하는 문항끼리 묶어 준다.
- 동일한 교수목표를 측정하는 문항군 내에서 문항난이도의 순으로 배열하며 (쉬운 문항→어려운 문항), 각 문항군 간에도 난이도의 정도에 따라 배열한다. 단, 두 번째 유의점과 상충될 때는 두 번째 유의점을 따른다.
- 검사문항은 학생이 읽기 쉽고 응답이 용이하며 채점이 간편하도록 배열한다.
  - 가능한 한 문항이 동일 페이지 내에
  - 별도의 답지를 사용하지 않는 경우 답지여백을 충분히
  - 채점의 용이성을 확보하기 위해 답지배열을 일정하게

- 검사문항의 번호는 일렬로 매기는 것이 좋다. 선택형 문항과 서답형 문항을 같이 출제할 경우에는 서답형 문항의 번호를 [서1] 혹은 [서답형1번] 등으로 구분하여 표시한다.
- 검사를 받는데 대한 지시와 각 문항유형에 따른 응답에 관한 지시를 명시하고, 두 개 이상의 문항유형이 활용될 때는 가능한 한 묶어서 제시하는 것이 좋다. 또한 검사에 대한 지시에 있어서도 학생이 어떻게 응답을 해야 하고, 모를 때에는 추리를 해도 좋은지에 대한 설명이 있어야 한다.
- 인쇄 과정에서는 가인쇄본(시쇄본)을 떠서 시험지 원안과 대조하는 작업을 반드시 거쳐야 한다. 문제사태의 정밀성, 선명도, 글씨의 크기, 문항 간의 간격 등 인쇄 기술에 대한 검토도 충실히 이루어져야 한다.

서술형 평가문항 제작 시 유의사항은 앞에서 설명한 논술형 제작 시 유의사항과 비슷하다.

① 평가하려는 표적 집단(학생 집단)의 성질을 고려해야 한다. 선택형 문항은 주어지는 문항상태가 학생에게 비교적 같은 자극치를 갖지만, 서술형 문항은 반응의 자유도를 최대한으로 허용하고 있기 때문에 학생이 어떤 성질을 띤 집단인지를 분명히 파악하지 않으면 반응이 지나치게 다양해질 가능성이 있다.

- 문항 내용이나 지시문 등의 어휘 수준이 학생의 수준에 적합해야 한다. 문항의 내용이나 지시문 내용이 너무 난해한 수준으로 표기될 때 학생들이 질문의 요지를 파악할 수 없어 의견을 서술할 기회를 상실하고 만다. 지문이나 지시문의 내용이 학생에게 어려우면 재고자 하는 능력 이외의 인지능력이나 독해력이 포함되어 학생의 능력 추정이 부정확해질 수 있다.
- 문항 수를 학생의 능력에 맞게 적절히 조절하고, 각 문항에 충실히 답할 수 있도록 적절한 응답 시간을 배려해야 한다. 서술형 검사에서는

어차피 많은 문항을 출제할 수 없다. 그렇다고 학생의 학습내용을 고루 고루 잴 수 없을 정도로 1-2개에 한정해서도 곤란하다. 그러므로 제한 시간 내에 학습한 것을 고루 평가할 수 있을 정도로는 출제해야 한다. 또한 학생이 충분히 답할 수 있는 시간을 고려하여(특히 느린 학생을 고려하여) 배당시간을 제시할 때, 학생은 시간을 적절히 안배할 수 있다.

② 단순 암기 위주의 지식보다는 고등정신능력을 측정하도록 한다. 다른 형식에서 측정할 수 있는 정신기능은 구태여 서술형을 사용하여 측정할 필요가 없다. 서술형 문항의 장점은 다른 문항형식에서는 측정하기 어려운 사고력, 추리력, 종합력, 비판력, 분석력, 응용력, 표현력, 창의력과 같은 정신기능을 비교적 쉽게 측정할 수 있다는 데 있기 때문이다. 이러한 장점을 최대한 살릴 수 있도록 문항을 제작해야 한다.

③ 구체적인 학습 결과를 측정할 수 있도록 질문을 구조화시키고 제한성을 갖도록 한다. 서술형 문항이 흔히 가지는 약점 중의 하나는 너무 모호하고 일반적이라는 점이다. 문항이 애매모호하면 학생은 어떻게 응답해야 할지 혼란을 빚게 된다. 또한 학생의 반응이 너무 다양해져 채점 과정에서 어려움을 겪을 가능성도 커진다. 그러므로 문항이 요구하는 영역을 규정하고, 제한하며, 이것을 잘 구조화시킬 필요가 있다. 반응의 자유도를 허용하되 답의 표현은 '이곳으로'라는 방향을 지시해 주는 문항이 되어야 한다.

④ 여러 문항 중에서 선택해서 쓰도록 하지 않는다. 흔히 서술형 평가에서 보는 현상으로, 3개 혹은 5개 정도의 문항을 주고 택 1, 택 2 등의 옵션을 주어 학생이 자유로이 선택해서 쓰게 하는 경우가 있다. 그러나 이러한 경우 학생의 부담을 덜어 준다는 입장에서는 긍정적으로 보일지 모르나 여러 가지 문제가 야기된다. 첫째, 5개 문항이 서로 이질적인 내용일 경우 시험의 타당도가 떨어지게 된다. 즉, 각기 다른 문항을 선택해서 답을 했을 경우 그에 대한 채점 점수는 학생들의 서로 다른

능력을 재고 있기 때문에 점수를 상호 비교할 수 없게 된다. 둘째, 채점의 노력과 시간이 배가된다. 셋째, 옵션 문항에 익숙해진 학생들은 넓은 교과내용 중 본인이 원하는 내용만을 공부하는 부분학습 습관과 요행심을 키우게 될 가능성이 높아진다.

⑤ 응답 요소의 종류를 나열하도록 할 경우에는 가지 수를 한정해야 한다. 서답형이나 단답형 문항에서 흔히 볼 수 있는 것으로, '○○을 ○가지 이상 제시하시오'라고 묻고 채점 기준에서 지정된 ○가지 이상을 제시하면 '상' 혹은 '최고점'을 주는 경우가 많다. 이러한 문항에 대해 지정된 몇 가지만 제시하는 학생도 있고 몇 가지 이상을 제시하는 학생도 있다. 그런데, 지정된 ○가지만을 정답으로 쓴 경우와 ○가지 보다 많은 답을 열거하면서도 틀린 내용을 포함하고 있는 경우에 어떤 점수를 부여해야 할지 혼란에 빠지게 된다. 후자의 경우에도 모두 전자와 동일하게 준다면 불공정성이 야기되고, 한편으로 후자의 점수를 낮게 줄 논리도 문항 내에서는 찾기 힘들기 때문이다. 따라서 요소를 나열하도록 할 경우에는 '○가지(만) 제시하시오'라고 한정하고, 채점 과정에서는 지시한 ○가지까지만 채점하고 뒤에 나열되는 요소에 대해서는 채점을 하지 않아야 함을 원칙으로 해야 한다.

⑥ 가능하면 채점기준 및 문항점수를 미리 제시한다. 채점기준을 미리 제시하면 학생의 반응을 한 곳으로 방향짓게 하는데 도움이 될 뿐만 아니라, 학생이 어떻게 반응하는 것이 유리한 것인지를 아는 데도 도움이 된다. 또한 문항의 점수가 제시될 때 학생은 문항의 점수를 고려하여 문항에 응답하는 전략을 세울 수 있다. 한편 출제자는 문항 제작과 함께 모범답안(유사답안 포함)을 제작할 필요가 있다. 모범답안을 통하여 검사 문항의 오류 가능성을 배제할 수 있을 뿐만 아니라 문항에 포함시킬 채점기준을 명료히 할 수 있다. 즉 그 문항이 어떤 자료를 동원해야 하는지, 어떤 조직이 타당한지, 또 결론이 어떻게 되어야 하는지에 대한 채점기준의

방향을 시사받을 수 있다.

⑦ 채점기준은 포괄성(망라성)과 배타성의 원칙을 준수해야 한다. 채점기준에서 '상, 중, 하' 혹은 '5단계 등급' 등의 수준을 설정할 때 지켜야 할 기본원칙은 포괄성(망라성)과 배타성이다. 포괄성(망라성)이란 채점기준을 설정했을 때 학생들이 제시한 답안상의 반응을 모두 포함할 수 있어야 함을 뜻하며, 배타성이란 채점기준의 범주 혹은 수준 구분이 서로 겹쳐서는 안됨을 뜻한다. 즉, 상, 중, 하 등의 수준이 의미하는 능력의 진술이 재고자 하는 평가 목표(혹은 능력)의 범위를 총망라해야 함과 동시에, 수준 간에 겹치는 부분이 있어서는 안 된다.

⑧ 문항을 배열할 때 쉬운 문항에서 어려운 문항으로 배열한다. 서술형 문항은 선택형보다는 학생에게 중압감을 더 주는 문항형식이라 볼 수 있다. 첫 문항부터 어려워서 좌절하여 버리거나, 시간이 오래 걸리면 능력을 제대로 발휘할 수 없다. 교사가 평가해 보아 쉬운 문항부터 어려운 문항의 순서로 배열해 주는 것이 동기유발에 효과적이다.

⑨ 논쟁을 다루는 문항은 어느 한편의 견해를 지지하는 입장에서만 논술하라고 지시하지 말고, 학생 자신의 견해를 밝히고 그의 견해를 논리적으로 전개할 수 있도록 유도하여야 한다. 자신이 평소 관심을 가지고 있거나 어떤 입장을 분명히 할 경우에는 그 관심 내용에 대하여 혹은 그 입장에서 말하거나 글 쓰는 것이 훨씬 수월하다. 따라서 논쟁을 다루는 문항에서 평소의 입장과 다른 견해에서 답을 작성하라고 하는 경우에는 문항에서 요구하는 입장을 가진 학생의 경우보다 불리할 수 있다. 예를 들어, 최근 '안락사'에 대한 논쟁이 뜨거운데, 이에 대한 찬성 혹은 반대 문제를 학생에게 먼저 선택하도록 하고 그 논거를 열거하는 것이 바람직하다. 찬성의 입장에서만 논술하도록 하는 경우, 기본적으로 반론을 지니고 있는 학생의 논리적 사고를 평가하는 데 한계가 있다. 왜냐하면 '안락사'에 대하여 반대 의견을 논리적, 분석적으로 전개할 수 있는 능력

이 더 뛰어난 학생도 있기 때문이다.

서술형 평가문항의 채점 절차는 다음과 같다.

① 평가목적의 확인: 학생 서술형 문항답안의 채점에서 반드시 선행되어야 할 것은 채점자가 평가 목적을 확인하는 것이다. 채점을 진행하다 보면 학생 답안에 대해 개인적인 주관이 반영될 수 있고, 평가 목적과 상반되는 요소들이 개입될 수 있기 때문에 채점자가 평가목적을 명확히 이해하는 것은 객관적이고, 신뢰할 수 있는 채점의 필요조건이라 할 수 있다.

② 목표이원분류표 확인: 평가의 목적을 확인하고, 이에 따라 평가 문항의 각 요소들이 구체적으로 어떻게 구성되었는지 파악하는 단계이다. 평가요소가 무엇인지, 문항의 내용과 행동 영역은 어떻게 분류되었는지, 문항난이도(곤란도)를 확인할 수 있는 배점, 소요시간 등은 어떻게 작성되었는지 문항에 대한 출제자의 평가 목적과 의도를 구체적으로 이해하는 것이다.

③ 문항 구성요소 확인(채점 준비): 채점 과정에서 평가 문항에 대한 학생 답안의 유형은 매우 다양할 것이며, 각 유형에 대해 채점자는 객관적이고, 명확한 기준을 가지고 접근해야 한다. 이에 채점자는 평가문항에 대해 문항 구성요소들을 면밀히 인지해야만 한다.

④ 시뮬레이션: 평상시 수업활동이 적극적인 몇 개의 표집학급을 선정하여 가채점을 해보는 단계가 필요하다. 표집학급의 가채점을 통해 교사가 파악하지 못했던 학생들의 반응유형들을 알 수 있고 이를 채점 전에 채점기준표에 반영한다면 매우 체계적이고 효과적인 채점이 진행될 수 있다.

⑤ 채점 전 협의(사전 협의): 시뮬레이션을 통해 발견된 학생 반응유형 사례들에 대한 반영과 채점을 어떠한 형태로 진행할 것인지 등에 관해 협의하는 과정이다.

⑥ 채점 실시: 여러 단계를 거쳐 채점방향과 채점방법에 대한 객관적이고

명확한 기준이 설정되었다면 채점을 실시한다. 시뮬레이션 등을 거쳐 학생반응 유형들을 면밀히 검토했고, 채점기준표를 재설정했지만 기준에서 벗어나는 유형들이 발생될 수 있다. 이때 채점을 잠시 미루고 동료 교사들과 사례를 공유하고 즉각 협의하여 인정범위를 결정하고, 수정사항을 채점기준표 등에 기록한다.

⑦ 채점 후 협의(사후 협의): 채점 후 협의를 통해 채점과정에서 나타난 특이 답안 유형들을 정리하고, 처리 사례를 공유하여 학생반응 유형을 모두 포함할 수 있도록 동교과 교사와 충분히 논의하여 목표이원분류표와 채점기준표 등을 최종적으로 재설정한다.

⑧ 채점결과 학생 확인: 검토를 마무리한 후 학생들에게 본인 답안을 확인하고 채점에 이상이 있는지를 확인토록 한 후 학생을 통해 본인의 답안 채점이 이상 없으면 학생 성적일람표에 개인 서명을 한 후 채점을 마무리한다.

⑨ 채점 종결: 평가의 주요 목적은 '교육과정에서 제시하는 학습목표를 학생이 성취하였는가'의 여부를 측정하는 것이다. 따라서 채점 후 모든 평가가 종결되어 버리는 것은 바람직하지 않다. 평가를 통해 나타난 학생들이 어려워하는 개념, 미성취 수준 등을 피드백할 수 있는 과정과 평가요소에 대한 확산적 사고를 통해 학생의 창의적 사고 능력이 신장될 수 있는 교수-학습 지도단계 등이 이어지는 것이 바람직하다.

서술형 문항의 채점 시 유의사항은 논술형 답안지를 공정하게 채점하는 방법과 유사하다.

① 채점기준을 사전에 명료히 해야 한다. 채점기준을 사전에 명료히 함으로써 채점자간에 생길 수 있는 오류와 채점자 내의 오류(비일관성의 오류)를 최소화해야 한다. 이 때의 채점기준은 채점의 요소와 각 요소의 채점이 분명하게 결정되어져 있어야 한다. 특히 채점자의 일관성 있는 채점을 위해 모범답안을 제작해 볼 필요도 있다.

② 학생(답안지) 단위가 아닌 문항 단위로 채점이 이루어져야 한다. 채점기준이나 결과가 다른 문항에 영향을 주는 것을 극소화하기 위해서도 필요하며 채점자의 내적 일관성을 유지하게 하고 채점을 보다 신속히 하게 하는데도 도움을 주기 때문이다. 학생(답안지) 단위로 채점을 하게 되면, 어떤 문항의 점수가 앞/뒤 문항의 응답 내용에 의해 영향을 받게 되는 경우가 많기 때문이다. 그리고 학생(답안지)별로 1번, 2번, 3번 등 문항의 내용과 채점 기준이 계속 왔다 갔다 교차하기 때문에 문항별 채점의 일관성을 유지하기 어렵고 시간도 많이 소요되기 때문이다.

③ 답안지를 일차적으로 한번 읽고 난 뒤, 구체적으로 채점한다. 학생에 따라 서술하는 방법이 다르므로 응답의 내용이 다른 순서에 의하여 기술될 수 있기 때문이다. 또한 출제자가 예측하지 못한 반응이 나올 수도 있어 사전에 마련된 채점기준(유사답안 포함)에서 일부 보완할 수도 있기 때문이다.

④ 출제자가 채점에도 참여하고 또 여러 사람에 의해 채점이 이루어져야 한다. 채점자는 출제 의도와 채점기준에 대해 충실히 이해할 수 있어야 한다. 이를 위해서는 출제에 참여한 사람이 채점 과정에도 참여하는 것이 좋다. 특히 유사답안의 인정 범위를 결정해야 하는 경우에 더욱 그렇다. 또한 한 사람의 채점보다는 능력을 갖춘 여러 사람에 의해 채점되는 것이 채점의 객관성과 신뢰성을 높일 수 있기 때문에 2인 이상이 채점에 참여하는 것이 좋다.

⑤ 채점은 충분한 휴식을 취해 가며 맑은 기분으로 차분하게 이루어져야 한다. 흔히 채점과정에서 저지르는 오류는, 초반에는 답안을 정독하고 채점기준과 일일이 대조해 가며 꼼꼼하고 엄격하게 채점하다가 후반에 이르러서는 피로와 싫증이 누적된 나머지 대충 훑어 보고 적당히 채점해 버리는 일이다. 이렇게 되면 답안지의 뒷부분에 있는 학생이 득을 보게 된다. 왜냐하면 채점자 자신의 채점결과에 대하여 자신을 갖지 못하는

경우에는, 자연히 점수를 후하게 주는 쪽으로 기울게 되는 것이 인간의 상정이기 때문이다.

⑥ 답안지에 있는 학생의 성명과 번호를 가리고 채점해야 한다. 답안지가 어떤 학생의 것인지를 알 경우, 자칫 그 학생에 대한 교사의 평소 인상이나 관점이 반영될 소지가 있다. 따라서 채점의 객관성과 공정성을 위해서는 답안지(혹은 문답지)에서 학생의 성명과 번호를 가려야 하며, 그 경우에도 학급 번호 순서에 따르지 말고 무작위로 섞어 철해야 한다.

토의문제

1. 학생들의 학습을 평가할 때 교육목표 이원분류표의 작성이 중요한 이유는 무엇인가?
2. 좋은 평가문항이 갖추어야 할 조건은 무엇인가?
3. 선다형 문항과 논술형 문항의 장점과 단점은 각각 무엇인가?
4. '선다형 문항은 고등정신기능을 측정하기에 적합하지 못하다'는 주장에 대해 어떻게 생각하며, 이를 극복하기 위한 선다형 문항의 제작방법은 무엇인가?
5. '논문형 문항은 선다형 문항에 비해 채점의 신뢰도가 낮다'는 주장에 대해 어떻게 생각하며, 이를 극복하기 위한 채점방법은 무엇인가?
6. 논술형 혹은 서술형 문항을 제작할 때 어떤 점을 고려해야 하는가?

제4장

수행평가

최근 학교현장에서 수행평가가 널리 행해지고 있는 추세다. 기존에 널리 사용해 왔던 선택형 검사에 대한 대안으로 등장한 수행평가는 고차적인 사고 능력과 창의성 및 문제해결력과 같은 상위 수준의 인지능력과 기술을 평가하는 데 있다. 수행평가에서는 학생들이 배운 것을 답으로 서술하게 하거나 배운 정보나 기술을 가지고 산출물을 만들거나 실제로 무엇인가를 할 수 있는지를 보이도록 요구한다. 이 장에서는 이러한 수행평가의 의미를 유사 용어와 특징을 중심으로 살펴본 다음, 수행평가의 방법과 단계, 수행과제, 포트폴리오, 수행평가의 문제점에 대해 알아보기로 한다.

1. 수행평가의 의미

1) 수행평가의 정의

전통적인 객관식 혹은 선다형 검사에 대한 대안들을 논의할 때 사용되는 용어가 많다. 대안적 평가(alternative assessment), 실제적 평가(authentic assessment), 기준중심평가(standards-based assessment), 실기평가(performance-based assessment)는 때때로 학생들에게 대답을 선택하도록 하기보다는 대답을 제시하도록 요구하는 수행평가(performance assessment)의 다른 형태를 의미하는 동의어로 사용되고 있다(Herman, Aschbacher, & Winters, 1992). 수행평가는 학교 밖의 삶과 관련된 과제들에 대해 학생들의 수행을 직접 평가하는 것을 강조하며, 학생들이 자신의 내용 지식을 실제 세계에서 사용할 처리 과정과 연결시켜야 하기 때문에 학생들의 참여를 상당히 독려하는 개념이다. 수행평가라는 용어는 과학이나 행위예술과 같은 영역에서 처음 사용되었는데, 이러한 영역에서는 실험실에서 실험을 수행하거나 연주를 하는 등 실제 상황에서 능력을 보여줄 것을 요구한다. 수행평가의 다른 특징은 다음과 같다.

- 문제를 해결하고 독창적인 과제 수행을 위해 분석력, 종합력, 평가력과 같은 고차적 사고기능을 요구하는 문제 시나리오
- 학생들과 성인들이 일상생활에서 당면하는 실제 상황과 상호 관련이 있는 현실적인 수행과제
- 국가 수준의 기준과 상호 관련된 참다운 산출물이나 수행결과를 창출하는 데에 초점을 둔 동기부여적인 과제
- 학업적 및 사회적 결과를 모두 강조하는 협력과 집단간 상호작용
- 큰 아이디어들의 상호의존성과 여러 학문들을 가로지르는 본질적인 문제에 흥미를 집중시키는 여러 교과 영역의 통합

그 외 수행평가의 다른 특징들은 [그림 2]에 제시되어 있다. 이러한 모든 특징들이 나타나야 할 필요는 없지만, 모두가 효과적인 수행평가의 중요 요소들이다(Burke, 2009).

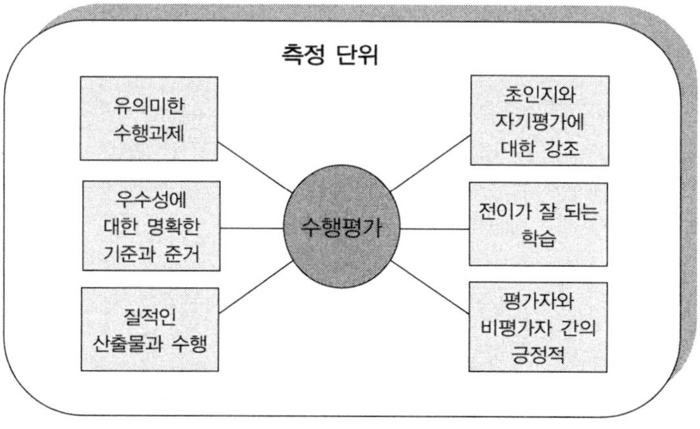

[그림 2] 수행평가의 웹(Web)

수행평가에 대한 다양한 정의에 관계없이 대부분의 정의들은 두 가지의 주된 특징을 나타내고 있다(Worthen, 1993). 첫째, 모두가 전통적인 선다형 검사와 표준화 학력검사에 대한 대안으로 보고 있다는 점이다. 둘째, 모두가 학교 밖의 생활과 관련이 있는 의미 있는 과제에 대해 학생이 수행한 것을 직접 조사하는 것을 가리키고 있다는 점이다. 수행평가에서 학생들이 알고 있는 것(명제적 지식) 뿐만 아니라 알고 있는 것을 어떻게 적용할 수 있는가(절차적 혹은 방법적 지식)를 알아보기 위한 수행기준이 마련되어 있다. 수행에 초점을 두고 최종적인 판단이 이루어지는 것이 보통이다.

Archbald와 Newmann(1988)은 실제적 평가(authentic assessment, 이러한 평가가 진정한 평가라는 뜻에서 참평가라 일컫기도 함)에 대해 학생들이 성공 혹은 실패한 특정 과제에 관해 정보를 제공하며, 또한 보다 중요한 것은 가치 있고 중요하며 의미 있는 과제를 제시하기도 하는 타당한 평가체제라고 기술하고 있다. 실생활과 관련된 실제과제는 학생들이 공부하고 있는 것에서 의미를 발견하는 데에 필요한 관련성을 제공해 준다. 실제과제는 학생들에게 내용 지식을 수동적으로 받아들이기보다는 오히려 학습과정에 적극적으로 관여하도록 도와준다.

이처럼 수행평가는 학생들에게 다소 실제적인 상황에서 과제를 완성하거나 문제를 해결하기 위해서 오랜 시간에 걸쳐 다양한 범위의 지식과 기능을 활용하도록 요구한다. 수행평가의 성질에서 벗어난 경우를 보면, 학생들은 상당히 표준화된 조건하에서 지도를 만들고 그래프를 해석하거나 논문을 쓰도록 요구받는다. 교실에서 모든 학생들은 동일한 과제를 동일한 양의 시간과 동일한 조건하에서 완성한다. 그러나 수행평가의 성질에 부합되는 경우를 보면, 학생들은 실제 생활과 유사한 조건하에서 과학실험을 행하고 그림을 그리거나 논문을 쓰도록 요구받는다. 예를 들어, 학생들은 일정 시기까지 특정 주제에 관한 비교 논문을 작성하라고 요구받지만, 학생들이 선택하는 자료와 수정 횟수 및 논문을 착수하는 시기 등은 자유롭다. 수행평가가 그러한 실제적인 상황에서 행해질 때 수행평가는 실제적 평가라고도 불린다. 전통적인 지필평가와 수행평가를 구별하기 위한 가장 확실한 방법은, 지필평가가 학생들이 얼마나 많이 알고 있는가를 평가하는 것이라고 한다면, 수행평가는 학생들이 알고 있는 것을 가지고 무엇을 할 수 있는가를 평가하는 것이라고 할 수 있다.

요컨대, 수행평가란 교사가 학생이 학습과제를 수행하는 과정이나 그 결과를 보고, 그 학생의 지식이나 기능이나 태도 등에 대해 전문적으로 판단하는 평가방식, 즉 학생 스스로가 자신의 지식이나 기능이나 태도를 나타낼 수 있고 답을 작성 혹은 구성하거나, 발표하거나, 산출물을 만들거나, 행동(신체를 움직이는 것만이 아니라, 말하거나, 듣거나, 읽거나, 쓰거나, 그리거나, 만들거나, 더 나아가서 그것을 계획하고 준비하는 과정까지 포함하는 인간의 모든 활동)으로 나타내도록 요구하는 평가방식이라 정의할 수 있다.

❦ 수행평가의 유사 용어들

최근 수행평가는 다음과 같은 평가들이 가지는 주요 특성을 모두 포괄하는 의미로 사용되고 있다(백순근, 2000).

☞ 대안적 평가(Alternative assessment)
- 한 시대의 주류를 이루는 평가체제와 성질을 달리하는 평가체제
- 선택형 문항을 사용하는 표준화된 검사의 대안적인 평가
- 대학수학능력시험과 같은 1회성 시험에 대한 대안적인 평가(표준화된 1회성검사보다 지속적이면서도 종합적인 내신 강조)
- 결과중심의 평가에 대한 대안적인 평가(결과뿐만 아니라 과정도 중시)
- 수행평가는 대안적인 평가의 한 사례임

☞ 실제적 평가(Authentic assessment)
- 평가 상황이나 내용이 가능한 한 실제 상황이나 내용과 유사해야 함을 강조
- 도덕 성적이 높은 것과 도덕성이 높은 것은 별개라는 입장과 유사
- 참평가(true assessment)라고도 함

- 교사의 수업능력을 평가하기 위해 직접 가르쳐 보도록 하는 것과 유사
- 수행평가 방식 중의 한 특수한 사례라고도 할 수 있음

☞ **직접평가(Direct assessment)**
- 간접적인 평가방법보다는 직접적인 평가방법을 중시
- 정답을 선택할 수 있는 것보다 정답을 서술하거나 구성할 수 있는 것을 중시
- 도덕성을 지필식이나 구두시험보다는 학생의 행동을 직접 보고 평가하는 것
- 수행평가는 가능한 한 직접적인 평가의 성격을 풍부하게 포함하려고 함

☞ **실기시험(Performance-based assessment)**
- 지필식 시험보다는 실기시험을 중시
- 단순히 아는 것보다 실제로 할 줄 아는 것이 중요함을 강조
- 실기평가는 수행평가의 한 유형임

☞ **포트폴리오법(Portfolio)**
- 시험이 아니라 학생이 쓰거나 만든 작품집이나 서류철 등을 이용한 평가
- 결과가 나오게 된 과정 및 변화에 대한 평가를 중시함
- 성취도 자체도 중요하지만 학생의 노력이나 향상도 중요
- 1회적이고 단절적인 평가가 아니라 지속적이면서도 통합적인 평가 중시
- 수행평가의 대표적인 한 유형임

☞ **과정중심평가(Process-focused assessment)**
- 학습의 결과가 아니라 학습의 과정을 평가의 주요 대상으로 설정하는 평가
- 수행평가가 강조하는 중요한 측면 중의 하나임

2) 수행평가의 특징

수행평가는 학생들의 적극적인 반응을 요구하고 있고, 보다 일상적인 과제와 같고, 많은 변인들을 다루고 있는 문제들을 포함하고 있고, 선행 수업활동과 밀접한 관계를 갖고 있고, 어떤 반응들이 평가될 것인지에 대한 준거를

명확히 구체화하고 있는 채점 지침을 사용하고, 형성평가를 강조하며, 문화적 다양성을 보다 반영한다는 점에서 전통적인 지필검사와는 다르다. 수행평가의 몇 가지 특징을 살펴보면 다음과 같다(Snowman & Biehler, 2003).

(1) 적극적 반응의 강조

수행평가의 목적은 학생들이 여러 과제를 얼마나 유능하게 실행할 수 있는가에 대한 통찰을 얻기 위한 것이다. 따라서 수행검사는 과정이나 결과 혹은 이 모두에 중점을 둔다. 예를 들면, 연설을 지도하는 교사는 학생들이 얼마나 잘 몸짓, 구절 끊기, 목소리의 고저와 크기의 변화를 활용하는지에 관심을 둘 수도 있고, 연설 내용의 정확성과 이해력에 관심을 둘 수도 있으며, 또한 양자 모두에 관심을 둘 수도 있다(Linn & Gronlund, 2000). 과학교사는 학생들이 일련의 상자 안에 들어 있는 전기 요소들의 유형을 알아보기 위해서 전기회로에 관한 그들의 지식을 활용할 수 있는지의 여부를 알기 원할 수도 있다(Shavelson & Baxter, 1992).

(2) 실제성의 정도

수행평가는 비록 일상적인 과제에 접근하려고 노력하지만, 모든 평가가 일상적인 과제에 접근하려고 할 필요가 없으며, 또한 가장 실제적인 상황하에서 행해질 수도 없다. 그 상황이 얼마나 실제적이냐 하는 것은 시간, 비용, 장비의 이용가능성, 측정되는 기능의 성질과 같은 요인들에 달려 있다. 예를 들어, 여러분이 초등학교 3학년 교사이고 여러분의 수업목표 중의 하나가 학생들이 가게에서 물건을 구입한 후에 얼마의 거스름돈을 받아야 하는가를 알 수 있게 되는 것이라고 가정하자. 만일 이 목표가 비교적 중요하지 않은 목표이거나 여러분이 이용할 수 있는 많은 소품을 갖고 있지 않다면, 여러분은 단지 그 상황을 실제 돈을 가지고 증명해 보이고, 받은 거스름돈의 양이 정확한지를 판단하도록 물어 볼 수 있다. 그러나 만일 여러분이 이 목표가 중요한 목표라고 간주하고 이용할 수 있는 많은 소품을 가지고 있다면, 여러분은 모의 가게를 만들어 각 학생으로 하여금 실제 돈을 가지고 물건을 구입하게 할 수 있을 것이다(Gronlund, 2003).

(3) 복잡한 문제에 대한 강조

학생들이 기본적인 지식과 기능을 얼마나 잘 생산적으로 활용할 수 있는가를 사정하기 위해서는 학생들에게 주어지는 질문과 문제는 매우 자유 개방적이고 비구조화된 것이어야 한다(Wiggins, 1993).

(4) 수업과 검사간의 밀접한 관계

학생들은 시험을 통해 분노 혹은 심한 좌절의 상태에 빠지는 경우가 너무 많다. 왜냐하면 검사의 내용과 형식이 수업시간에 배운 내용과 가르쳐진 수업 방법과는 거리가 먼 것으로 보이기 때문이다. 가르친다는 것과 검사한다는 것은 별개의 것이라고 말하는 것은 낡은 얘기이다. 수행검사는 수업과 검사간의 밀접한 관련성을 추구한다. 예를 들어, 모든 사람에게 큰 소리로 명확하게 말하고, 완전한 문장으로 말하고, 논점이 분명하며, 흥미로운 발표를 위해 그림이나 다른 자료를 활용할 것이 기대되는 구두로 발표하는 과제가 주어진다면, 학생들은 이러한 준거에 대한 정보를 제공받아야 할 필요가 있고 또한 교실 수업은 이러한 것들을 중심으로 조직되어야 한다. 학생들의 수행에 대한 사정은 수업 중에 강조된 준거에만 국한되어야 한다(Egeland, 1996/1997; McTighe, 1996/1997).

(5) 루브릭 채점방법의 사용

루브릭(rubric)이란 학생들이 나타내 보여야 하는 능력을 구체화하고(내용 기준), 반응이 어떤 종류의 것이어야 하는 질적 수준이나 범주를 기술하며(수행 기준), 반응에 대해 어떻게 점수를 부여할 것인지를 구체화하고(요소들의 분리 혹은 종합) 있는 채점지침이다. 아마도 가장 일반적인 수행 측정인 쓰기 과제의 경우, 널리 사용되는 준거가 목적의 명료성, 조직과 구성, 문법적인 용법, 철자, 뒷받침할 수 있는 자료의 사용 등이다(Mabry, 1999).

(6) 형성평가의 활용

평가는 학생들의 학습 노력의 질을 개선하도록 돕기 위한 피드백의 원천으로서 사용될 수 있다. 많은 실생활의 수행과 산출물은 여러 번의 피드백과 교정의 결과이기 때문에 수행검사는 종종 이러한 특징을 또한 포함한다. 쓰기를 많이 해 본 사람은 만족스러운 수필이나 이야기 혹은 개인적인 편지일지라도 한 번의 노력으로 완성되지 않는다는 것을 잘 알 것이다. 자기 자신과 다른 사람들로부터 비판적인 논평이 따르기 마련이고, 이를 통해 또 다른 초안을 작성하게 된다. 만일 우리가 글을 잘 쓰기 위한 능력은, 심지어 생계를 위해 글을 쓰는 사람일지라도, 부분적으로는 피드백을 적절히 활용하는 능력에 의해 결정된다고 믿는다면, 이것은 학생들에게도 예외일 수는 없다(Wiggins, 1993).

(7) 문화적 다양성에 대한 반응성

전통적인 쓰기 평가는 문화적 편파성을 갖고 있다는 비판을 받아 왔다. 즉, 전통적인 쓰기 평가는 제한된 문항유형(주로 선택형)과 주로 다수 민족의 문화 경험을 반영하고 있는 내용에 의존하고 있기 때문에 많은 소수 민족과 사회 경제적 지위가 낮은 가정 출신의 학생들의 능력을 과소평가하고 있다는 것이다. 이러한 비판은 유의미한 학습은 개인이 친숙하고 편안한 문화적 맥락 내에서 일어난다는 구성주의 학습관에 주로 기초하고 있다. 만일 그러하다면, 평가는 학습이 일어나는 문화적 맥락과 보다 일치되어야 한다. 수행평가는 현실주의(집단 문제해결을 포함하여)와 수업과 평가간의 밀접한 관계 때문에 모든 학생들, 특히 소수 민족 학생들의 지식과 기능을 보다 공정하고 정확하게 평가하기 위한 방법으로서 장려되어 왔다.

❦ 수행평가의 일반적 특징

백순근(2000)은 수행평가의 일반적인 특징을 다음과 같이 제시하고 있다

- 학생이 문제의 정답을 선택하게 하는 것이 아니라, 자기 스스로 정답을 작성(구성)하거나 행동으로 나타내도록 하는 평가방식이다.
- 추구하고자 하는 교육목표를 가능한 한 실제 상황 하에서 달성했는지 여부를 파악하고자 한다.
- 교육의 결과(product)뿐만 아니라 교육의 과정(process)도 함께 중시하는 평가방식이다. 학습하는 방법의 학습, 명명적 지식의 습득 수준뿐만 아니라 절차적 지식의 습득 수준을 파악하는 것을 매우 중시하고 있다.
- 단편적인 영역에 대해 일회적으로 평가하기보다는 학생 개개인의 변화·발달과정을 종합적으로 평가하기 위해 전체적이면서도 지속적으로 이루어지는 것을 강조하는 방식이다.
- 학생 개개인을 단위로 해서 평가하기도 하지만 집단에 대한 평가도 중시한다. 예컨대, 하나의 연구과제를 주고 팀을 이루어서 공동으로 그 과제를 해결하도록 한 후 팀을 단위로 해서 평가하는 것이다. 수행평가는 학생 상호간의 지나친 경쟁을 유도하는 것이 아니라 학생 상호간의 협력을 유도하게 된다.
- 학생의 학습과정을 진단하고 개별 학습을 촉진하려는 데 목적이 있다. 즉, 수행평가는 학생의 선발·분류·배치를 위한 목적에 사용할 수도 있지만, 학습자의 지적 수준을 진단하고 학생의 이해수준을 높이며 개별 학습을 촉진하는 데 일차적인 목적이 있다. 따라서 학력평가의 과정이 교수-학습과정과 분리되기보다는 하나의 통합된 형태로서 교수-학습과정의 한 부분이라 할 수 있다.

○ 학생의 인지적인 영역(창의성이나 문제해결력 등 고등사고기능을 포함) 뿐만 아니라 학생 개개인의 행동발달 상황이나 흥미·태도 등 정의적인 영역, 그리고 체격이나 체력 등 신체적인 영역에 대한 종합적이고 전인적인 평가를 중시하고 있다.

2. 수행평가의 방법과 단계

1) 수행평가의 방법

수행평가는 전통적인 선다형 지필평가를 제외한 모든 대안적인 평가방법들, 예컨대 서술형 및 논술형 검사, 구술시험, 토론법, 실기시험, 실험실습법, 면접법, 관찰법, 자기평가 및 동료평가, 연구보고서법, 포트폴리오법, 개념지도 작성법 등을 포괄하는 개념이다.

서술형 및 논술형 검사는 문제의 답을 선택하는 것이 아니라 학생들이 직접 서술(구성)하는 검사이다. 질문의 형태에 있어서 최근에는 창의성 등 고등사고기능을 묻는 것(예: 임진왜란이 현대를 사는 우리에게 어떠한 교훈을 주고 있는가?)이 대부분이다. 논술형 검사도 일종의 서술형 검사이기는 하지만 개인 나름의 생각이나 주장을 창의적이고 논리적이면서도 설득력 있게 조직하여 작성해야 함을 강조한다는 점에서 일반 서술형과 구별하기도 한다(예: 우리가 왜 다른 사람을 존중해야 하는지 그 이유를 구체적인 예를 들어 자세히 설명하시오). 대체로 논술형 검사에서는 서술된 내용의 깊이와 넓이뿐만 아니라 글을 조직하고 구성하는 능력을 동시에 평가하게 된다.

구술시험은 학생으로 하여금 특정 교육내용이나 주제에 대해서 자신의 의견이나 생각을 발표하도록 하여 학생의 준비도, 이해력, 표현력, 판단력, 의사소통능력 등을 직접 평가하기 위한 방법이다.

토론법은 교수-학습활동과 평가활동을 통합적으로 수행하는 대표적인 방법으로, 특정 주제에 대해 학생들이 서로 토론하는 것을 보고 평가하는 것이다. 특히 수행평가에는 찬반토론법을 많이 사용하는데, 찬반토론법이란 사회적으로나 개인적으로 서로 다른 의견을 제시할 수 있는 토론주제(예: 대통령 중심제와 내각책임제의 권력구조, 자동차 10부제 시행 여부 등)를 가지고, 개인별로 찬반토론을 하도록 하거나 집단으로 나누어 집단별 찬반토론을 하도록 한 다음, 찬성과 반대의견을 토론하기 위해 사전에 준비한 자료의 다양성이나 충실성, 그리고 토론내용의 충실성과 논리성, 반대의견을 존중하는 태도, 토론 진행방법 등을 총체적으로 평가하는 방법이다.

수행평가를 위한 실기시험에서는 가능한 한 교수-학습활동과 평가활동을 분리하지 않고 수업시간에 자연스러운 상황 하에서 평가하는 것이 바람직하다. 자연스러운 상황 하에서의 실기시험은 음악, 미술, 체육, 실과 분야에서 많이 이용되는 방법이나 요즈음은 읽기, 듣기, 쓰기, 말하기 등 언어 분야에서도 많이 활용되고 있다. 예를 들어, 직접 학생들에게 말하거나 읽거나 듣거나 쓰게 한 후에 보통 2명 이상의 교육자나 채점자가 평가하는 방식이다.

실험실습법은 어떤 과제에 대해서 학생들로 하여금 직접 실험 · 실습을 하게 한 후 그 결과보고서를 제출하게 한다. 이때 개인 단위로 실험 · 실습을 하게 할 수도 있고 팀을 구성하여 공동 작업을 하게 할 수도 있다. 교사는 학생들의 실험 · 실습과정을 직접 관찰함과 아울러 제출된 결과 보고서를 동시에 고려하여 평가하게 된다. 이러한 방법은 실험 · 실습을 위한 기자재의 조작적인 능력뿐만 아니라, 지식을 적용하는 능력이나 문제해결 과정을 포괄적이면서도 종합적으로 평가할 수 있다.

면접법은 교사와 학생이 서로 대화를 통해서 얻고자 하는 자료나 정보를 수집하여 평가하는 방법이다. 즉, 교사가 학생과 직접 대면하여 평가자가 질문하고 학생이 대답하는 과정을 통해 지필식 시험이나 서류만으로는 알 수 없는 사항들을 알아보고 그것을 평가하는 방법이다. 흔히 앞에서 설명한 구술시험도 평가자와 학습자가 대면하여 질문하고 대답하는 과정을 거치나, 구술시험은 주로 인지적인 영역을 중심으로 한 학업성취도를 평가하기 위한 방법이라고 한다면, 면접법은 주로 정의적인 영역이나 신체적인 영역에 대한 것을 평가하기 위한 방법이라고 할 수 있다.

관찰법은 교사는 늘 학생들을 접하고 있으며 개별 단위로나 집단 단위로나 항상 관찰하게 된다. 예컨대, 학생들 간의 사회적 관계 구조를 파악하기 위해 한 집단 내에서 개인간 또는 소집단 간의 역동적 관계를 집중적으로 관찰할 수 있다. 특히 나이가 어리거나 지적 능력이 지나치게 낮은 학생들을 대상으로 평가하기 위해서는 평가하기 위한 상황을 의도적으로 마련할 수 없는 경우가 많기 때문에 인위적이 아닌 자연적인 상황에서의 관찰법을 자주 사용하게 된다. 객관적이고 정확한 관찰을 위해서는 관찰대상을 있는 그대로 기술하는 일화기록법이나, 체크리스트나 평정척도 등을 이용하기도 하고, 경우에 따라서는 비디오 녹화를 한 후 분석하기도 한다.

자기평가(self-assessment) 보고서법이란 특정 주제나 교수-학습 영역에 대하여 자기 스스로 학습과정이나 학습결과에 대한 자세한 평가보고서를 작성 · 제출하도록 하여 평가하는 것이다. 예를 들어, 어떤 교육 프로그램을 이수한 후에 그 프로그램을 이수하면서 자기 스스로의 학습과정이나 학습결과에 대해 평가보고서를 작성 · 제출하도록 함으로써 학생으로 하여금 자신의 준비도, 학습동기, 성실성, 만족도, 다른 학습자들과의 관계, 성취수준 등에 대해 스스로 생각하고 반성할 수 있는 기회를 제공할 뿐만 아니라, 교사로 하여금 그가 시행한 해당 학생에 대한 관찰이나 수시로 시행한 평가가 타당하였는지를 비교 · 분석해 볼 수 있는 기회를 제공하게 된다. 이와 유사하게 동료 학생들이 상대방을 서로 평가하도록 하는 동료평가(peer-assessment) 보고서법을 이용하여 학생들을 평가할 수도 있다.

연구보고서법은 각 교과별로나 통합교과적으로 여러 가지 연구주제 중에서 학습자의 능력이나 흥미에 적합한 주제를 선택하되, 그 주제에 대해서 자기 나름대로 자료를 수집하고 분석 · 종합하여 연구보고서를 작성 · 제출하도록 하여 평가하는 것이다. 이때 연구의 주제나 범위에 따라 개인적으로 할 수도 있고, 관심 있는 학습자들이 함께 모여서 단체로 할 수도 있다. 이러한 연구보고서법은 흔히 프로젝트(project)법이라고도 하며, 학생들은 연구를 수행하고 보고서를 작성하는 과정에서 연구하는 방법, 각종 정보를 수집하는 방법, 다양한 자료를 종합하고 분석하는 방법, 보고서 작성법 등을 익히게 될 것이며, 연구보고서 발표회나 학생들 간 연구보고서의 상호 교환을 통해 많은 것을 배우게 된다.

포트폴리오(portfolio)법은 학생 자신이 쓰거나 만든 작품을 지속적이면서도 체계적으로 모아 둔 개인별 작품집 혹은 서류철을 이용한 평가방법이다. 예를 들어, 어떤 화가 지망생이 유명한 화가에게 지속적으로 지도를 받으면서 자신의 작품을 그린 순서대로 차곡차곡 모아 둠으로써 자기 자신의 변화 · 발전과정을 스스로 파악할 수 있도록 하고, 그 작품집을 이용하여 자기의 스승뿐만 아니라 다른 사람들에게도 쉽게 평가를 받을 수 있게 하는 것과 유사한 것이다. 위와 같이 그림뿐만 아니라 사진이나 시 · 소설 등도 작품집을 이용하여 평가할 수 있으며, 글짓기한 것이나 교과 과제물이나 연구보고서나 실험 · 실습의 결과보고서 등을 정리한 자료집을 이용하여 평가할 수도 있다. 특히 학생들은 자신이 제작한 포트폴리오를 통해 자기 자신의 변화과정을 알 수 있고, 자신의 강점이나 약점, 성실성 여부, 잠재 가능성 등을 스스로 인식할 수 있으며, 교사는 학생들의 과거와 현재의 상태를 쉽게 파악할 수 있을 뿐만 아니라 앞으로의 발전방향에 대한 조언을 쉽게 할 수 있다.

개념지도(conceptual map)는 학생들이 개념 및 개념 간 관련성에 대한 자신의 이해 정도를 표현하기 위해서 스스로 만들어 낸 정보의 묶음 혹은 집을 가리킨다. 개념지도는 종이의 중앙에 핵심개념을 적어 놓고 그 개념과 관련 있다고 생각되는 개념들을 선이나 단어로써 연결하여 하나의 관념망을 그려간 것이다. 요즈음 개념지도 작성법은 그 응용범위가 넓어 사고력 중심의 두뇌 개발 프로그램인 마인드맵에까지 널리 이용되고 있다.

이상의 방법들은 학생들에게 요구되는 활동과정에 따라서 다음과 같이 네 가지로 분류할 수 있다(McTighe & Ferrara, 1996).

(1) 구성적 응답(constructed response)

주어진 답지 가운데서 답을 고르는 선다형 평가와는 달리 학생들에게 개방형 질문이나 과제를 제시하고 그것에 대해 간단하게 글로 응답하게 하거나, 개념지도(conceptual map)나 그래프 또는 흐름도(flow chart) 등과 같은 시각적 응답을 스스로 만들어 보도록 하는 방법이다.

- 도표나 그림에 제목 붙이기
- 개방형 과제물 제시
- 시각적 표현(개념도, 흐름도, 그래프, 표, 도안 등)

(2) 결과물(products) 평가

어떤 지식이나 기능을 적용하여 결과물을 만들도록 하는 과제를 제시하고, 학생들이 만들어 낸 과제를 관찰하여 그 지식이나 기능 영역 대한 학생들의 숙련 정도를 평가하는 방법이다.

- 글짓기/논술
- 연구보고서
- 실험보고서

- 이야기/극본
- 시
- 포트폴리오
- 미술작품
- 과학 프로젝트
- 모형/전시물
- 비디오/오디오

(3) 활동(performances) 평가

실제 생활과 유사한 상황에서 활동중심의 과제를 제시하여 그 과제를 가지고 학생들이 활동하는 모습을 직접 관찰함으로써 지식과 기능을 평가하는 방법이다. 하나의 예로 교내 합창단 활동에 대한 평가를 들 수 있는데, 합창곡과 평가기준이 학생들에게 미리 제시되며 교사는 각 학급의 학생들이 연습하는 장면과 실제 공연을 보고 기준에 따라서 활동을 평가한다.

- 구두 발표/연설/논쟁
- 무용/동작
- 과학실험 시연
- 체육경기
- 연극
- 토론
- 성악/악기 연주/음악 발표
- 시범

(4) 과정중심(process-focused) 평가

학생들의 학습전략과 사고과정을 관찰할 수 있는 과제를 제시하여 학생들의 가시적인 활동과 결과물, 그리고 응답보다는 그것의 바탕이 되는 인지적 과정을 알아내는 데 초점이 있는 방법이다. 과정중심 평가를 통하여 교사는 자신의 수업활동에 대한 진단적 정보를, 학생들은 학습활동에 대한 피드백을 받는다는 점에서 이 방법은 형성평가의 성격을 지닌다. 수업의 일부로서 일상적으로 사용되고 있는데, “이 두 가지의 공통점과 차이점은 무엇인가?”라고 묻거나 “문제해결이나 의사결정 과정을 큰 소리로 말해 보라”고 함으로써 학생들의 인지과정을 유추하는 것을 예로 들 수 있다. 학기 초에 교사가 학생들과의 면담을 통하여 그들의 인지와 언어발달, 사회적 기술, 그리고 기타 관심 영역에 대한 유용한 정보를 얻는 것도 과정중심 평가의 한 형태가 될 수 있다.

- 구두 질문
- 관찰
- 면담
- 회의
- 학습일지

2) 수행평가의 단계

수행평가를 타당하고 신뢰롭게 고안하기 위해서는 다음 세 단계를 포함해야 한다(Eggen & Kauchak, 2010).

- 평가하려는 수행의 종류를 자세히 기술한다.
- 실제와 안전 등 다른 문제가 균형을 이루도록 평가환경을 구성한다.
- 분명한 기준을 가지고 평가절차를 구안한다.

(1) 수행요소 상술하기

평가하려고 하는 요소를 상세히 기술하는 것은 모든 평가에서 첫 번째 단계에 속한다. 수행을 명확히 기술해 주면 학생들은 무엇이 요구되는지를 이해할 수 있고, 교사 또한 적절한 교수법을 고안할 수 있다. [그림 3]은 설득력 있게 글을 쓰는 것과 관련된 요소를 상술하고 있다.

▸ **설득력 있는 논술**

① 논술의 목적을 상술한다.
② 목적을 지지하는 증거를 제시한다.
③ 글을 읽는 청중을 확인한다.
④ 예상되는 반론을 상술한다.
⑤ 반론을 일소하는 증거를 제시한다.

[그림 3] 설득력 있는 글쓰기의 구성요소

수행요소가 경우에 따라서는 과정이 될 수도 있고, 결과물이 될 수도 있다. 또한 처음에는 과정에 초점을 맞추다가 절차가 숙달되면 결과물로 초점이 이동되는 경우도 있다(Gronlund, 2003). 〈표 3〉에 과정 또는 결과물이 수행평가의 요소인 예가 제시되어 있다.

표 3 수행요소로서의 과정 및 결과물

내용 영역	과정	결과물
수학	정답에 이르는 문제해결 단계	정답
음악	운지법과 숨고르기	악기로 작품 연주하기
영작	원고 준비 및 사고과정	논술, 보고서 또는 작문
문서처리	자판 치기 및 원고 제시 기술	최종 원고 또는 편지
과학	설명을 준비하는 데 포함된 사고과정	결과에 대한 설명

(2) 평가환경 구성하기

수행평가는 실생활과 관련된 과제를 강조하기 때문에 가치가 있다. 그렇지만 시간, 비용, 안전과 관련된 문제들 때문에 실생활에서의 수행을 나타내는 것이 힘들 수 있는데, 이런 이유 때문에 중간 단계가 필요하다. 예를 들어, 운전교육의 목표는 안전운전을 하는 운전자를 양성하는 것이다. 그러나 초보 운전자를 교통이 혼잡한 상황에 처하게 하는 것은 비현실적일 뿐만 아니라 위험하기까지 하다. 따라서 운전교육자는 우선 글로 된 사례에 피교육자가 반응하게 하고, 모의장치(模擬裝置)를 사용하며, 교통이 혼잡하지 않은 길에서 운전하게 한 다음, 마지막으로 모든 종류의 상황에서 운전하는 식으로 운전교육을 실시할 수 있다. 피교육자의 운전기술이 향상됨에 따라 좀 더 현실과 가까운 단계로 나아가는 것이다.

현실성이 높은 상황에서 교육하는 것이 가능하지 않을 경우, 모의실험을 통해 학생의 수행을 평가할 수 있다. 운전 모의장치가 한 예가 될 수 있다. 또 다른 예로, 만약 학생들이 기후와 지리가 도시 위치에 미치는 영향을 이해하고 있는지를 알고 싶다면, 지리교사는 [그림 4]에 제시된 정보를 학생들에게 보여줄 수 있을 것이다. 학생들은 이 모의과제에서 섬 안에 도시가 위치하기 가장 좋은 장소를 가리키고, 그러한 결정을 내리는 데 사용한 기준을 설명해야 한다. 이를 통해 교사는 학생들이 어떤 생각을 지니고 있는지에 관해 통찰을 얻을 수 있다.

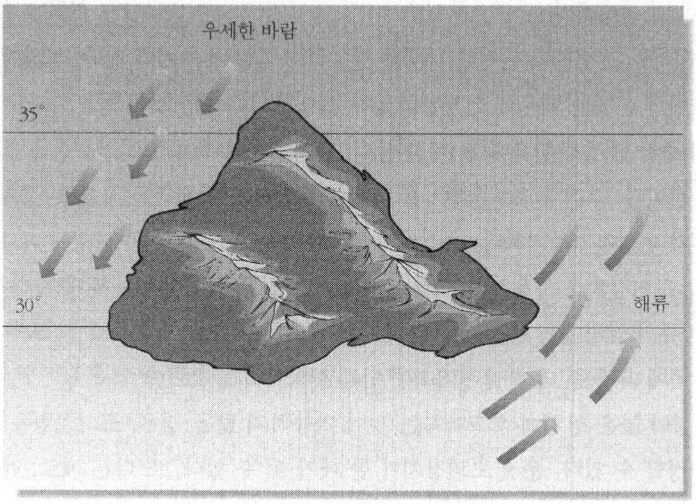

[그림 4] 지리 모의실험

(3) 평가절차 고안하기

효과적인 수행평가를 제작하는 데 있어 마지막 단계는 평가절차를 고안하는 것이다. 이때 논술문항에서 사용했던 것과 유사한 채점 규정이 신뢰도와 타당도를 높일 수 있다(Stiggins, 2005). 학생들의 수행을 평가하기 위한 전략으로 체계적 관찰, 체크리스트, 루브릭 등이 있다.

① 체계적 관찰

관찰은 학생들이 무엇을 할 수 있는지와 학습하는 데 무엇이 필요한지를 발견해 내는데 가장 효과적인 전략 중 하나다. 교사는 학생들이 친구들과의 상호작용, 책읽기, 말하기, 어떤 기법의 사용, 문제해결의 모습 등을 관찰함으로써 학생들이 어떻게 작업을 수행하고 사고하는지에 대해 많은 것을 알 수 있다. 그래서 교사는 늘 교실에서 학생들을 관찰한다. 그러나 이러한 관찰은 대개 체계적이지 않으며, 기록으로 남겨 놓는 경우도 드물다. 이런 문제를 해결하려는 시도가 체계적 관찰(systematic observation)이다. 체계적 관찰은 어떤 활동에서 수행할 수 있는 수행의 기준을 상술하고, 그러한 기준에 기초해서 기록하는 과정을 말한다. 예를 들어, 학생들에게 과학적인 방법을 사용하는 능력이 얼마나 있는가를 평가하고 싶다면, 교사는 다음과 같은 기준을 마련할 수 있을 것이다.

- 문제 또는 질문을 기술한다.
- 가설을 기술한다.
- 독립변인, 종속변인, 통제변인을 상술한다.
- 자료를 수집하고 전시한다.
- 자료에 기초해서 가설을 평가한다.

따라서 교사는 학생들의 수행이 이러한 기준에 얼마나 부합하는가를 기록하고, 또한 이러한 기준을 모든 학생들에게 일관되게 적용해야 한다. 기록을 토대로 학생들에게 피드백을 제공할 수 있으며, 미래의 학습을 계획하는 데 유용한 정보를 얻을 수 있다.

② 체크리스트

체크리스트(checklist)는 만족할 만한 수행에 포함되어야 할 차원을 글로 기술해 놓은 것으로, 수행에서의 중요한 측면을 상세히 기술하고 이를 학생들과 공유함으로써 체계적 관찰을 확장시킨다. 바람직한 차원을 기록하기보다는 바람직한 차원에 표시하는 것이 특징이다. 예를 들어, 앞에서 예로 들었던 5개 기준 중에 학생들의 보고서에 나타난 것을 표시할 수 있다.

체크리스트는 교실에서 학생 개인이나 학급 전체의 특정한 기술, 행동, 혹은 성향을 점검하는 효과적인 형성평가 전략이다. 체크리스트는 의도하고 있는 기준의 평균치에 초점을 맞춤으로써 분명한 준거를 제공해 준다. 체크리스트는 또한 학생들이 복잡한 과제를 성공적으로 완수하는 데 도움이 되는 계열화된 단계로 학습과제를 어떻게 조직할 것인지를 보여주기도 한다. 체크리스트는 질적인 측면에서 작업의 명확한 기대치를 제공하며, 큰 덩어리로 된 과제를 학습할 때 작은 부분으로 나누어 학생이 다음 과제를 착수하기 전에 각 학습의 단계를 성취하기 쉽도록 해 준다. 교사는 학생의 특정한 행동, 사고기능, 사회적 기능, 쓰기 기능, 말하기 기능, 혹은 운동 기능에 초점을 맞춰 형성평가를 하는데 준거 체크리스트를 활용할 수도 있다. 동료학생들은 다른 친구의 학습 진전 과정을 평가하는 데 체크리스트를 활용한다. 이러한 체크리스트는 구성원들 사이에 공유되고 논의되어서 누구에게, 어떤 영역에서 추가 도움이 필요한지, 그리고 전체 집단이 대체로 어느 정도 수행해 나가고 있는지를 결정한다(Burke, 2009).

체크리스트는 해당 학생과 학습과정에 대한 이해를 쉽게 하기 위해서 계열적 순서에 따라 작성된다. 일단 체크리스트가 완성되면, 각 수준에 질적인 설명을 부가함으로써 루브릭으로 쉽게 전환될 수 있다. 체크리스트는 루브릭으로 전환될 때 학습활동의 질을 평가하는 안내표지판을 제공한다. 몇 가지 체크리스트를 예시하면 [그림 5]와 같다(Burke, 2009).

[그림 5] 체크리스트의 예시

③ 루브릭

학생들의 활동수행과 관련하여 그들이 구성하는 응답이 질적으로 얼마나 훌륭한지를 평가할 때 점수의 차원이나 점수의 안내와 관련하여 루브릭(rubric)을 사용한다. 학생들이 수행하는 과제는 매우 주관적이고 창의적인 것이라서 과제를 완수하려는 학생들이나 학생들의 과제를 평가하는 교사들에게 교육목표에 비추어 볼 때 어느 정도 수용 가능한 반응행동인지 아니면 수용 불가능한 반응행동인지 구분이 되는 일련의 평가기준을 제공해 줄 필요가 있다(Popham, 2006). 루브릭은 척도상의 각 점수에 대해 명확한 준거를 제공하는 평정척도이다. 루브릭은 성취의 연속선상에 따라 여러 질의 수준을 상세하게 설명해 줌으로써 성취수행을 비교하도록 해 준다(Stiggins, 2001). 다시 말해, 루브릭은 준거를 구체화하는 일련의 규칙들이라고 정의할 수 있다. 이러한 규칙들은 학습활동 과제와 평가기준, 그리고 표기방법을 구체적으로 연결시켜야 한다. 예를 들어, 학생들이 발표를 준비한다면, 그들은 우선 다음과 같은 평가준거에 초점을 맞춰 자신의 발표가 평가된다는 것을 알아야 할 것이다. 이때 평가준거는 주제, 지원정보, 사실이나 통계의 질, 논리적 주장, 적절한 시선응시, 얼굴표정, 제스처, 발표속도, 효과적인 시각보조자료, 주어진 시간과 안내지침의 준수 등에 초점을 맞추고 있다. 루브릭은 이러한 준거들을 설명하고 있다.

Martin-Kniep(2000)는 루브릭을 수행과제의 수준을 구분하여 정의하는 등급척도라고 정의하였다. 체크리스트는 학습의 속성이 있는지 없는지를 설명하지만, 루브릭은 활동의 과정, 산출결과, 수행행동에 대한 완성도, 질, 진전의 정도를 설명한다. 그러므로 루브릭은 학습을 지원해 준다. 루브릭은 수행과정에서부터 규준의 범위를 넘어서까지 다양한 수준의 수행활동의 질을 정도에 따라 설명한다.

Soloman(1998)은 루브릭이란 활동 수행이나 산출결과에 있어서 질적인 차이를 구분하는 일련의 가이드라인으로, 과제수행의 규준에 대하여 설명한 결과에 기초해야 하며, 결과를 향해 수행하는 과정의 수준을 척도로 설명해야 한다고 했다. 요컨대, 루브릭은 학생이 높은 수준으로 성취하기 위하여 무엇을 해야 할지 정확하게 알도록 하는 수행과제의 질적 수준을 설명한다.

이러한 루브릭은 평가과정에서 명확한 도구가 될 수 있는데, 그 이유는 다음과 같다(Burke, 2009).

- 루브릭은 활동을 질적으로 개선시키는 데 있어서 교사의 학습지원을 제공한다.
- 루브릭은 학생들로 하여금 학습의 과정에서 학습기준에 다다르고 이를 능가하도록 진전정도를 보여 준다.
- 루브릭은 교사가 학생의 활동을 계속해서 공정하게 객관적으로 평가할 수 있도록 도와 준다.
- 루브릭은 학생들이 자신의 활동을 스스로 평가하고, 학습활동의 기능을 적응하고 개선하는 데 도움을 준다.
- 루브릭은 학부모가 학습활동의 등급을 이해하고 질 높은 학습활동을 기대하도록 도와 준다.
- 루브릭은 학생들이 학습활동의 영역이나 준거를 더 잘 이해할 수 있도록 도와 준다.
- 루브릭은 학생들에게 기대하는 바가 무엇이고, 언제 각 부분들이 완성되어야 하며, 어떻게 그들이 평가되는가를 정확하게 알 수 있도록 해 주기 때문에 학생들의 책무성을 높인다.

전형적으로 루브릭에서는 각 영역준거에서 숫자로 된 척도가 사용된다. 일반적으로 척도에서는 언어적 설명만 있고 숫자는 포함되어 있지 않을 수도 있지만, 때로는 척도에 언어적 설명과 가시적인 표현이 동반하기도 한다. 활동수행 수준의 연장선에서 숫자로 된 척도를 가리키는 점수들이 있다. [그림 6]은 다양한 형태의 척도를, [그림 7]은 기술적 척도를, 그리고 [그림 8]과 〈표 4〉는 루브릭 채점의 한 예를 보여주고 있다(Burke, 2009).

수치척도

0	1	2	3	4
1	2	3	4	5

설명적인 수치척도

1	2	3	4	5
약함	만족	잘함	뛰어남	최고로 잘함

언어적 설명

미흡함	적절함	잘하는 편임	뛰어남
과제를 미완성함	과제를 부분적으로 완성함	과제를 부분적으로 완성함	과제를 완성함

[그림 6] 척도의 형태

준거: 발표하는 동안 이루어진 시선의 처리

미흡함	약간 미흡함	흡족한 편임	완벽함
관중을 보지 않음	가끔 몇몇 관중을 쳐다봄	대부분의 시간에 대부분의 관중을 쳐다봄	모든 시간에 모든 관중을 쳐다봄

[그림 7] 기술적 척도

학생이름: ____________________

준거 / 영역	1. 기준 이하임	2. 기준에 미달함	3. 기준에 도달함	4. 기준을 능가함	점수
구조를 조직하기	조직화된 구조가 불분명함	구조는 분명하나 작품에 전반적으로 포함되어 있지 않음	구조가 분명하고 작품의 전반에 걸쳐 조직적임	작품이 처음부터 끝까지 잘 계획된 구조로 이루어짐	
독자의 흥미와 참여를 유도하기	독자의 흥미와 참여를 유도하지 못함	독자의 참여를 시도했으나 흥미 유도가 부족함	흥미 있는 도입과 독자의 참여를 유도함	독자의 흥미를 사로잡고 참여와 흥미가 지속됨	
지배적인 아이디어 전개하기	지배적인 아이디어가 전개되지 못함	지배적인 아이디어가 부분적으로 전개됨	지배적인 아이디어가 주요 아이디어와 함께 분명하게 진술됨	많은 용어들을 활용하여 지배적인 아이디어를 명확하게 전개함	
다양한 정보원에 따른 진술	취약한 하나의 정보를 가지고 진술함	관련된 한두 가지 정보를 가지고 진술함	다양한 정보를 가지고 명확하게 진술함	다양한 정보가 명확하게 활용되었으며, 창의적으로 전개되었음	
적절한 글쓰기 방식	적절한 글쓰기 방식이 사용되지 못함	글쓰기 방식이 사용되었으나 적절하지 못한 방식임	다양한 글쓰기 방식이 적절하고 효과적으로 사용되었음	적절한 글쓰기 방식이 상세하게 사용되어 매우 성공적임	
부적절한 정보를 배제하기	부적절한 정보가 많이 포함되어 있음	부적절한 정보가 약간 포함되어 있음	부적절한 정보가 포함되어 있지 않음	주제의 전개가 효과적이며, 부적절한 정보는 하나도 없음	
글 마감하기	글의 마감이 분명하지 못함	글의 마감을 시도했으나 혼란스러움	글의 마감이 말끔하게 되었음	글의 마감에서 주요 아이디어를 창의적으로 진술하였음	

총점: ____________

등급:
A = 25~28점(90%)
B = 22~24점(80%)
C = 20~21점(70%)
D = 19점 이하

[그림 8] 정보적 글쓰기에 대한 루브릭

표 4 구두 과제에 대한 루브릭

수준	내용	시청각적	집단 구성원	청중 구성원
우수	정확, 구체적, 연구에 기초, 자신의 말로 말하기	독특함, 사용된 자료의 질 우수, 산뜻하고 정연함, 명확한 메시지	모든 구성원이 동등하게 발표에 참여하고, 주제에 대한 많은 정보를 갖고 있음	발표자와 눈 접촉을 유지하고, 많은 질문을 함
양호	덜 구체적, 깊이가 없음, 사용된 출처의 수가 적음	주제를 뒷받침해 주지만 발표를 강화해 주지 못함, 약간의 독창성, 명확한 메시지	대다수 구성원들이 참여하고 주제에 대한 정보를 갖고 있음	일부 청중은 참석하지 않음, 질문이 적거나 주제에서 벗어남
부족	제한된 정보, 일반적, 주제에서 벗어남, 자신의 말로 제시하지 못함	부적절, 독창성 없음, 발표 훼손, 혼란스러운 메시지	한두 명의 구성원이 주도적임, 일부 구성원들은 주제에 대한 부족한 정보를 갖고 있음	청중이 없음, 질문이 없거나 주제에서 벗어남

교사는 스스로 루브릭을 개발하거나 이미 이용 가능한 것을 보충하기 위해서 루브릭을 개발할 필요가 있을 것이다. 루브릭을 개발하는 데에 도움이 될 수 있는 몇 가지 원리와 예를 간단히 살펴보면 다음과 같다(Jordan & Porath, 2006).

첫째, 루브릭은 기능과 개념적 이해를 다루어야만 한다. 예를 들어, 수학 루브릭의 한 항목은 "5 + 5 + 5 = 15이고, 3 × 5 = 15라는 사실을 안다"라기보다는 "덧셈과 곱셈 간의 관계를 이해한다"라고 해야 할 것이다. 구체적인 과제보다는 개념적 이해의 숙달이 강조되어야만 한다.

둘째, 루브릭은 수업과 관련되어야만 한다. 예를 들어, 교사가 상대성의 개념을 가르치지 않았다면, 학생들에게 상대성에 대한 지식을 평가하는 것은 공정하지 못하다. 만약 교사가 시범을 통해 상대성을 가르쳤고 학생들로 하여금 시범에 따라 상대성에 대한 그들 자신이 세운 가설을 검증하는 활동을 전개했다면, 교사가 만든 루브릭은 과학적 문제해결에 포함된 정교성의 정도를 반영해야만 한다.

셋째, 루브릭은 유용성을 갖도록 간단해야만 한다. 교사가 루브릭을 선정하거나 제작할 때 따라야 할 하나의 지침은 쉽게 사용할 수 있도록 실용성을 가져야 한다는 것이다. 분류에 사용된 언어들은 간단하면서도 명료해야 한다.

루브릭을 개발하고 사용하는 것은 채점의 객관성, 일관성 및 효율성을 증대시키고, 교사들이 수업활동을 수행 측정에서 요구하는 것(즉, 수행 측정의 목표)과 연계되도록 도와주며, 학생들에게 기대하는 수행이나 산출물에 대한 언어적 설명과 예를 제공함으로써 교사들은 학생들에게 마음에 안 드는 수행에서부터 뛰어난 수행에 이르기까지의 행동유형을 명확하게 의사 전달할 수 있다(Wiggins, 1993)는 장점이 있지만, 또한 제한점을 가지고 있다는 것을 명심해야 한다. 비록 쓰기 과제에 대한 채점을 위해서 2명의 교사가 사용하는 루브릭은 같은 내용 기준을 일부 가지고 있을 수도 있지만(목적의 명료성, 조직과 구성, 문법과 같은), 좋은 쓰기란 무엇인지 그 정의하는 방식이 다르기 때문에 다른 내용 기준을 가지고 있을 수도 있다(예를 들면, 아이디어를 뒷받침할 수 있는 자료의 사용, 비유법의 사용에 있어서). 따라서 어느 한 가지 루브릭은 쓰기의 영역을 완전히 나타내지 못하기 때문에 채점자들이 어떤 바람직한 쓰기 기능을 보상하기 위한 기회를 제공하기 어려울 수 있다(Mabry, 1999).

3. 수행과제

일단 학습 표적목표가 확인되고 사용하고자 하는 수행평가의 방법이 결정되면, 수행과제를 구안하게 된다. 수행과제의 구안은 [그림 9]와 같이 3단계로 이루어진다. 첫째 단계는 학생들이 관여(종사)해야 할 수행과제 설정이다. 둘째 단계는 수행되어야 할 과제와 맥락에 대한 기술이다. 셋째 단계는 학생이 받아야 할 구체적인 질문(question), 안내(prompt), 문제(problem)를 작성하는 것이다.

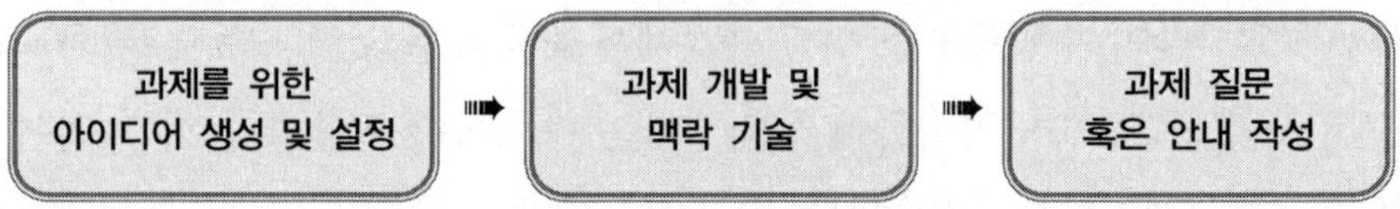

[그림 9] 수행과제의 구안 단계

수행과제란 학생들이 개별적으로 혹은 집단적으로 수행평가에서 행하도록 요구받은 것으로 교과에 따라 다양하고 복잡성의 정도도 다르다. 내용 영역에 한정된 과제가 있는가 하면, 여러 교과와 기능의 통합을 요하는 과제도 있다. 복잡성의 정도에 따라 제한된 수행과제와 확장된 수행과제로 구분해 볼 수 있다. 일단 과제를 위한 일반적 아이디어를 갖고 있으면, 그것을 보다 자세하게 구체화시킬 필요가 있다.

1) 제한형 수행과제와 확장형 수행과제

(1) 제한형 과제

제한형 과제(restricted-type tasks)란 좁게 정의된 기능을 목표로 하며, 비교적 간단한 반응을 요구한다. 과제가 구조화되어 있고 구체적이다. 이러한 과제는 정해진 답이 없는 문항을 가진 간단한 논술형과 해석형의 문제와 유사한 것처럼 보일 수 있다. 수행과제는 학생들의 대답에 대한 설명을 이끌어 내기 위해서 구조화되어 있다. 학생들은 대답에 대한 그럴듯한 이유를 설명해 보게 하거나, 다른 대답이 틀린 이유를 지적하게 하거나, 행한 방법을 말하게 하거나, 도표를 그리게 하거나, 시각적 맵이나 그래프 혹은 흐름도를 만들게 하는 요구를 받을 수 있다. 이와는 대조적으로 간단한 논술형 혹은 해석형의 문제는 정확한 대답으로부터 추론을 하도록 하기 위한 것이다. 비록 제한형의 과제는 확장형의 과제와 비교하여 실시와 채점에 있어서 시간이 덜 소요되긴 하지만, 수행평가의 중요한 특성을 덜 포함하고 있다. 제한형 과제의 경우를 몇 가지 예시하면 다음과 같다.

- 제공된 자료로부터 막대그래프를 작성하라.
- 식당에서 일어나는 상황을 영어로 간단히 대화해 보라.
- 신문 기사를 읽고 다음 물음에 대해 답하라.
- 도시 구획 지도를 검토하여 보다 상업적인 발달을 촉진할 수 있는 변화를 제시하라.
- 동전을 10번 튀겨 올려라. 다음 10번째 동전을 튀겨 올렸을 때 어떤 면이 나올 것인지 예측하여 보고 그 이유를 설명하라.
- 텔레비전 저녁 뉴스를 듣고 편파성 보도가 있다고 믿으면 그 이유를 설명하라.
- 2개의 새로운 음식 막대에서 탄수화물, 지방, 단백질의 양을 보여주고 있는 3개의 막대그래프에 나타난 정보를 보고 건강에 좋은 것을 선택하고 그 이유를 설명하라.
- 여러분 자신의 말과 삽화를 사용하여 꽃의 각 부분들을 설명하는 포스터를 만들어라.
- 노래를 불러라.
- 분당 최소한 35개의 단어를 타이핑하라. 6번 이상의 실수가 있어서는 안 된다.
- 컴퓨터 화면을 조절하는 방법을 나타내 보여라.

- 나누어 준 동일한 영역을 가진 자료들로부터 원, 사각형, 삼각형을 그려라.
- 산림보호의 중요성에 대한 글을 작성하라.
- 가위를 사용하여 윤곽을 그린 그림을 오려라.
- 시 한 편을 암송하라.

(2) 확장형 과제

확장형 과제(expended-type tasks)는 보다 복잡하고, 정교화하고, 시간이 걸리는 과제이다. 확장형 과제는 학생들의 소집단 협동을 요구하는 경우가 흔하다. 과제는 보통 학생들이 다양한 출처의 정보(예: 관찰, 도서관, 인터뷰)를 사용할 것을 요구한다. 가장 관련 있는 정보가 어떤 것인지에 대한 판단이 필요하기도 한다. 결과물은 대체로 여러 날 혹은 여러 주에 걸쳐 만들어지며 수정의 기회도 주어진다. 이렇게 하는 것은 학생들에게 다양한 기능을 적용해 볼 기회를 제공하며, 여러 내용 영역과 추리 기능을 보다 쉽게 통합해 볼 수 있게 만든다.

확장형 과제에 대한 아이디어를 생성하는 것은 너무 어려운 일이 아니다. 한 가지 효과적인 방법은 사람들이 다양한 직업에서 행하고 있는 것이 무엇인가를 생각해 보는 일이다. 아이디어를 생성하는 또 다른 방법은 교육과정 해설서와 교사용 지침서를 검토해 보는 것인데, 왜냐하면 대부분 학생들에게 적용력과 추론기능을 요하는 활동과 과제를 담고 있기 때문이다. 아이디어를 생성하는 가장 좋은 방법은 다른 사람들, 특히 지역사회의 구성원들과 함께 브레인스토밍하는 것이다. 그들은 특히 추론과 의사소통 기능을 포함하고 있는 실제적 과제가 무엇인가에 대해서 사고하는 데에 도움이 될 수 있다. 확장형 과제를 몇 가지 예시하면 다음과 같다.

- 어린이 놀이 집을 설계하고 자료와 노동의 비용을 추정하라.
- 외국 여행 계획서를 작성하라. 소요 예산과 일정을 포함하고, 왜 그 곳을

방문하고자 하는지 이유를 제시하라.

- 역사적 사건을 재연하라(예: 1773년에 일어난 보스톤 차(茶) 사건, 링컨과 더글라스의 논쟁, 시민전쟁)
- 자동차에 어떤 문제가 있는지 진단하고 정비하라.
- 새로운 혹은 기존의 상품을 광고하는 캠페인을 고안하라.
- 신문을 발간하라.
- 공원을 설계하라.
- 광고방송을 만들어라.
- 노래를 작사하고 불러라.
- 쓰레기 처리 방안을 마련하라.
- 어떤 잡화점이 가장 저렴한지를 알아보기 위한 연구 계획서를 작성하고 수행하라.

2) 수행과제의 기술과 맥락

수행과제는 좋은 수행평가의 준거를 충족시키고 학생들에게 명확해 질 수 있도록 구체화될 필요가 있다. 이를 위해서는 과제 기술(task description)에 대한 준비가 수반된다. 과제 기술의 목적은 중요한 준거가 충족되고, 과제가 합당하며, 바람직한 학생들의 수행을 이끌어 낼 것이라는 점을 보증하기 위한 청사진 혹은 구체화 목록을 제공하는 데에 있다. 과제 기술은 학생들에게 주어지는 질문이나 안내의 실제적 형식과 어법과 같은 것이 아니다. 그것은 보다 수업계획안과 같은 것이다. 과제 기술은 다음과 같은 것을 포함해야 한다.

- 평가될 표적 내용과 기능
- 학생 활동(집단 혹은 개별, 허용되는 도움)에 대한 기술
- 필요한 자원

- 교사의 역할
- 행정적 처리 사항
- 채점 절차

활동과 채점이 타당하고 실제적인 평가를 위해 잘 어울린다는 것을 분명하게 하기 위해서 평가될 구체적인 표적 내용과 기능을 명확하게 기술하는 것이 중요하다. 학생들이 일하고 공부해야 할 상황을 구체화시킴으로써 그들이 질문에 응답하거나 문제를 해결하기 위해서 실제로 무엇을 행할 것인가에 대해서 생각해 보라. 그들은 다른 전문가의 자문을 받을 것인가, 도서관 자료를 이용할 것인가, 실험을 행할 것인가? 과제 해결을 위해서 동료와 협동해야 하는가 아니면 개별적으로 해야 하는가? 다른 사람들로부터 어떤 유형의 도움을 받을 수 있도록 허용되는가? 활동을 완성하기에 충분한 시간이 있는가? 일단 활동들이 기술되면, 활동을 성취하는 데에 필요한 자원이 확인될 수 있다. 필요한 자원은 모든 학생들이 이용 가능한 것인가? 평가하기 전에 획득될 필요가 있는 것이 무엇인가? 학생들이 과제를 해결하는 과정에서 교사가 해야 될 일이 무엇인지 역할을 기술하는 것이 도움이 될 것이다. 학생들에게 자문을 해 줄 것인가 아니면 아이디어를 제시해 줄 것인가? 교사가 해야 될 일에 대해서 편안함을 느끼고 적절히 준비되어 있는가? 어떤 행정적 절차가 요구되는가? 끝으로 사용해야 할 채점 절차는 무엇인가? 채점을 하는데에 필요한 전문성을 갖고 있는가? 채점은 실제적인가?

과제를 고안하기 위한 한 가지 효과적인 방법은 수업에서 무엇을 행하였는가를 생각해 보는 것이다(Smith, Smith, & De Lisi, 2001). 평가과제는 교실수업에서 교사가 학생들에게 행하도록 요구했던 것을 잘 반영하도록 구조화되어야 한다. 일단 과제 기술이 완성되고 평가가 타당하고 실제적으로 이루어질 것이라고 흡족하게 되면, 구체적인 수행과제 질문이나 안내를 준비해야 한다.

3) 수행과제 질문이나 안내

학생들에게 제공하는 실제적인 질문, 문제, 혹은 안내는 과제 기술에 기초해야 할 것이다. 그것은 최종 결과 혹은 산출이 무엇인지, 학생들이 행하도록 허용되거나 격려되는 것이 무엇인지, 그리고 결과를 판단하기 위해 사용될 준거가 무엇인지 분명히 알 수 있도록 진술될 필요가 있다. 좋은 질문이나 안내는 또한 학생들에게 과제의 의미와 관련성을 이해하는 데에 도움이 되는 맥락을 제공한다.

좋은 수행과제를 구안하는 데에 상당한 시간이 요구되기 때문에 이미 개발된 것을 이용하거나 채택할 수 있다. 한국교육과정평가원, 각 교과교육연구회, 각 교과교육학회에서 정보를 얻을 수 있을 것이다.

4) 좋은 수행과제의 기준

첫째, 수행과제는 평가되어야 할 가장 중요한 내용 영역을 가장 중요한 기능과 통합해야 한다. 수행평가는 학생들로 하여금 교과의 중심 아이디어, 주요 개념, 원리, 과정에 주의를 기울이고 학습하도록 하는데에 초점을 두는 것이 이상적이다. 수행과제가 중요하지 않거나 거의 관계가 없는 주제나 구체적인 사항을 학습하도록 격려하는 것이라면 수행평가의 목적에 잘 부합되는 것이 아니다. 과제는 영역상 넓어야 한다. 마찬가지로 과제에 중요한 추론과 다른 기능이 중요한 과정을 나타내야 한다. 과제는 내용과 기능을 통합해야 한다. 예를 들어, 중요한 내용이나 현행 이슈를 논쟁하는 것이 좋다. 과제가 이러한 준거를 충족시키는지의 여부를 검증하는 좋은 방법은 평가되어야 할 것이 보다 객관적이고 시간이 덜 소요되는 방식으로 평가되면서 행해질 수 있는가의 여부를 알아보는 것이다.

〈예〉

나쁨: 다음 3가지 덧셈 문제에 대한 답을 추정하라. 여러분 자신의 말로 여러분의 대답에 사용된 전략을 설명하라.

좋음: 민규와 상호는 다른 지역을 여행할 계획을 세우고 있다. 그들은 가능한 한 많은 주요 도시를 방문하기를 원한다. 그들이 하루에 20㎞를 걷는다면 5일 동안 방문할 수 있는 주요 도시의 수를 지도를 사용하여 추정해 보라.

둘째, 과제는 실제적이어야 한다. Wiggins(1998)는 평가과제에서 실제성의 정도를 판단하기 위한 6가지 기준을 개발하였다. 그는 과제가 다음과 같은 특성을 지닐 때 실제적이라고 제안하고 있다.

① 현실적이어야 한다. 개인의 지식과 능력이 실제 세계 상황에서 검증될 수 있어야 한다.

② 판단과 혁신을 요구하는 것이어야 한다. 학생들은 비구조화된 문제를 해결하기 위해 지식과 기능을 현명하고 효과적으로 사용해야 하고, 그 해결책은 일련의 정해진 절차를 따르거나 단순한 지식의 적용 그 이상의 것이어야 한다.

③ 학생들에게 특정 주제를 행하도록 하는 것이어야 한다. 학생들은 이미 알고 있거나 배운 것을 재진술하기보다는 주제와 관련된 학문 내에서 탐색과 활동을 수행해야 한다.

④ 성인들이 직장이나 시민생활 또는 개인생활에서 검증받았던 맥락을 반복 또는 모방하는 것이어야 한다. 맥락은 특정한 제한(강제), 목적, 청중을 가진 특정 상황이다. 학생들은 일터나 다른 실생활 맥락에서 과제를 수행하는 것이 좋다는 것을 경험할 필요가 있다.

⑤ 학생들이 복잡한 과제를 수행하기 위하여 자신이 소유하고 있는 지식과 기능을 효과적이고 효율적으로 활용할 능력을 소유하고 있는가를 평가하는 것이어야 한다. 학생들은 단편적인 지식과 기능을 얼마나 소유하고

있는가를 증명하기보다는 필요한 모든 지식과 기능을 통합하도록 요구를 받아야 한다.

⑥ 예행연습을 하고, 실습을 하고, 자원에 대해 자문을 받고, 수행과 산출물에 대한 피드백을 받고 개선하기 위한 적절한 기회를 제공해 주는 것이어야 한다. 학습은 수행-피드백-교정-수행의 주기를 통해서 질 높은 산출물과 기준을 충족하는 것에 초점을 두어야 한다.

Newmann(1997)도 유사한 기준을 개발하였는데, 그의 견해에 따르면 실제적 과제는 다음과 같은 조건을 충족시켜야 한다.

① 의미의 구성(의미나 지식을 창출하기 위해서 추론과 고차적 사고 기능을 사용해야 한다)

- 정보의 조직
- 대안에 대한 고려

② 학문적 탐구(전문가들이 심층적 이해를 추구하는 것과 같은 사고)

- 학문적 내용
- 학문적 과정
- 정교화된 문어상의 의사소통

③ 학교를 넘어선 가치(학습자의 능력을 기록하는 것과는 별도의 심미적, 공리적, 개인적 가치)

- 세상과 연결된 문제
- 학교를 넘어선 청중

Newmann(1997, p. 366)은 실제적 과제란 "학문적 탐구를 통한 지식의 구성을 요구하며, 그 결과로 학교에서의 성공을 초월한 가치나 의미를 가진 담화, 산출물, 수행을 초래하는 것"이라고 말함으로써 이러한 기준을 요약하고 있다.

〈예〉

나쁨: 여러 종류의 문학을 비교하고 대조하라.
좋음: 지역 도서관을 방문하여 시, 전기, 신화, 우화, 역사소설 등 다양한 종류의 문학에 대해서 살펴본 후, 세 가지 유형의 문학을 선택해서 비교하라. 문학의 일반적 특성과 각 장르의 구체적 특성을 파악하여 문학 유형들 간의 유사점과 차이점을 비교하여 표나 그림으로 시각화하여 제시하라.

셋째, 과제는 여러 학습 표적목표를 평가할 수 있도록 구성되어야 한다. 앞서 언급한 바와 같이 과제는 내용과 기능 표적목표를 모두 평가할 수 있을 때 가장 좋다. 내용과 기능 영역 내에서 다양한 형태의 표적목표가 있을 수 있다. 예를 들어, 내용 영역에 있어서 지식과 이해 모두를 평가할 수 있으며 기능 영역에 있어서 추론과 의사소통 기능을 모두 평가할 수도 있다. 또한 동일한 과제에 다양한 형태의 의사소통과 추론 기능을 포함하는 것이 일반적이다. 예를 들어, 학생들은 문어와 구두 보고서 모두를 제공해야 하거나 어떤 답에 도달하기 위해서 비판적으로 사고하고 종합해야 하기도 한다.

넷째, 교사가 학생들의 성공을 도와줄 수 있도록 과제를 구성해야 한다. 좋은 수행평가는 수업과 평가와의 상호작용을 포함한다. 과제를 통해 학생들이 무엇인가 학습할 수 있어야 한다. 질문을 던지고, 자원을 제공하고, 피드백을 제공함으로써 학생들의 숙달을 증진시킬 수 있는 기회가 되어야 한다. 이러한 종류의 활동적 수업을 통해서 교사는 학생들에게 단순히 정보를 제공하기보다는 학생들의 학습을 중재하게 된다. 수업능력의 하나가 학생들이 성공하기 위해서 필요한 사전 지식과 기능을 가지도록 보장하는 것이다.

다섯째, 과제는 실행 가능한 것이어야 한다. 과제 수행에 필요한 시간, 자원(장비와 자료), 비용 등을 검토하여 과제가 실현 가능하도록 현실적이어야 한다.

여섯째, 과제는 다양한 해결책을 허용하는 것이어야 한다. 즉, 수행과제는 하나의 정답만이 아니라 다양한 정답이 있을 수 있어야 바람직하다. 과제는 한 가지 해결책만을 격려하는 것이어서는 안 된다. 다양한 해결책이 있을 수 있을 때 학생들로 하여금 과정을 개인화하도록 격려하게 되고, 교사가 학생들의 가정, 계획, 예측, 및 기타 반응을 정당화하고 설명하도록 요구하기 더욱 쉽다. 학생들에 따라 과제에 대한 응답에 있어서 서로 다른 방도를 취할 수 있어야 한다.

일곱째, 과제는 명확해야 한다. 과제의 성격을 명시적으로 나타내 주는 분명한 지시사항이 중요하다. 만약 지시사항이 모호하면, 학생들이 학습 표적목표에 초점을 둘 수 없거나 그들이 무엇을 수행해야 할지 파악하는 데에 시간을 낭비할 수 있다. 학생들은 과제의 필요성(과제의 목적이나 과제를 수행해야 하는 이유)을 알아야 하고, 지시사항은 학생들이 어떻게 수행해야 할 것인지 알 수 있도록 혼자 수행해야 되는지 아니면 다른 동료들과 함께 수행해야 하는지, 이용가능한 자원에는 어떤 것이 있는지, 주어진 시간은 어느 정도인지, 교사의 역할은 무엇인지 등에 걸쳐 상세해야 한다.

여덟째, 과제는 학생들에게 도전적이고 자극적인 것이어야 한다. 학생들이 관련된 자신의 기능과 지식을 사용하도록 동기를 부여하고, 그들 자신을 점검하고 진전 상황을 생각해 보도록 하기 위해서는 과제가 흥미롭고 관련성이 있으며, 너무 쉽거나 어려운 난이도를 가진 것이어서는 안 된다. 과제가 흥미롭고 사고를 불러일으킬 때 지속성이 촉진된다. 교사가 학생들의 강점과 약점을 알고 어떤 종류의 주제가 그들의 동기를 유발시키는지 알면 더욱 쉽다. 한 가지 방법은 익숙한 것과 새로운 것을 혼합하는 것이다.

아홉째, 과제의 일부로서 명확하게 진술된 채점준거를 포함해야 한다. 채점준거를 명확히 하는 것은 학생들이 무엇을 수행해야 하는지에 대한 이해를 도모하고, 학습의 우선순위와 교사의 기대를 전달한다. 학생들은 과제에 착수하기 전에 채점준거를 알 필요가 있다.

열째, 과제 완성을 위한 제한 사항을 포함해야 한다. 진정한 사고와 의사결정의 특징 중 하나는 교실 밖의 조건과 유사한 맥락, 규칙, 규제에 의해 정의된 제한 사항에 의해서 수행이 행해진다는 점이다. Tombari와 Borich(1999)에 따르면, 이러한 제한 사항에는 다음과 같은 것들이 포함된다.

- 시간: 수행 혹은 산출물을 완성하는 데에 허용되는 시간량
- 참고자료: 대체로 이용가능한 자원이나 정보는 무엇인가?
- 다른 사람: 동료, 전문가 및 다른 사람들이 어떤 종류의 지원을 제공할 수 있는가?
- 장비: 어떤 종류의 장비가 이용가능한가?
- 과제의 사전 지식: 얼마나 많은 정보가 미리 제공될 것인가?
- 채점준거: 수행이나 산출물을 판단하기 위한 채점준거가 무엇인가?

이러한 제한 사항을 고려하는 의도는 수행이나 산출물이 증명되는 상황의 성격을 보다 현실적으로 정하기 위함이다. 이는 학생들이 실생활 맥락에서 무엇을 행하여야 하는 것과 보다 밀접한 연관성을 학생들에게 허용한다.

❦ 좋은 수행평가 과제의 기준

- ○ 중요한 내용과 기능의 표적목표가 통합되어 있는가?
- ○ 다양한 표적목표가 포함되어 있는가?
- ○ 실제적인가?
- ○ 가르칠 수 있는 것인가?
- ○ 실현 가능한 것인가?
- ○ 다양한 해결책과 방도가 가능한가?
- ○ 과제의 성격이 명확한가?
- ○ 도전적이고 자극적인가?
- ○ 채점준거가 포함되어 있는가?
- ○ 과제 완성을 위한 제한사항이 포함되어 있는가?

4. 포트폴리오

포트폴리오(portfolio)는 수행평가의 한 유형으로, “학생의 노력, 진전 상황, 숙달의 정도를 보여주는 학생의 작품(논술, 퀴즈, 프로젝트, 시집, 실험보고서, 녹화한 수행 등과 같은 실제 작품)을 의도적으로 모아 둔 통합적인 모음집” (Butler & McMunn, 2006, p. 66)이다. 포트폴리오는 시간의 경과에 따른 학생들의 성장과 발달을 보여주는 학생 증거를 수집하여 제공해 준다. 포트폴리오는 학생들로 하여금 그들 자신의 학습과 활동을 검토하고 반성하도록 해 준다. 또한 포트폴리오는 학생들로 하여금 그들의 강점과 약점을 분석하고 단기목표와 장기목표를 설정하도록 도와준다. 포트폴리오는 학생들이 목표 혹은 성취기준을 충족했는지의 여부 혹은 얼마나 충족했는가를 보여주기 위한 증거의 수집이기 때문에 형성평가와 총괄평가를 모두 포함한다.

포트폴리오는 내용 기능의 적용과 학생들이 교육과정 목표와 성취기준을 잘 충족시키며 나아가고 있는지에 대한 학생들의 진전 상황과 성장에 대한 기록을 담고 있다. Belgrad, Burks 및 Fogarty(2008, p. xv)에 따르면, “포트폴리오는 학습자로서의 학생에 대한 풍부하고 자세한 사항을 드러내 주는 초상화를 제공해 준다. 이러한 모습은 단일 검사에 의해서 포착될 수 없다. 포트폴리오를 만들어 가는 과정에서 학생들은 전 학년 수준의 내용 영역을 가로지르는 지식을 얼마나 습득했고 드러내 보여 줄 수 있는가를 나타내기 위해 적극적인 행위자가 된다”.

하나의 검사 결과는 어느 날의 학생의 스냅 사진일 수 있지만, 학생의 전체 모습이나 시간에 따라 학생이 어떻게 진전을 보이고 성장했는가를 보여주지는 못한다. 포트폴리오는 학생의 모습을 총체적으로 보여줄 뿐만 아니라 또한 최종 산출물을 만들기 위해 사용한 절차나 그 과정을 보여 준다. 많은 포트폴리오들은 향상의 경로를 보여주기 위해 최종 연구보고서와 함께 첫 번째, 두 번째, 세 번째 작품들을 담고 있다.

1) 포트폴리오의 유형과 내용

포트폴리오의 흔한 두 가지 유형은 예술적 포트폴리오와 쓰기 포트폴리오이다(Sternberg & Williams, 2010). 예를 들어, 어떤 예술가가 대학원 과정에 진학하고자 할 경우 예술가로서 자신의 재능과 발달의 범위를 보여주기 위해 고안된 포트폴리오를 제출해야 한다. 포트폴리오는 전문적 목표를 진술한 것도 자주 포함된다. 어떤 패션모델이 새 직업을 구하려고 한다면, 그 사람은 여러 가지 포즈와 최상의 신체적 모습을 담은 사진 포트폴리오를 보여 준다. 작가의 쓰기 포트폴리오는 단편 소설, 시, 수필 등의 작품의 중요한 부분을 담는다.

일반적으로 포트폴리오는 다음과 같은 항목을 포함할 수 있다(Burke, 2009).

- 주제를 잘 드러내는 창의적인 표지 만들기
- 독자들을 맞이하고 표지를 설명하는 독자를 위한 글쓰기
- 체계를 나타내는 내용 목차
- 교사와 학생이 선택한 6～7명의 학생 활동 작품
- 학생들의 통찰과 이해를 드러내기 위한 반성
- 장점과 단점을 분석하기 위한 자기평가
- 새로운 단기목표와 장기목표를 정하는 목표 설정 페이지
- 독자들에게 핵심 질문을 제공하기 위한 협의 질문들
- 활동 작품에 대한 친구, 부모 혹은 다른 중요한 사람들로부터의 조언
- 중요한 개념을 학습한 것에 대한 설명

• 사용한 자료들의 참고문헌

학생들은 과학, 사회, 외국어, 수학, 건강과 영양의 각 영역에 대해 포트폴리오를 준비할 수 있다. 포트폴리오는 학생들의 목표와 그 목표 달성을 향한 진보에 관해 진술한 것을 포함해야 한다. 포트폴리오는 단지 최종 산출물만을 포함해서는 안 되고 어떤 조각을 위해 예비적인 간단한 이야기나 스케치를 이끌었던 초안과 같은 학습의 과정을 나타내 주는 작업 활동을 포함해야 한다(Paris & Ayres, 1994). 만약 결과에만 초점을 두게 되면 학습의 과정에서 일어나는 흥미롭고 정보적인 사항을 놓칠 수 있다. "학습의 과정에 관심의 방향을 돌리는 것은 결과로부터 지식의 구성과 의미 만들기에 관한 담론으로 이동하는 것을 의미한다"(Gandini & Kaminsky, 2004, p. 1).

포트폴리오에서 학습의 과정을 나타내 주는 중요성 때문에 Gardner(1991)는 과정폴리오(process folio)란 용어를 선호한다. Gardner는 최초의 아이디어, 작업 초안 및 비평(자기와 타인에 의한)이 과정폴리오에 포함되어야 한다고 강조하고 있다. 어떤 용어를 선택하든 간에 포트폴리오 혹은 과정폴리오는 평정척도(또한 앞에서 설명한 루브릭으로 알려진), 관찰, 수행의 녹화, 그림, 자기반성, 사진 및 도표와 같은 다양한 산출물을 포함해야만 한다. 최근 기술이 발전하면서 전자 포트폴리오가 점점 더 대중화되고 있다(Lambert, DePaepe, & Lambert, 2007).

포트폴리오의 내용은 〈표 5〉에서 보는 바와 같이 해당 과목이나 영역의 성질에 따라 달라질 수 있다. 예를 들어, 생물학 수업에서의 포트폴리오는 학생들이 분석한 실험보고서나 자료뿐만 아니라 설명과 함께 곤충이나 식물의 표본으로 구성될 수 있다. 사회과목에서의 포트폴리오는 학생들이 수행한 외국인과의 인터뷰 자료와 학생이 분석한 오래된 신문 기사의 사본으로 만들어질 수 있다. 또한 포트폴리오의 내용은 학생들의 연령에 의해 영향을 받을 수 있다.

표 5 다른 내용 영역에서 사용되고 있는 포트폴리오의 예

내용 영역	예
수학	숙제, 퀴즈, 시험, 일정 기간에 걸쳐 완성된 프로젝트
작문	다양한 발달단계에서 작성한 설명문, 논술문, 시모음
미술	1년에 걸쳐 수행한 프로젝트로서, 영역에 대한 관점이 성장하는 것을 보여주는 것들을 수집함
과학	학습의 진전 상황을 나타내는 실험보고서, 프로젝트, 수업시간에 작성한 노트, 퀴즈, 시험 등

2) 포트폴리오의 작성

학생들은 자신의 포트폴리오에 무엇을 담아야 할 것인지를 선택하기 위한 일차적 책임을 갖고 있다. 만약 교사들이 추가해야 할 품목들을 선택한다면, 이러한 것들은 교사가 선택한 것이라는 것을 표시해야 한다(Easley & Mitchell, 2003). 학생들은 자신의 포트폴리오 내용을 선택하고 검토하도록 안내를 받을 필요가 있다. 교사는 학생들이 자기반성, 향상, 비평으로부터 배우는 능력을 표시하는 작품을 포트폴리오에 포함하도록 격려해야 한다. 포트폴리오는 학생들이 수업시간에 한 활동들, 예를 들어 실험보고서, 도서관 과제, 외국어로 쓰여진 이야기 등을 포함해야 한다.

포트폴리오는 단지 학습활동의 모음집에 불과한 것이 아니다. 포트폴리오는 성장에 대한 반성과 우수 기준에 대한 고려를 통해서 구조화될 필요가 있다. 성장에 대한 반성을 위해서 학생들은 구체적인 지침이 필요하다.

(1) 포트폴리오를 위한 산출물 선택하기

학생들이 그들의 포트폴리오에 담아야 할 산출물을 선택하고 그 산출물을

평가하는 것을 돕기 위해 질문이 사용될 수 있다.

- Paris와 Ayres(1994)는 "나는 왜 그것을 좋아하는가" 질문지를 만들었다. 학생들은 "나는 ________ 때문에 이것을 나의 포트폴리오에 담기 위해서 선택하였습니다." 와 "나는 여러분이 ________을 주목해 주었으면 좋겠습니다."라는 두 개의 문장을 완성한다.
- Meichenbaum과 Biemiller(1998)는 학생들이 스스로 "나는 학습하고자 했던 것을 학습 했는가?", "이러한 기능(혹은 전략)이 어떻게 학습에 도움이 되었는가?"라고 질문할 것을 제안한다.
- 학생들은 또한 그들의 포트폴리오 산출물에 대한 반성에 기초하여 학습목표를 세울 수 있다. "이러한 새로운 학습활동은 다른 동료들과 비교하여 어떠한가?", "개선이 필요한 영역이 있는가?"(Easley & Mitchell, 2003).

이러한 질문에 대한 반응을 반성해 보는 것은 학생들과 교사들 모두에게 사고에 관한 사고와 학습에 관한 사고, 혹은 초인지(metacognition)에 대한 통찰을 제공해 준다.

(2) 포트폴리오를 위한 산출물 평가하기

학생들은 교사에 의해 주어진 점수에 관계없이 그들의 포트폴리오에 담아야 할 품목들을 선택하도록 지시를 받아야만 한다. 너무나 종종 많은 학생들이 포트폴리오에 담아야 할 품목은 가장 높은 점수나 가장 좋은 평을 받았던 것이어야만 한다고 느끼고 있다. 만약 교사가 학생들에게 받은 점수에 관계없이 품목을 선택하도록 하게 할 작정이라면, 교사는 또한 개개 학생의 결정을 존중해 주어만 한다. 학생의 결정을 뒤엎지 말라. 대신에 만약 교사가 학생이 선택한 품목보다 더 가치가 있는 품목이 있다고 느낀다면, 학생에게 추가해야 할 품목을 추천해도 좋은지 물어 보라. 학생에게 포트폴리오에 교사가 추천하는 품목을 넣고 싶어하는 이유를 설명해 주어라.

❦ 포트폴리오를 효과적인 학습도구로 만들기 위한 지침

- ○ 교사의 교수행위에 포트폴리오를 포함시키고, 가르치면서 종종 그것을 언급한다.
- ○ 학생들에게 포트폴리오를 소개할 경우 그 예를 보여 준다.
- ○ 작품을 선택하고 평가하는 과정에 학생들을 개입시킨다.
- ○ 학생들이 각 포트폴리오에 대해 개괄적으로 설명하게 하고, 작품을 포트폴리오에 포함시킨 이유를 설명하게 하고, 평가 시 사용했던 기준을 설명하게 하며, 진전 상황에 대해 요약하게 한다.
- ○ 교사는 학생들의 결정에 대해 자주 그리고 자세하게 피드백을 제공해 준다.

특수교육 대상의 학생들을 위한 포트폴리오도 마찬가지의 원리를 따른다. 예를 들어, Wesson과 King(1996)은 심각한 행동문제를 가진 학생의 포트폴리오에 대해 기술하였다. 이 학생의 포트폴리오에는 그가 참여했던 협동집단 수업을 녹화한 것이 포함되어 있다. 그 녹화는 때때로 기록영화 식으로 처리되어 있다. 또한 이 학생의 포트폴리오에는 학생의 사회적 상호작용에 대한 교사의 관찰, 지원이 필요한 행동에 대한 관찰, 학생의 학교에 대한 태도를 매달 부모에게 보고한 내용 등이 포함되어 있다. 종합하여 보면 이러한 기록은 학생과 교사 및 학부모에게 행동문제의 구체적인 사례에 대해 반성해 보고 발달을 위해 어떤 지원이 필요한가에 대해서 함께 생각해 보도록 해 준다.

학생들이 주도해서 전시회나 발표회를 여는 것은 포트폴리오를 통해 이룬 학업성취를 학부모에게 알려주는 매우 효과적인 방법이다(Juniewicz, 2003). 여러 연구에서 이러한 모임이 학생들의 책임감과 자부심을 증가시키고, 가정과 학교 간 협력 및 학생과 부모 간 관계를 향상시키는 것으로 나타났다(Stiggins, 2005). 시행과정에서의 세부적인 사항과 시간적인 제약 때문에 이러한 전시회나 발표회를 전면적으로 실시하는 것이 어렵지만, 학생의 개입과 주도성이 증진된다는 교육적 이점이 이러한 한계를 상쇄시킬 수 있다.

3) 포트폴리오 평가의 타당성과 신뢰성

교사들은 학생의 포트폴리오 내용이 얼마나 타당하고 신뢰로운가에 대한 질문에 대해서 대답하도록 요구를 받을 수도 있다. 타당도는 포트폴리오에 있는 내용이 학생이 성취할 수 있는 내용을 정말 대표하고 있다는 것을 보장하기 위해서 중요한 것이다. 신뢰도는 포트폴리오에 있는 내용이 학생의 능력을 한 차례의 경우보다 더 많은 경우에 걸쳐 일관성 있게 나타내 주고 있다는 것을 보장한다(Jordan & Porath, 2006).

(1) 타당도

타당도는 학생의 포트폴리오에 포함되어 있는 내용이 학생의 학습을 의미 있게 대표하고 있는지의 여부를 가리킨다. 만약 여러분이 유행성 감기에 걸려 있을 때 시험을 치른다면, 그 결과는 매우 타당하지 못할 것이다. 여러분은 최선을 다하지 못했고, 또한 여러분이 잘 알고 있는 것을 조리 있게 답안 작성을 하지 못했을 수도 있기 때문이다. 마찬가지로 다음과 같은 질문들이 포트폴리오에 관해서 제기될 수 있다. 산출물과 과정의 자취들이 학생의 발달을 잘 나타내 주고 있는가? 산출물과 과정의 자취들은 학생이 할 수 있는 것을 정확하게 묘사하고 있는가? Paris와 Ayres(1994)는 실제적 평가가 적절한 교육적 경험을 전제로 하고 있기 때문에 수업과 교육과정에 있어서 타당도를 지니고 있다고 믿고 있다. 달리 말하면, 실제적 평가는 가르침을 받았던 내용과 방법 및 교육과정의 내용과 관련이 있기 때문에 의미가 있고 따라서 타당하다. 그러나 수업과 평가 간의 좋은 연결을 보장하기 위해서, 학습자중심의 원리를 따르기 위해서, 그리고 다양한 형태의 평가를 포함하기 위해서 아무리 애를 써도 다른 요인들이 타당도에 영향을 미칠 수 있다. 교사들은 다양한 학습욕구를 가진 학생들이 알고 있는 것을 증명해 보이기 위한 적절한 기회를 제공받아야 한다는 것을 명심할 필요가 있다. 천차만별의 학생들과 더불어 동기, 스트레스, 피로, 신체적 장애, 언어 실력 및 문화적 배경과 같은 수많은 요인들이 평가의 타당도에 영향을 미칠 수 있다(Sattler, 1992). 예를 들어, 주의력결핍 과잉행동장애(ADHD)를 가진 아동들은 일관성이 없는 수행의 패턴을 보인다. 그들이 어떤 경우에는 알고 있지만 다른 어떤 경우에는 알지 못할 수도 있다(Smith, Polloway, Patton, & Dowdy, 2004). 평가가 타당성을 갖기 위해서는 여러 경우에 걸쳐 이루어질 필요가 있다.

(2) 신뢰도

교사들은 또한 학생의 포트폴리오 내용의 신뢰성에 관해 문제 제기를 받을 수도 있다. 예를 들어, 어떤 부모는 "이 시(詩)들은 제 아들이 쓸 수 있는 매우 좋은 예들이 아니다"라고 불평할 수도 있다. 평가의 신뢰도는 평가의 정확성을 가리킨다(Wilson, 1996). 유사한 능력들이 다른 경우에도 증명될 것이라는 확신이 있다면, 그리고 다른 사람이 거의 같은 방식으로 학생의 과정이나 결과를 평가한다면, 그 평가는 신뢰성이 있다. 지식을 나타내는 다양한 방식과 학생의 포트폴리오에 담겨져 있는 품목에 관한 다양한 관점(예컨대, 학생, 교사, 학부모, 동료에 의한 평가)이 채택되면 학생의 성장에 관한 판단의 정확성이 보장된다. 앞에서 예로 든 부모의 불평은 학생이 교실에서 자신의 잠재력을 충분히 보여주지 못하고 있으며, 시쓰기 기회를 학생에게 보다 많이 주어질 필요가 있다는 것을 가리킬 수 있다.

5. 수행평가의 문제점

대안적 평가방법이 교사들을 흥분시켰고 그 사용빈도가 증가할 것이라는 데에는 의문의 여지가 없다. 이러한 새로운 평가방법을 매력적으로 만드는 동일한 특징들 중에서 몇 가지는 또한 해결할 수 있거나 해결할 수 없는 문제를 야기한다. 예를 들면, 포트폴리오와 전시물 및 실연작품을 만들고 평가하는 일은 시간이 많이 걸리고, 노동력과 비용이 많이 들며, 수업시간을 잘라 먹는다. 게다가 그러한 측정의 신뢰도(수행의 일관성)와 타당도(그 검사가 얼마나 정확하게 본래의 목적을 측정하고 있는가)에 문제점이 있다. 포트폴리오에 포함되어야 할 내용이 무엇이고 분량은 얼마나 되어야 하는지, 산출물과 수행을 판단하기 위해서 어떤 기준이 사용되어야 하는지, 그리고 모든 학생들이 정확하게 동일한 조건 하에서 평가되어야 하는지에 대해서 아직 합의된 것이 없기 때문에 포트폴리오, 수행 및 전시물의 질을 판단함으로써 어떤 특성에 대해 신뢰롭고 타당한 측정치를 얻는다는 것이 어렵다(Wiggins, 1993; Worthen, 1993).

Shavelson과 Baxter(1992)는 5, 6학년 학생들에 대한 다양한 종류의 과학평가의 신뢰도와 타당도를 조사하였다. 그 결과 긍정적인 사실은 여러 채점자들이 세 가지 과학 탐구에 대한 학생들의 수행의 질에 대해 의견을 같이 하는 데에('채점자간 신뢰도'로 알려진 신뢰도의 한 형태) 거의 문제가 없었다는 점이다. 그러나 부정적인 사실은 학생들의 점수가 과제에 따라 매우 달랐다는 점이다(따라서 '내적 일치도'로 알려진 신뢰도의 수준이 비교적 낮아짐). 따라서 어떤 학생이 기본적인 과학적 원리의 활용에 대해 이해하고 있는지, 특정 유형의 과학적 프로젝트를 수행하는 방법을 이해하고 있는지, 혹은 평가에 포함된 특정 과학적 프로젝트만을 완성할 수 있는지에 대한 명확한 파악을 위해서는 수많은 과제가 필요할 수 있다. 이것은 훨씬 더 비용과 시간을 요구하기 때문에 수행평가의 가능성에 이의를 제기한다.

Herman, Gearhart 및 Baker(1993)는 1, 3, 4학년 아동들의 쓰기 포트폴리오는 훈련된 채점자들에 의해서 일관성 있게 채점될 수 있으며, 동일한 평정척도가 여러 유형의 쓰기 산출물을 채점하기 위해 사용될 수 있다는 것을 발견하였다. 그러나 그들은 또한 두 가지 문제점을 발견하였다. 하나는 학생들이 포트폴리오에 포함시키기 위해 수업시간에 썼던 단편적인 작품들이 표준화된 조건 하에서 30분간 썼던 이야기(직접적인 쓰기 사정의 한 예)보다 더 높은 점수를 받았다는 점이다. 연구자들은 어느 것이 더 학생들의 쓰기 능력을 잘 평가하는지를 결정할 수 없었다. 다른 하나의 문제점은 전체적인 포트폴리오 점수가 포트폴리오를 구성하는 개개 항목 점수의 총점보다 아주 높았다는 점이다. 이는 그 원인이 무엇이든 간에 포트폴리오를 채점하기 위해 선발된 사람들에게 합리적이고 명확하며 포괄적인 지시를 제공해 줄 필요가 있다는 것을 시사한다.

균형평가

평가는 둘 중의 어느 하나를 택하는 식의 접근을 해서는 안 된다. 교사들은 모든 평가도구들을 사용해야 한다. 어떤 평가도구도 그 하나만 가지고서는 각 학생의 지식, 기능, 교육과정의 이해, 동기, 사회적 기술, 처리기능 및 평생학습기능 등을 정확하게 판단하는 데에 필요한 질적인 정보를 얻을 수 없다. 단 하나의 평가도구만으로는 학생 혹은 학습자의 진정한 모습을 생생하게 묘사하기에는 불충분하다. 만약 교사들이 지식과 내용을 측정하기 위한 표준화 검사와 교사제작검사, 과정과 성장을 측정하기 위한 포트폴리오, 그리고 적용을 측정하기 위한 수행평가를 함께 결합하여 사용한다면, 개개 학습자의 생생한 모습을 보다 정확하게 묘사해 줄 것이다. Fogarty와 Stoehr(2008)는 모든 학생들의 요구를 충족시키기 위해서는 전통적 평가, 포트폴리오 평가, 수행평가를 균형 있게 사용해야 한다고 주장하면서 균형평가 모형에 대해 논의하고 있다.

균형평가의 초점과 특징

평가의 유형	초점	특징
전통적 평가	◦ 지식 ◦ 교육과정 ◦ 기능	교실에서의 평가 ◦ 검사 ◦ 퀴즈 ◦ 숙제 표준화 검사 ◦ 규준 관련 ◦ 준거 관련
포트폴리오 평가	◦ 과정 ◦ 산출 ◦ 성장	◦ 성장과 발달 ◦ 반성 ◦ 목표 설정 ◦ 자기평가
수행평가	◦ 기준 ◦ 적용 ◦ 전이	◦ 협력 ◦ 과제 ◦ 준거 ◦ 루브릭 ◦ 학생의 학습과 활동 조사

토의문제

1. 수행평가를 정의한다면? 그리고 수행평가와 유사한 용어들의 개념에 비추어 수행평가의 특징을 제시한다면?
2. 학교현장(학교급별 혹은 교과별)에서 가장 많이 사용되고 있는 수행평가의 유형과 방법에는 어떤 것이 있는가?
3. 수행평가의 절차를 제시하고, 각 절차에서 평가자로서 유의해야 할 사항은 무엇인가?
4. 루브릭이란 무엇이며, 수행평가에서 루브릭의 활용이 왜 필요한가?
5. 수행평가를 위해 학생들에게 제시되는 수행과제는 어떤 기준을 충족해야 하는가?
6. 포트폴리오 평가란 무엇이며, 학생평가에서 포트폴리오 평가의 활용은 어떤 점에서 의의가 있는가?
7. 수행평가의 문제점은 무엇이며, 이를 해결하기 위해 어떤 노력이 필요한가?

제5장

평가의 실시

1. 평가의 일반적 절차
2. 효과적인 평가 시행
3. 효과적인 평가 기술

제3장과 제4장에서 전통적으로 학교에서 많이 실시되어 온 지필평가의 유형과 제작법, 그리고 지필평가의 대안적 방법으로 등장한 수행평가의 유형과 방법에 대해 살펴보았다. 하지만 학습을 극대화하기 위해서는 교사가 개별 문항을 시험으로 조합해야 하고, 적절한 시기에 수행평가와 포트폴리오 사용을 계획해야 하며, 그런 다음 평가를 실시하고, 채점하고 분석해서 결과를 논의를 해야 한다. 이 장에서는 평가의 일반적 절차를 제시한 다음, 효과적인 평가시행을 위한 단계와 기술에 대해 알아보기로 한다.

1. 평가의 일반적 절차

평가의 절차는 그 목적과 방법에 따라 약간의 차이는 있겠지만, 대체로 다음과 같은 다섯 단계의 절차를 거쳐 이루어진다(정종진, 2010).

1) 수업목표의 확인

평가에서 가장 먼저 해야 할 일은 무엇을 평가할 것인지 확인하는 작업이다. 평가하고자 하는 주요 수업목표가 무엇이며, 이 목표가 평가하기에 적합하도록 명확하고 상세하게 진술되었는지 따져 보고, 만약 그렇지 않다면 구체적이고 행동적인 용어로 다시 진술하고 그것이 본래 의도한 수업목표와 일치되는가를 검토해야 한다. 평가를 위하여 수업목표를 확인하고 분석할 경우에는 교과의 내용과 학생들이 최종적으로 나타낼 행동의 차원에 따라 이원분류표를 만들어 검토하는 것이 좋다. 이원분류표를 작성하면 평가하고자 하는 수업목표를 보다 명료하게 이해할 수 있어서 평가문항을 작성하는 일에 도움이 된다. 그리고 이원분류표에 의거하여 평가문항을 작성하면 일부의 내용이나 행동 영역에 치우치지 않고 골고루 출제할 가능성이 높아져 균형 있는 검사를 만들 수 있다.

2) 평가장면의 선정

수업목표가 확인되면 그러한 수업목표에서 제시하는 내용과 행동이 잘 나타날 수 있는 적절한 평가장면, 즉 검사상황을 선정해야 한다. 검사상황은 필답고사, 자기보고 형식의 질문지법, 각종 표준화검사, 관찰법, 면접법, 그리고 상당한 정도의 전문적 지식과 임상경험을 쌓아야만 사용이 가능한 투사적 방법, 작품분석 등 다양하다. 어떤 행동에 관한 직접적인 증거는 학생들이 바로 그러한 행동을 할 수 있는 상황에서만 얻을 수 있는 경우도 있다. 따라서 평가장면은 수업목표에 명시된 행동특성이 그대로 다 드러날 수 있고, 또한 실제로 그러한 행동을 학생이 할 수 있는 혹은 할 수 있었던 기회가 내포된 상황이어야 한다. 예를 들어, 영어의 듣기나 말하기 능력을 지필검사로 평가한다면 지필검사라는 평가장면은 학생이 듣기나 말하기의 목표행동을 그대로 다 드러낼 수 있는 상황이 아니기 때문에 타당한 증거를 얻기 어렵다.

3) 평가도구의 제작

평가할 수업목표를 확인하여 내용 차원과 행동 차원으로 이원분류하여 놓고, 어떤 방법을 적용하여 평가할 것인가를 결정한 다음에 평가자가 해야 할 일은 평가에서 사용할 도구를 직접 제작하거나 기존의 평가도구들 중에서 알맞은 것을 선정하는 일이다. 예를 들어, 학습성과의 평가장면으로 필답고사를 사용하기로 결정하였다면 수업목표가 잘 반영된 평가문항을 만드는 일이

이 단계에서 평가자가 해야 할 일이다. 평가자가 평가도구를 직접 만들어 사용할 경우에 도구의 타당도와 신뢰도를 높이도록 노력해야 하고, 이미 만들어진 도구들 중에서 골라 사용할 경우에는 그 도구의 특성이 평가하고자 하는 목적과 내용에 적합한 것인지를 자세히 검토해야 한다.

4) 평가의 실시와 결과처리

평가도구가 마련되면 그 도구를 가지고 평가를 실시하고 실시한 결과를 처리하는 작업이 수반된다. 평가를 실시할 때는 평가를 받는 학생들이 목표행동을 잘 나타낼 수 있는 상황이나 조건을 마련하는 일이 매우 중요하다. 지능, 적성, 학력과 같은 능력검사를 실시할 때는 학생들이 자신의 능력을 최대한 발휘할 수 있는 상황이나 조건에서 실시해야 한다. 그리고 흥미, 태도, 인성과 같은 정의적 특성을 검사할 경우에는 학생들이 자신의 참된 모습을 있는 그대로 나타내도록 허위가 아닌 솔직하게 반응하도록 유도하고, 또한 검사내용에는 관계없이 특정한 방향으로 답하거나 사회적으로 바람직한 쪽으로 반응하지 않도록 유도해야 한다. 검사 실시가 끝나면 자료를 한데 모아 공정하고 신뢰할 수 있도록 채점을 하고, 검사의 유형과 목적에 따라 필요한 통계적 처리를 하게 된다.

5) 평가결과의 해석 및 활용

평가 작업을 통하여 수집한 정보와 자료는 의미 있고 올바르게 해석되고 유용하게 활용되어야 평가의 존재의의가 있다. 만약 애써서 얻은 평가결과를 제대로 활용하지 못하고 서류함에 보관하는 것에 그친다면 그동안 평가하느라 수고한 것이 모두 보람 없는 일이 되고 만다. 따라서 평가결과는 관련 대상자들(학생, 학부모, 학교행정가 등)에게 의미를 갖고 올바르게 전달되고 유용하게 활용되어야 마땅하다. 평가결과의 해석이나 활용문제는 평가의 목적이 어디에 있었느냐에 따라 달라진다고 할 수 있다. 예를 들어, 규준관련평가(상대평가)와 준거관련평가(절대기준평가)에서 얻은 결과는 그 해석이나 활용에 있어서 각기 다르게 마련이다. 각 학생에 대한 평가결과가 그릇되게 해석되거나 본래의 평가목적 이외의 다른 목적에 오용되거나 남용되는 일이 없도록 주의해야 한다. 평가결과를 올바르게 해석하고 잘 활용하는 일에 못지않게 경우에 따라서는 개인의 기밀이 지켜지도록 평가결과를 잘 관리하는 것도 중요한 일이다.

2. 효과적인 평가 시행

교실에서 실제로 학생들의 학습을 평가하기 위해서는 [그림 10]과 같이 네 단계를 거치는 것이 바람직하다(Eggen & Kauchak, , 2010).

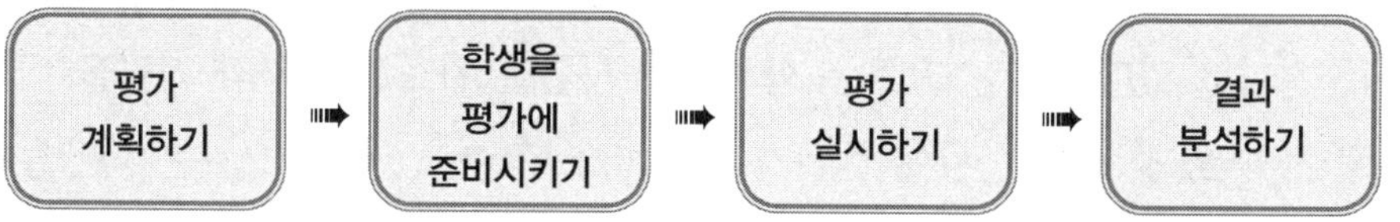

[그림 10] 평가시행의 단계

1) 평가 계획하기

평가를 학습목표와 일치하게 하려면, 수업을 준비하는 단계에서 평가를 마련해야 한다. 이 과정이 간단하게 보이지만, 대개 교사들은 수업이 끝난 후에 시험문제를 제작하기 때문에 문제가 발생하게 된다. 예를 들어, 수업 중에 별로 강조하지 않았던 주제가 시험에 출제되기도 하고, 수업 중에 강조했던 주제가 시험에 출제되지 않을 수도 있다. 또한 수업 시간에는 특정 주제를 적용하는 단계까지 다루었지만, 정작 시험에서는 단순 지식을 회상하는 문항이 출제되기도 한다. 그리고 수업에서의 목표가 어떤 기술을 직접 수행하도록 요구하는 것이었지만, 평가는 선다형 문항으로 출제되기도 한다. 이런 모든 상황이 평가의 타당도를 떨어뜨리게 된다.

수업목표와 평가가 일치되는지를 확인하는 한 가지 방법은 검사문항 명세표를 마련하는 것이다. 검사문항 명세표는 교사가 학생들의 인지수준 또는 내용영역에 따라 학습목표를 만들고 조직하는 데 도움을 준다(Guskey, 2005). 수업목표와 수업내용, 그리고 평가를 일치시킴으로써 평가의 타당도를 향상시키는 것이 검사문항 명세표의 주요 기능이다. 수행평가에서는 기준을 확립하는 것이 명세표를 작성하는 것과 비슷한 역할을 한다. 기준은 수행을 정의하고, 강조할 점을 결정하고, 학습목표와 평가가 일치하는지를 확인해 준다.

2) 학생을 평가에 준비시키기

학생들을 시험에 준비시킬 때, 교사는 장기적인 목적과 단기적인 목적을 모두 지니고 있다. 장기적으로는 학생들이 시험을 치르는 절차와 전략을 이해하고 자신 있게 시험 상황에 들어가는 것이다. 그리고 단기적으로는 학생들이 시험 형태와 시험 볼 내용을 이해하는 것이다. 학생들을 준비시킴으로써 이 두 가지 목적을 달성할 수 있다.

교사는 학생들에게 다음과 같은 전략을 가르침으로써 학생들의 시험 전략을 향상시킬 수 있다.

- 시간을 효율적으로 사용하고, 자신의 페이스에 맞게 시험을 본다.

- 지시문을 주의 깊게 읽는다.
- 문제에 있는 중요한 정보를 파악한다.
- 시험 형태가 요구하고 있는 것을 이해한다.
- 문제가 어떻게 채점되는지 파악한다.

효과를 극대화하기 위해서는 구체적인 예를 들면서 이러한 전략을 보여줘야 한다. 학생들은 다양한 시험 형태와 시험 상황에서 이러한 전략을 연습할 필요가 있다. 연구에 따르면, 시험전략을 가르치면 학생들의 수행이 향상되고, 시험 본 경험이 적은 학생들, 특히 어리고 능력이 떨어지는 소수 민족 학생들이 가장 많은 혜택을 보는 것으로 나타났다(Pressley & Hilden, 2006).

많은 사람들이 시험불안(test anxiety)을 경험해 본 적이 있을 것이다. 시험불안은 시험 상황에 대한 불쾌한 정서적 반응으로써, 수행을 떨어뜨린다. 대개 시험불안은 순간적이고 그리 심각하지 않지만, 많게는 학생들 중 약 10% 정도가 심각한 문제를 경험하고 있는 것으로 알려져 있다(Cassady & Johnson, 2002). 시험불안은 정의적 요소와 인지적 요소 모두를 포함하고 있다. 정의적 요소에는 생리적 증상이 포함될 수 있으며, 맥박 수가 증가하거나 입이 마르고, 두통, 공포, 무기력, 그리고 간혹 백지상태로 가는 것 같은 느낌을 수반한다. 시험불안의 인지적 요소, 즉 걱정은 시험의 난이도에 대해 지나치게 생각하거나, 점수가 안 좋을 경우 부모님께서 염려하실 것을 생각하는 것 등이 포함된다. 이러한 생각들이 작업기억(working memory)의 공간을 차지하고, 따라서 문항을 분석할 공간이 많이 남지 않게 된다.

시험불안은 성공에 대해 압력을 느끼고, 어렵다고 인지하고, 시간 제한이 있으며, 익숙하지 않은 문항이나 문제유형이 포함되어 있는 상황에서 촉발된다(Cassady & Johnson, 2002). 특히 예고 없이 치르는 시험이 높은 시험불안을 야기할 수 있다. 교사는 시험불안을 최소화하기 위해 다음과 같은 방법을 사용할 수 있다.

- 준거관련평가를 사용해서 시험의 경쟁적인 측면을 최소화하고, 학생들의 성적을 공개하는 것과 같은 사회적 비교를 피한다.
- 퀴즈와 시험의 횟수를 늘린다.
- 시험 보기 전에 시험의 내용과 절차를 토의하고, 문항에 반응하는 데 필요한 지시문을 명료하게 제시한다.
- 학생들에게 시험 보는 기술을 가르치고, 시험을 치를 때 그들에게 충분한 시간을 제공한다.
- 다양한 평가방법을 사용해서 학생들의 이해와 기술을 평가한다.

시험 전에 교사는 학생들이 시험 내용과 절차를 이해하고 있는지 확인하고 싶어하고, 학생들이 시험에서 성공하기를 기대한다. 교사는 다음과 같은 일을 할 수 있다.

- 시험에 어떤 문제가 나올지 구체적으로 설명할 수 있다. 교사가 시험형태와 내용을 명료하게 설명해 주면, 학생들은 시험에 대한 체계를 나름대로 세울 수 있고, 결국 시험불안이 감소하게 된다. 시험에 무엇이 나오는지, 그리고 문제의 형식이 어떠한지 알게 되면 모든 학생들, 특히 능력이 부족한 학생들의 성적이 올라간다.
- 시험 상황과 비슷한 조건에서 학생들이 비슷한 문제를 연습할 수 있는 기회를 제공할 수 있다. 특히 어린 학생들의 경우, 시험에 나올 문제와 유사한 형태를 지닌 연습문제를 학생들에게 내주는 것이 중요하다.
- 학생들에게 긍정적인 기대감을 불러일으키고, 그들의 성공을 노력과 연결시키도록 격려할 수 있다. 교사의 긍정적인 기대가 학생들의 동기에 이로운 영향을 미친다는 것은 여러 연구를 통해 입증된 사실이다(Schunk et al., 2008; Stipek, 2002). 또한 학생들에게 능력은 증가하는 것이며 노력에 의해 향상될 수 있다는 믿음을 고취시키는 것은 현재 당면하고 있는 수행

뿐만 아니라 장기적인 동기 부여에도 이로움을 준다.

3) 평가 실시하기

교사는 평가를 실시할 때, 시험을 통해 학생들이 무엇을 알고 무엇을 할 수 있는지가 나타나도록 상황을 조성해야 한다. 시험을 실시할 때 교사는 학생들이 편안하고 주의를 집중할 수 있도록 환경을 조성하고, 수업할 때와 비슷한 환경을 만들어 주어야 한다. 주의를 산만하게 하는 요소는 특히 어리고 능력이 부족한 학생들의 시험 수행을 떨어뜨릴 수 있다. 그리고 교사는 시험을 어떻게 치르고, 어떻게 시험지를 거두며, 시험시간 이후에 학생들이 어떻게 시간을 보내야 하는지에 대한 명확한 지침을 전달하는 것이 좋다. 또한 교사는 시험시간 내내 학생들을 주의 깊게 관찰해야 한다. 이렇게 함으로써 시험 중에 당황한 학생들을 격려할 뿐만 아니라 학생들의 부정행위를 방지할 수 있다. 교사는 시험 감독의 역할을 하기보다는 산만한 학생에게 즉시 개입해서 격려하고 좀 더 집중해서 시험을 보도록 권유하는 등의 쾌적한 시험장면을 조성해야 한다. 시험을 얼마나 잘 보느냐보다는 배운 것 자체를 강조하고 학생들이 학습공동체의 일원이라는 느낌을 조성하려고 노력하면 부정행위의 가능성도 줄어든다(Finn & Frone, 2004).

4) 결과 분석하기

시험 실시가 끝나면 교사는 채점을 하고, 채점 결과를 학생들에게 돌려주고, 시험 결과에 대해 학생들과 토의하며, 가능한 신속히 학생들에게 피드백을 제공해 주어야 한다. 피드백을 통해 학생의 일반적인 오해가 사라지고, 시험 결과를 알게 됨으로써 학생들의 학습동기가 향상된다(Brookhart, 2007/2008). 틀린 문제를 토의하는 동안 학생들의 주의력이 고조되기 때문에 많은 교사들은 원래 수업시간보다 이 상황에서 학생들이 더 많은 것을 배우게 된다고 믿는다(Haertel, 1986).

또한 교사는 학생들의 수행에 대해 긍정적인 논평이나 격려의 말을 전달해 주어야 한다. 연구결과에 따르면, 시험을 잘 보았다고 들은 학생들은 시험을 잘 보지 못했다고 들은 학생들에 비해 그다음 시험에서 더 좋은 성적을 얻었으며(Bridgeman, 1974), "훌륭해! 계속해서 그렇게 해." "잘했다, 계속 그걸 유지해." 라는 말을 들은 학생들이 그다음 시험에서 더 잘하는 것으로 나타났다(Page, 1992). 그리고 교사는 잘못된 문항이 없었는지 문항 양호도에 대한 분석을 실시하여 그다음의 수업과 평가를 준비하는 데 도움을 얻을 수 있다.

❦ 피드백 제공하기

피드백(feedback)은 교육 관련자들(학부모, 교사, 행정가, 지역인사 등)에게 중요하다. 피드백에 대한 연구가 주는 시사점은 다음과 같다(정종진, 2015).

- 즉각적인 피드백을 자주 제공하라.
- 부정적인 피드백을 약간 가미하면서 주로 긍정적 피드백(35-65%)을 제공하라. 성공과 가능성의 언어("너는 할 수 있어.")를 활용하라.
- 포괄적인 피드백("너는 게으르고 믿을 수 없어.")보다는 구체적인 피드백("너는 5분 늦게 왔어")을 제공하라.
  성적이나 점수만 있는 평가, 구체적이지 않은 평가, 애매모호한 제안("다시 하도록!") 등은 학업성취에 거의 도움이 되지 않는다.
- 다양한 형태로(문장으로, 구두로, 또래평가, 웹을 통해) 피드백을 제공하라.
- 불시에 과제를 부과하는 것을 제한하면서 학생이 숙달감을 증진시키도록 피드백을 제공하라.
- 경쟁을 부추기거나 상대적으로 비교하는 피드백("너희 반의 순위가 올라갔어!")을 피하라. 실패와 비난의 언어를 삼가는 것도 중요하다.
- 사람이 아닌 과제에 초점을 두고 피드백을 하되 국부적이고 구체적인 제안("A와 B의 상관관계 표시는 등식의 오른편이 아닌 왼편에 하라")을 하라.
- 실수했을 때 바로 그리고 자주 교정적인 피드백을 제공하라.
- 학생들의 성과를 충분히 안정하고 함께 기념하며 축하해 주는 기회를 가져라.

위와 같은 피드백은 학생들로 하여금 학습상의 오류를 교정하기 위한 방법을 찾도록 동기를 유발하는 데에 도움이 될 수 있다. 교사는 학생들이 피드백의 양과 질을 직접 얻도록 하는 학습을 이끄는 것이다. 그러기 위해서는 교사 스스로가 그 모든 것을 하려고 해서는 안 되고, 피드백을 이끌어 내는 활동들을 사용해야 한다. 이러한 활동들로는 다음과 같은 것들이 있다.

- 또래 교정
- 사고하기, 짝 활동하기, 공유하기, 피드백 구하기
- 시청각학습, 보고받기
- 모델 구축하기, 모델의 기능화, 다른 모델과 비교하기
- 멘토(Mentor)의 피드백
- 평가를 위한 루브릭(rubric)
- 실생활의 결과 - 어떤 일이 발생하였는가?
- 협동학습
- 가설을 검증하기 위한 모의실험
- 피드백이 뒤따르는 미술 전시회 관람
- 청중의 피드백이 뒤따르는 학생들의 발표
- 경쟁적인 게임
- 보고 반성하고 토론하기 위한 참관학습
- 저자의 특강
- 결과를 측정하기 위한 체크리스트
- 가설 세워 검증한 뒤에 보고하기

3. 효과적인 평가 기술

교실에서 학생들의 학업성취도를 평가할 때 다음과 같은 기술을 발휘하면 효과적으로 평가할 수 있다(Snowman & Biehler, 2003).

1) 시험의 횟수와 시기, 문항유형, 출제범위 안내

점수에 반영되는 시험과 과제를 언제 어떻게 부과할 것인지를 가능한 한 일찍 결정하고, 미리 검사와 과제에 대해 학생들에게 알려줘라. 학기가 시작되기 전에 그 학기 중에 실시할 시험의 횟수를 계획하는 것이 좋다. 적절한 횟수의 시험은 학생들의 학습 활동을 촉진시킨다. 교사가 사전에 학생들에게 시험의 시기와 과제의 제출 시기를 알려주는 것은 학생들에게 기대되는 바가 무엇인지를 분명히 알려주게 되고, 또한 교사에게는 수업 계획과 설계, 시험 실시와 채점에 대한 지침을 제공해 준다.

대부분의 경우 시험에 대해 미리 알려주는 것이 바람직하다. 갑작스럽게 불시에 치르는 시험은 학생들에게 불안과 긴장을 증진시키며, 기를 쓰고 닥치는 대로 주입식으로 공부하도록 만드는 경향이 있다. 간단한 숙제가 불시에 치르는 시험보다 더 주의를 기울이고 지속적으로 공부하도록 격려하기 쉽다. 시험을 안내할 때 학생들에게 공부해야 할 내용과 시험문제의 종류 및 최종 성적에 반영되는 시험의 횟수를 즉각 알려주는 것이 유용하다. 연구결과에 따르면, 시험문제가 어떤 유형으로 출제될 것이라고 들었던 학생들이 듣지 못했던 학생들보다 다소 점수가 높다(Lundeberg & Fox, 1991).

학기말 리포트나 다른 지필작업에 대해서는 채점준거의 목록을 마련해야 한다. 실험을 요하는 과목에서 대부분의 학생들은 실험이나 수행과제의 목록과 평가방법에 대한 간단한 설명을 좋아한다.

2) 명세표(이원분류표) 작성

각 시험에서 다루어야 할 내용이나 목표의 명세표를 준비하거나 학생들이 습득해야 할 지식과 기능의 체계적인 표본을 마련하라. 단원마다 앞에 목표가 보다 정확하고 완전하게 기술될수록 보다 효율적인 평가와 수업이 이루어질 것이다. 학생들의 여러 능력을 평가할 때 모든 관련 있는 행동을 관찰하여 평가하기는 불가능하다. 따라서 대표적이고 정확한 표본을 획득하도록 노력하는 것이 중요하다.

측정과 평가를 연구했던 심리학자들이 종종 추천하는 것은 교사들이 시험을 준비할 때 내용타당도를 높이기 위해서 시험문항의 유형과 문항수를 적기 위한 명세표를 사용하라는 것이다. 〈표 6〉에서 보는 바와 같이 좌측에는 학습 내용을, 그리고 상단에는 교육목표분류학의 인지적 영역을 열거함으로써 명세표를 작성할 수 있다.

검사전문가들은 명세표의 상자 안에 검사문항의 비율을 적어 넣으라고 추천한다. 이것은 교사가 수업 혹은 검사문항 제작을 시작하기 전에 목표의 수와 목표의 상대적 중요성을 생각하도록 해 준다. 그리하여 만일 어떤 목표가 다른 목표보다 더 중요하다면, 중요한 목표가 시험에서 보다 철저하게 다루어지도록 해야 할 것이다. 여하간 중요한 점은 학생들이 알기를 원하는 것을 시험에서 다루어지도록 조치를 취하는 것이 시험의 타당성을 증진시킬 것이라는 점이다.

표 6 명세표의 한 예

목표 내용	지식	이해	적용	분석	종합	평가
측정과 평가의 본질						
측정과 평가의 목적						
지필검사의 유형						
수행검사의 특성						

3) 학생들의 발달적 특성과 교육과정의 성격 고려

학년별 학생들의 발달적 특성과 교육과정의 성격에 비추어 각 검사나 측정의 목적을 고려하라. 여러분이 평가 전략을 계획할 때 검사의 활용과 측정의 형태를 고려하는 것 외에도 여러분이 가르치고자 하는 학생들의 발달적 특성과 해당 학년의 교육과정의 성격에 관해서도 생각해 보아야 한다. Piaget의 이론에 비추어 볼 때 전조작적 사고자, 구체적 조작 사고자, 형식적 조작 사고자 사이에는 상당한 차이가 있다. 더욱이 초등학교 저학년 아동들은 초등학교 고학년 아동들과 중등학교 학생들이 학습하기를 기대하는 교육과정과는 실질적으로 다른 교육과정을 완전 습득하기를 요구받기 때문에 서로 다른 형태의 측정이 각 수준에서 사용되어야 한다.

초등학교 저학년 아동들은 기본적인 기능을 학습하는 데에 중점을 두도록 요구받으며, 그들의 기본적인 기능의 향상 혹은 결핍은 검사를 치르는 것이 요구되지 않는다 할지라도 뚜렷해지는 경우가 종종 있을 것이다. 예를 들면, 익숙하지 않은 긴 단어를 해독하는 데에 어려움을 가지고 있는 초등학교 2학년 아동은 책을 읽으라고 요구받을 때마다 제대로 읽지 못할 것이다. 초등학교 고학년 아동과 중학교 학생은 읽기, 쓰기, 셈하기의 기능을 개선하고 완전 습득하기를 요구받으며, 또한 과학, 사회 및 다른 교과에서의 논제를 공부할 것을 요구받는다. 그들은 많은 교과와 학습 자료를 잘 다룰 수 있고 검사들이 종종 읽기능력에 의존하고 있기 때문에 여러분은 성적 산출 외에도 약점을 진단하고 향상 도표를 만들기 위해(형성평가의 기능) 검사를 고안할 수도 있다.

중등학교 수준에서 검사는 등급을 할당하고 보다 고급과정의 코스를 이수할 준비가 충분히 되어 있는가의 여부를 결정하기 위해서 주로 실시된다. 따라서 여러분이 특정 수업단원을 위한 명세표를 만들 때, 여러분은 중요한 모든 개념과 기능을 확인하고 검사문항이 Bloom의 교육목표분류에 있어서의 수준을 모두 포함하고 있는지를 알고 싶어할 것이다.

4) 평가의 유형 결정

지필검사와 수행검사 중 어느 것이 더 적합한가를 결정하라. 여러분이 특정 상황에서 사용해야 할 질문의 유형에 관해서 생각할 때, 앞에서 언급했던 학생의 특성과 교육과정의 차이를 고려하라. 초등학교 저학년에서 여러분은 엄격한 의미에서 지필검사를 사용하지 않을 것이다. 대신에 여러분은 학생들에게 기능을 증명해 보이고, 연습문제를 완성하고(완성형 검사와 유사한 형태의), 간단한 문제(종종 연습지 형태의)를 해결하도록 요구할 것이다. 초등학교 고학년과 중학교에서 여러분은 많은 교과의 성적을 내야 하기 때문에 여러 측정도구를 사용하거나 제작해야 할 필요가 있을 것이다. 따라서 칠판이나 종이에 인쇄될 수 있는 완성형, 단답형 및 간단한 논문형이 널리 사용될 필요가 있을 것이다. 만일 여러분이 매 시험마다 명세표를 만드는 것이 불가능하거나 비실제적이라고 여겨지면 적어도 문제를 만들 때 수업목표나 일련의 중요 사항을 참조하라. 중등학교 수준에서 여러분은 교육목표분류에서의 여러 수준의 목표를 측정하기 위해서 뿐만 아니라 또한 다양한 형태의 문항을 사용하기 위해서 어떤 종류의 명세표를 개발하기 위해 최선을 다해야 할 것이다.

초등학교와 중학교의 일부 교과와 그리고 고등학교의 기능 교과나 실험 교과에서는 수행검사가 지필검사보다 더 적절할 수 있다. 예를 들면, 초등학교 수준에서 여러분은 읽기의 등급을 할당하도록 요구받을 수 있다. 고등학교의 가정 교과에서 여러분은 학생들이 옷을 얼마나 잘 만들었고 요리를 잘 했는가에 대한 점수를 내야 할 것이다. 또한 기술 교과에서 여러분은 학생들이 가구를 얼마나 잘 만들었는가에 대한 점수를 내야 할 것이다. 그러한 경우에 여러분은 평정척도 체크리스트를 사용함으로써, 그리고 평정해야 할 수행수준의 난이도를 같게 하도록 노력함으로써 보다 체계적이고 정확하게 평가할 수 있다.

옷이나 가구와 같은 산출물을 평가하기 위해서 여러분은 학기 초에 고안하여 나누어 주었던 체크리스트를 사용할 수 있다. 이런 경우 체크리스트는 프로젝트의 여러 측면 — 예를 들어, 측정의 정확성과 필요한 물품의 준비물, 깔끔한 조립, 마무리의 질, 외관 상태 등 — 에 대해 가능한 점수를 제시해야만 한다. 수행을 평가하기 위해서 여러분은 수행의 여러 측면에 대해 얼마의 가중치를 둘 작정인지를 사전에 알려주어야 한다. 예를 들면, 음악 교과에서 여러분은 음조, 수행, 정확성, 해석에 대해 얼마의 점수를 줄 것인가를 언급해야 할 것이다. 프로젝트와 수행과제에 대해서 여러분은 최종 점수에다 난이도 요인을 곱할 수도 있을 것이다.

5) 자세한 해답서 혹은 루브릭의 제작과 활용

자세한 해답서 혹은 루브릭을 만들고 활용하라. 검사의 가장 중요한 특성 중의 하나는 모든 학생들의 대답을 정해진 준거와 비교하도록 해 준다는 점이다. 완전한 해답서 혹은 루브릭은 채점의 주관성을 감소해 줄 뿐만 아니라 또한 채점 시간을 단축해 주고 채점상의 혼란을 막아줄 수 있다.

단답형, 진위형, 연결형, 선다형 문제의 경우에 여러분은 문항을 작성할 때 정답도 고안해 두어야 한다. 잘 계획을 하고 지혜를 짜면 여러분은 매우 채점을 간단히 할 수 있는 해답서나 채점판을 준비할 수 있다. 논문형 문제의 경우에 여러분은 또한 문제를 만들 때 정답을 준비해 두어야 한다. 만일 여러분이 학생들에게 소수의 광범위한 논문형 문제에 대한 답을 쓰도록 요구한다면, 여러분은 한 자리에서 1번 문제에 대한 대답들을 모두 채점하고, 그 다음엔 2번 문제에 대한 대답들을 모두 채점하는 그런 식으로 채점함으로써 채점 과정의 일관성을 최대할 수 있다. 그러나 만일 한 검사가 8개 내지 10개의 간단한 논문형 문항으로 구성되어 있다면, 여러분은 많은 답안지를 지척거려야 하기 때문에 그와 같은 절차를 따르기가 어려울 것이다. 이러한 간단한 다수의 논문형 문제를 빨리 채점하기 위한 한 가지 방법은 가감 채점방식을 사용하는 것이다. 만일 여러분이 간단한 논문형 문제를 채점하기 위해서 1점 척도를 사용한다면, 그 대답이 얼마나 가치가 있는가를 결정하는 데에만 시간을 할애해야 할 것이다. 그러나 여러분은 가감으로 채점할 수 있는 간단한 논문형 문제를 제작하고 정답을 마련할 수 있어야 한다.

그러한 문제를 제작하기 위한 기능을 개발하기 위해서 점수에 반영되지 않을 약간의 형성평가 문제를 만들어라. 학생들이 정답을 알고 있는지 모르고 있는지를 알아보기 위한 구절로 된 문제를 만들어라. 여러분이 그 문제를 제작할 때 정답을 준비하라. 채점을 하게 되었을 때 단순히 각 대답의 정확성에 관한 예 혹은 아니오 결정을 하라. 펠트펜을 가지고 각 문제에 대한 만족스러운 대답에 굵게 체크하고, 모든 문제에 대한 대답을 다 읽었으면 체크한 수를 헤아린다. 일단 여러분이 가감 채점될 수 있는 간단한 논문형의 문제를 제작하고 평가하기 위한 기능을 개발했으면, 총괄시험을 준비하고 사용하라. 만일 여러분이 이러한 유형의 시험을 사용하기로 결정한다면, 단지 인지적 영역의 낮은 수준인 지식만을 측정하는 문항을 작성하기 위한 유혹을 뿌리쳐라. 목표의 명세표를 사용하거나 아니면 인지적 영역의 고차적 수준의 기능을 측정하는 문제를 적어도 몇 개라도 만들기 위한 조치를 취하라.

여러분이 상세한 해답서를 가지고 있고, 학생들에게 시험지를 돌려줄 때 어떻게 채점을 하였는가를 설명해 줄 수 있다면, 여러분은 학생들로부터 거의 불평을 받지 않을 것이다. 논문형 문제에 대한 구체적인 정답이 무엇인가에 대한 직접적인 도전에 대해서 여러분은 불평자에게 모범답안을 보여주고 그들의 답안지와 비교하여 설명해 줄 수 있어야 할 것이다.

선다형 문제에 대한 반응들에 대해 피드백을 주기 위한 가장 좋은 방법은 피드백 소책자를 준비하는 것이다. 여러분이 각 선다형 문제를 만들 때 또한 정답과 오답에 대한 이유를 간단히 설명해 두어야 한다. 정답에 대한 정당성을 작성하다 보면 문제를 개선시킬 수 있는 경우가 종종 있게 된다.

6) 문제와 답의 분석

채점과정 중이나 후에 앞으로의 시험지를 개선하기 위해서 문제와 답을 분석하라. 만일 여러분이 선다형 시험을 위해 충분한 양의 피드백 소책자 복사본을 준비한다면, 여러분은 채점한 답안지(와 문제지 복사본)를 돌려줄 때 모든 학생들에게 피드백 소책자 복사본을 제공할 수 있다. 학생들이 자신의 답안지를 검토하고 틀린 문제들을 확인 조사한 후에 이의를 제기하고 싶은 세 문제를 가려 내도록 한다. 학생들이 피드백 소책자에 있는 여러분의 설명을 읽은 후에는 대부분 여러분이 논리적이고 방어적인 이유를 제시하지 않더라도 오답을 선택했다는 것을 느낄 것이다. 학생들에게 그 답지를 선택한 이유를 적도록 하라. 만일 그 설명이 그럴듯하면 그 대답을 인정해 주어라. 만일 여러 학생들이 동일한 문제에 대해 이의를 제기했다면, 그 문항은 수정될 필요가 있다는 증거가 된다. 이는 또한 그 문항에 반영된 정보가 직접 여러분의 목표와 관련이 없거나 제대로 가르쳐지지 않았다는 증거이기도 하다.

만일 여러분이 피드백 소책자를 준비할 시간이 여의치 않다면, 여러분은 학생들에게 선다형 시험을 치를 때 세 개의 문제를 선택하여 정답이라고 고른 것에 대한 합당한 이유를 제시하도록 할 수 있다. 이것은 학생들에게 피드백을 주지는 않지만 애매모호한 문제에 관한 정보와 문항들이 얼마나 잘 제작되었는가에 관한 유용한 정보를 여러분에게 제공해 줄 것이다.

선다형 문항의 경우 측정 전문가들이 문항을 분석하고 개선하기 위해서 사용하는 문항분석의 기법을 여러분도 사용할 수 있다. 한 검사 속에 포함되어 있는 문항 하나하나가 얼마나 적합하며, 또한 문항으로서 제 구실을 하고 있는지를 검증하고, 문항의 개선을 목적으로 하는 것이 문항분석이다. 한 개의 검사는 여러 개의 문항들로 구성되어 있기 때문에 한 검사의 좋고 나쁜 양호(良好)의 정도는 결국 검사 속에 있는 여러 문항들의 좋고 나쁜 양호의 정도에 따라서 결정된다. 이처럼 한 검사의 양호도는 문항 하나하나의 양호도에 따라서 결정되기 때문에 검사의 양호도를 따져 보기 위해서는 문항분석이 이루어지지 않으면 안 된다.

문항분석의 기법은 여러분이 각 문항의 난이도(곤란도) 수준과 변별력을 알아볼 수 있게 해 준다. 난이도란 한 문항의 어려운 정도를 말하며, 변별력이란 한 문항이 알아보고자 하는 지식을 잘 학습한 학생들과 그렇지 못한 학생들을 구분해 주는 능력이다. Gronlund(2003)가 제안한 어떤 문항의 난이도와 변별력을 알아보기 위한 절차는 다음과 같다.

① 검사지를 가장 높은 점수에서부터 가장 낮은 점수 순서로 배열한다.
② 상위 1/3에 해당되는 것을 선택하여 상위집단이라 칭한다. 하위 1/3에 해당되는 것을 선택하여 하위집단이라 칭한다. 중위집단에 해당되는 것은 한쪽에 치워 둔다.
③ 다음과 같이 각 문항에 대해 상위집단과 하위집단에 있어서의 정답한 학생수와 오답한 학생수를 기록한다(*는 정답임).

1번 문항의 답지	A	B*	C	D	E
상위집단	0	6	3	1	0
하위집단	3	2	2	3	0

④ 그 문항을 정답한 학생들의 백분율을 계산하여 문항난이도를 산출한다. 앞의 1번 문항의 난이도 지수는 40%(8/20 × 100)이다. 백분율이 작을수록 문항은 어려운 것이 된다. 즉, 난이도 지수가 낮을수록 어려운 문항이고, 난이도 지수가 높을수록 쉬운 문항이다.
⑤ 상위집단의 정답한 학생수에서 하위집단의 정답한 학생수를 빼서 문항분석에 포함된 전체 학생수의 반으로 나누어 문항변별력을 산출한다. 앞의 1번 문항의 변별도 지수는 0.40[(6-2)/10]이다. 변별도 지수가 +일 때는 그 문항을 정답한 하위집단의 학생 수보다 상위집단의 학생수가

더 많다는 것을 의미하고, −일 때는 그 반대이다.

여러분이 알 수 있는 바와 같이 이러한 유형의 문항분석은 행하기가 어렵지 않으며, 또한 시간이 많이 걸리는 것도 아니다. 그러나 문항분석의 이점은 여러분이 문항분석의 제한점을 무시할 경우 빨리 상실될 수 있다는 점을 기억하는 것이 중요하다. 한 가지 제한점은 여러분이 비교적 소수의 학생들과 일을 한다는 점이다. 따라서 문항분석의 결과는 학급에 따라, 그리고 같은 학급이라도 검사에 따라 다를 수 있다. 이러한 차이점 때문에 여러분은 측정 전문가들이 좋지 않은 문항이라고 버리거나 수정하는 문항들도 그대로 사용해야 할 경우가 있다. 일반적으로 여러분은 선다형 문항의 경우 난이도 지수가 50∼90%, 변별도 지수가 +의 값을 가지는 문항을 사용해야 한다(Gronlund, 2003). 또 다른 제한점은 여러분은 모든 학생들이 완전 습득해야만 하는 목표를 가지고 있을 수 있다는 점이다. 만일 여러분이 이러한 목표를 효과적으로 가르쳤다면, 이에 해당하는 문항들은 거의 모든 학생들이 정확하게 맞추어야 할 것이다. 이러한 문항들은 임의로 정해 놓은 난이도와 변별도 준거를 충족시키기 위해서 수정되어야 하기보다는 그대로 두어야 할 것이다.

토의문제

1. 학습평가는 일반적으로 어떤 단계를 거쳐 이루어지며, 각 단계에서 평가자가 유의해야 할 점은 무엇인가?
2. 학생들의 시험불안을 완화하기 위한 방법에는 어떤 것이 있는가?
3. 학생들의 학습행동이나 결과에 대해 어떻게 피드백을 제공할 것인가?
4. 교실에서 학생들의 학업성취도를 평가할 때 자세한 해답서나 루브릭을 제작해서 활용하면 어떤 점이 좋은가?
5. 문항분석이 필요한 이유는 무엇이며, 문항분석을 위한 방법을 실제 예를 들어 제시한다면?

제6장

성적처리와 보고

1. 학생 성적처리
2. 학교생활기록부
3. 학생과 학부모에게 보고하기

수업을 계획하고, 실제 수업을 진행하고, 공정한 평가를 설계하여 실시한 다음, 교사는 학생과 학부모에게 학생들의 학업성취도를 설명하기 위해 성적을 처리하고 보고서를 작성해야 한다. 이 장에서는 성적 처리와 보고서 작성 요령에 대해 알아보기로 한다.

1. 학생 성적처리

1) 지침

학교 성적은 학생이 특화된 프로그램이나 상급 학교에 진학을 결정할 때 사용되는 중요한 선발 기준이다. 학생들은 좋은 학교 성적을 받기 위해 필사적으로 노력하기 때문에 교사는 학교 성적을 정확하고 공정하게 처리하기 위한 기본 지침을 따라야 한다. 성적처리의 기본 지침은 학생의 수행에 관한 여러 가지 정보를 이용하는 것이다. 즉, 다양한 유형의 시험에서의 수행이나 필기시험뿐만 아니라 구두시험에서의 수행이나 시험, 그리고 숙제에서의 수행 등 다양한 정보를 이용한다. 교사는 자신이 적용하는 성적처리 체제를 교장선생님이나 학교당국에 보여주어 학교정책과 부합한다는 것을 확인해야 한다.

성적처리는 그것이 꼭 필요할 때에만 한다. 숙제는 한동안 성적을 처리하지 않고 내버려 둘 수도 있고, 학생들이 스스로 채점을 할 수도 있다. 성적처리와 함께 학생에게 주는 피드백의 형식도 중요하다. 단지 '우'라는 점수를 주는 것은 충분하지 않다. 학생들은 어디에서 왜 잘못을 범했는지에 대해 상세한 피드백을 받고 싶어하고 받을 권리가 있다. 교사는 노력과 향상을 강조하고 격려해 줌으로써 각 학생이 학습목표를 향해 나아갈 수 있다는 것을 느낄 수 있도록 도와 주어야 한다. 교사는 학생들의 관점, 견해, 방법이 교사의 것과 다를 수 있다는 것을 알아야 하며, 만약 학생들이 자신의 입장을 적절히 방어하면 교사의 입장과 다르더라도 점수를 줄 수 있다.

어떤 성적처리 체제를 사용하더라도 교사는 학생들에게 그 체제에 대해 명확히 설명해 주어야 한다. 이를 위해 성적처리 체제에 대해 설명하고 있는 안내문을 나누어 줄 수 있다. 성적처리 체제를 구두로 설명할 경우에는 학생들에게 여러 번 반복해 주는 것이 좋다. 신임교사들의 경우 자신의 성적처리 체제를 경력교사들에게 보여주어 얼마나 적절한지를 검토를 받는 것이 바람직하다.

교사는 학생이나 학부모에게 속임을 당하거나 위협을 받았다고 학생의 성적을 올려 주는 일은 절대로 없어야 한다. 다만 교사가 실제로 채점을 잘못했거나, 정답 수를 잘못 세었거나, 기타 실수를 범했을 때에는 예외다. 교사는 다른 학생들의 수행과 비교할 수 있는 정보를 학생들에게 계속 알려주어야 한다. 교사는 학생 개인별 성적표를 작성해야 하며, 이렇게 만들어 놓은 성적표는 학생과 학부모가 이용할 수 있어야 한다.

❦ 성적 매기기 지침

○ 학기 초에 학생들에게 성적 주는 방침을 설명하고 정규적으로 방침을 상기시킨다.
  - 저학년 학생들에게는 과제가 어떻게 평가되는지 압박감을 최소화하여 설명한다.
  - 고학년 학생들에게는 과제, 검사, 성적 기준, 시험 일시를 설명한 유인물을 준다.

○ 명확하게 구체화된 합리적인 표준에 근거해서 성적을 매긴다.
  - 학생들과 함께 채점기준을 개발함으로써 표준을 구체화한다. 부족한 경우, 보통인 경우, 우수한 경우의 예제를 준비한다.
  - 보다 경험 있는 교사와 함께 과제의 양과 성적 기준에 대해 논의한다.

- 성적을 주는 검사를 하기 전에 학생의 능력에 대해서 알아보기 위해 몇 개의 형성검사를 실시한다.
- 검사의 난이도를 측정하고 소요 시간을 평가하기 위해 교사 자신이 먼저 검사를 해 본다.

○ 가능하면 많은 객관적 증거에 의해서 성적을 매긴다.
- 언제, 어떻게 검사할 것인지 미리 계획한다.
- 학생 과제의 포트폴리오를 간직하여 학생 혹은 학부모 회의에서 사용한다.

○ 학생들이 검사 지시를 이해했는지 확인한다.
- 칠판에 지시의 개요를 제시한다.
- 몇몇 학생들에게 지시를 설명해 보라고 한다.
- 먼저 예제 질문을 풀어 본다.

○ 가능한 한 빨리 시험 문제를 채점하고, 돌려주고, 토론한다.
- 훌륭한 답을 쓴 학생들의 답안을 읽는다.
- 틀린 답, 특히 많이 틀리는 것은 왜 틀린 답인지 토론한다.
- 검사를 마친 직후 문제의 정답과 교재에서 답이 논의된 쪽 번호를 알려 준다.

○ 착오가 없는 한 성적을 정정하지 않는다는 것을 원칙으로 삼는다.
- 처음부터 성적에 대해 충분히 방어할 수 있도록 확실히 한다.
- 사무적 혹은 계산 착오에 의한 성적은 수정한다.

○ 성적을 매길 때 편파적이지 않도록 조심한다.
- 보고서 뒤에 학생의 이름을 쓰라고 한다.
- 논술을 채점할 때는 객관적 점수체계나 모범답안을 사용한다.

○ 학생들이 자신의 점수가 분포상에서 어떤 위치에 있는지 알게 한다.
- 검사 후 칠판에 점수분포를 써 준다.

○ 모든 측정 기술은 오차를 포함하므로 확실치 않을 때는 학생에게 유리한 점수를 준다.
- 아주 타당한 이유가 없는 한 경계선에 있는 학생에게 높은 쪽 성적을 준다.
- 많은 학생들이 같은 문제를 같은 식으로 틀렸다면, 앞으로 검사에서 그 문제를 삭제하거나 수정한다.

○ 자신의 아이디어와 일치하거나 교과서에 있는 대답에 높은 성적이나 칭찬을 하는 것은 피한다.
- 정답이나 창의적인 대답에는 추가 점수를 준다.
- 쟁점의 모든 측면이 밝혀지기 전까지는 자신의 의견을 알리지 않는다.
- 합리적, 생산적 태도로 반대하는 학생들은 강화한다.
- 부분적으로 맞는 대답에 대해서는 부분 점수를 준다.

○ 특별히 새로운 과제를 시작할 때는 모든 학생이 성공할 적절한 기회를 갖게 한다.

- 학생들이 선행 지식을 갖고 있는지 확인하기 위한 사전검사를 실시한다.
- 적당한 때에 학생들이 성적을 올릴 수 있는 재시험을 칠 기회를 제공하되, 원래 검사만큼 난이도를 같게 해야 한다.
- 노력했는데도 실패한 것은 성적 보류를 하여 학생들로 하여금 수정하고 향상시킬 것을 권장한다.

○ 서면과 구두 피드백의 균형을 맞춘다.
- 저학년 학생들에게는 짧고 생생한 서면 비평을 해 주고, 고학년 학생들에게는 보다 자세한 비평을 해 준다.
- 성적이 학생이 기대한 것보다 낮은 경우에는 낮은 성적의 이유를 분명히 해 주어야 한다.
- 똑같은 비평을 반복적으로 써 주지 말고, 개별 학생의 수행에 맞는 비평을 써 준다.
- 구체적인 오류, 오류에 대한 가능한 이유, 향상을 위한 아이디어와 잘한 것을 적어 준다.

○ 성적은 가능한 한 의미 있게 만들어야 한다.
- 성적은 중요한 목표에 대한 숙달과 연결한다.
- 탐구를 권장하기 위해 성적을 매기지 않는 과제를 준다.
- 수행과 포트폴리오를 가지고 실험해 본다.

○ 하나 이상의 준거에 기초해서 성적을 준다.
- 시험에서 선다형 문항뿐만 아니라 논술형 문항도 사용한다.
- 구도 보고와 수업 참여도 성적에 반영한다.

* 출처: Drayer, A. M.(1979). *Problems in middle and high school teaching: A handbook for student teachers and beginning teachers*. Boston: Allyn and Bacon. pp. 182–187.

2) 상대적 향상과 절대적 수행

모든 교사들은 교실에서 성적 향상을 어떻게 보상하고 학습동기를 증진시킬 것인가를 결정해야 한다. 예를 들어, 영호는 학기 초에는 성적이 하위권이었는데 학기 말에는 중상위권의 성적을 얻었고, 철수는 학기 초에도 중상위권이었고 학기 말에도 중상위권이었다고 하자. 영호는 분명하게 성적을 향상시켰기 때문에 철수와 절대적 수행의 정도는 같으나 상대적 향상이 높다. 이것은 영호가 철수보다 더 열심히 공부하였다는 것을 보여 준다. 이 경우 영호와 철수에게 같은 성적을 주어야 하는가?

교사는 이런 경우 계속 노력하도록 격려하기 위해 노력에 대해 보상을 줄 방법을 모색해야 한다. 그러나 영호에게 더 좋은 성적을 주는 것은 불공정하다. 이에 대한 효과적인 방법은 각 학생에게 두 가지 성적을 주는 것이다. 하나는 절대적 수행에 따라 성적을 주는 것으로, 이렇게 하면 영호와 철수 모두 같은 성적을 받게 된다. 다른 하나는 노력과 향상을 반영하는 것으로, 이렇게 하면 철수보다 영호에게 더 좋은 성적을 준다. 또 다른 방법은 절대적 성적을 처리하고 글로 피드백을 제공하는 것이다. 즉, 영호에게 열심히 노력한 것을 격려하는 글을 적어 주는 것이다(Sternberg & Williams, 2010).

학생이 기울인 노력이나 수업참여도, 그리고 학습태도와 같은 정의적 변인에 관한 정보를 체계적으로 수집하는 것은 어려운 일이며, 그것을 평가하는 것 역시 상당히 주관적일 수 있고, 또한 노력에 기초해서 높은 점수를 부여할 경우 중요한 내용을 학습하지 않았음에도 불구하고 마치 학습한 것처럼 학생과 학부모에게 전달할 수 있다. 그러므로 노력, 협동성, 출석과 같은 요인은 성적표 상에서 다른 영역에 반영되어야 하고, 위에서처럼 과정과 결과에 대해 따로 점수를 매기는 것이 학생들의 동기를 증진시키는 데에 도움이 될 수 있다.

❦ 능력관련평가와 성장관련평가

능력관련평가(ability-referenced assessment, 능력참조평가 혹은 능력지향평가라고도 부름)는 학생이 지니고 있는 능력에 비추어 얼마나 최선을 다하였느냐(maximum performance)에 초점을 두는 평가방법으로, 학생의 능력 정도와 수행 결과를 비교하여 그 학생이 지니고 있는 능력이 최대한 발휘된 것인가를 살펴본다. 능력관련평가는 학생 개인이 지니고 있는 능력을 얼마나 발휘하였느냐에 관심을 두므로 개인을 위주로 하는 평가방법이라 할 수 있다. 예를 들어, 우수한 능력을 지녔음에도 불구하고 최선을 다하지 않은 학생과 능력이 낮더라도 최선을 다한 학생이 있을 때 후자의 성취수준이 낮더라도 더 좋은 평가결과를 얻을 수 있다. 이와 같이 능력관련평가는 각 학생의 능력과 노력에 의하여 평가되는 특징을 지니고 있다.

성장관련평가(growth-referenced assessment, 성장참조평가 혹은 성장지향평가라고도 부름)는 교육과정을 통하여 얼마나 성장하였느냐에 관심을 두는 평가방법으로, 학생 개인의 초기 능력수준에 비추어 얼마만큼 능력의 향상을 보였느냐를 평가한다. 즉, 최종 성취수준 그 자체보다 사전 능력수준과 평가 시점에 측정된 능력수준 간의 차이에 관심을 두는 평가로, 과거 교육의 예에서 '진보상'을 들 수 있다. 성장관련평가는 학생들에게 학업 증진의 기회 부여와 개인화를 강조하는 특징을 지니고 있다. 성장관련평가의 결과가 타당하기 위해서는 사전에 측정한 점수가 신뢰성이 있어야 하고, 현재 측정한 측정치가 신뢰성이 있어야 하며, 사전에 측정한 점수와 현재 측정한 점수와는 상관이 낮아야 한다는 조건이 충족되어야 한다(Oosterhof, 2000). 사전에 측정한 점수와 현재 측정한 점수가 신뢰롭지 않다면 능력의 변화를 분석할 수 없음은 당연하다. 만약 사전에 측정한 점수와 현재 측정한 점수가 본질적으로 상관이 높다면, 이는 성장에 의한 것이 아니라 관계에 의한 당연한 결과를 가져오게 되므로 측정된 두 점수 간에는 상관이 낮아야 한다.

능력관련평가와 성장관련평가는 대학진학이나 자격증 취득을 위한 행정적 기능이 강조되는 고부담 검사(high-stakes test)와 같은 평가환경에서는 평가결과에 대한 공정성 문제가 제기될 수 있다. 그러나 평가의 교수적 기능이나 상담적 기능이 강조되는 평가환경이라면 두 평가방법이 보다 교육적이므로 적용될 필요가 있다. 특히 개별화 학습을 촉진시킬 수 있는 성장관련평가는 유아교육이나 초등교육에 적극 적용될 필요가 있으며, 상대비교와 성적에 치중하지 않는 평가의 경우 중고등학교에서도 실시하는 것이 바람직하다.

3) 규준관련과 준거관련 성적처리 체제

저학년 담당교사들은 대부분 준거관련 성적처리 체제를 이용한다. 이 체제는 교사가 시험, 프로젝트, 숙제 등에서 학생들이 성취해야 할 절대적 기준을 마련한다. 예를 들어, 시험이나 숙제에서 80%의 정확성을 보이면 '우'를 준다.

최종 성적도 학습목표에 학생이 어느 정도 접근했느냐에 따라 성적을 준다. 이런 체제에서는 이론적으로 모든 학생이 열심히 공부하면 '수'를 받을 수 있다.

준거관련 체제를 변형하여 적용한 것이 계약체제(contract system)이다. 교사는 담당학생들과 계약을 체결하고, 성적과 관련하여 특정한 기준을 마련한다. 계약체제가 성공하기 위한 열쇠는 각 과제에 대한 질과 양에 대한 구체적인 지침이다. 좋은 계약체제는 좋은 성적을 받는 것이 너무 쉽지 않도록 하는 것이다. 높은 점수를 받은 학생은 분명한 이해와 숙달을 보여주는 높은 수준의 과제를 몇 개는 완성해야 한다. 계약체제의 장점은 학생들이 자신들의 성적과 교실에서의 운명에 대해 스스로 통제할 수 있다고 느끼게 해 준다는 것이다. 학생들은 더 열심히 노력하면 좋은 성적을 받게 된다는 것을 알게 된다.

규준관련 체제는 고등학교나 대학에서 더 자주 사용되는 방법이다. 교사는 한 학생의 성적을 처리하기 위해 다른 학생들과 비교한다. 따라서 다른 학생들이 어떻게 하느냐가 한 학생의 성적에 영향을 준다. 평균 성적을 정한 다음 학생들을 최고 점수에서 최저 점수까지 나열한다. 교실의 중간 1/3은 '미'를 받고 상위 1/3은 '수'나 '우'를, 하위 1/3은 '양'이나 '가'를 받게 된다고 정한다. 규준관련 성적처리를 뒷받침하는 통계적 원리는 정상분포곡선이다. 정상분포에서 68%(전체의 2/3)는 표준편차 1이내에 속하는데, 이들의 중간 2/3가 '미'를 받는 것이 정상적이다. 이런 성적처리 방법의 문제점은 전체 시험에서 1점 차이가 있는 두 학생이 서로 다른 성적을 받을 수 있게 된다는 것이다. 예를 들어, 영호와 철수는 전체 시험 점수의 차이는 1점인데, 한 학생은 '우'를 다른 학생은 '미'를 받을 수 있다.

규준관련과 준거관련 성적처리에 대한 보다 자세한 이해를 위해서는 제2장의 규준관련평가와 준거관련평가를 참조하기 바란다.

4) 점수 체제

교사가 최종 성적을 결정하는 한 가지 방법은 학생이 교실에서 얻은 원점수의 총점에 기초하는 것이다. 이 방법은 앞에서 설명한 계약체제와 비슷하다. 이 방법을 적용하기 위해 교사는 각 시험, 보고서, 숙제 등이 몇 점인지를 결정해야 한다. 총점으로 성적을 처리하는 데에는 두 가지 방법이 있다. 하나는 각 학생이 얻은 총점을 계산한 다음 순위를 결정하는 것이고, 다른 하나는 각 시험과 숙제에서 점수를 백분율 점수로 변환한 다음 적절한 가중치를 부여하고, 그러고 나서 순위를 정한 뒤 문자 성적(수, 우, 미, 양, 가 혹은 A, B, C, D, F)을 부여하는 것이다.

백분율 성적처리 체제(percentage grading system)는 학생이 학습한 자료의 백분율에 기초한 방법이다. 교사가 각 시험이나 숙제를 평가할 때 학생이 몇 퍼센트(%)의 지식을 학습했느냐에 따라 0～100 사이의 퍼센트 점수를 부여한다. 그러므로 어떤 학생은 한 시험에서는 86%를, 다른 시험에서는 70%를 받게 될 수도 있다. 모든 퍼센트 점수들의 평균값을 정한 다음, 이것을 문자 성적으로 전환한다.

백분율에 기초한 평가는 중요한 단점을 지니고 있다. 예를 들어, 한 학생이 10문제 중 1문제를 틀렸다면 학생의 점수는 90%가 된다. 그리고 다음 시험에서 이 학생이 5문제 중 3문제를 맞혔다면 백분율은 60%가 되고, 두 개의 백분율을 평균하면 75%가 될 것이다. 이 방법은 첫 번째 퀴즈가 두 번째 퀴즈보다 많은 문항으로 구성되어 있음에도 불구하고 모든 퀴즈에 동일한 가중치를 부여하고 있는 것이다. 만일 교사가 원점수 체계를 사용한다면, 이 학생은 전체 15문항 중 12문항을 맞힌 것이 되고, 결국 80%가 최종 점수가 될 것이다. 이처럼 백분율에 기초한 평가는 교사들이 다른 종류의 시험이나 숙제에 비중을 적절하게 부여하지 못할 수 있다는 문제점을 지닌다. 중요한 시험과 중요하지 않은 시험에 서로 다른 비중을 두지 않으면, 학생들의 성적을 공정하게 처리하지 못하는 셈이 된다.

백분율을 평균 내는 것에 결함이 있는데도 불구하고 널리 사용되는 주된 이유는 교사가 관리하기 쉽고 학부모나 학생들에게 전달하기가 쉽기 때문이다. 가르치는 것과 관련된 다른 측면처럼 어떤 점수 체제를 선택하느냐는 전문적으로 판단할 문제다. 만일 과제들의 길이가 비슷하고, 시험 또한 길이에서 비슷하며, 퀴즈나 과제보다 시험에 더 많은 비중을 둘 경우엔 백분율 체제가 공정하다. 반면, 학생들이 자신의 점수의 총합을 기록하고, 교사가 학생들에게 A, B 또는 다른 등급을 받기 위해 필요한 점수가 무엇인지 자주 알려줄 경우엔 원점수 체제가 효과적일 수 있다(Eggen & Kauchak, , 2010).

2. 학교생활기록부

1) 학교생활기록부의 의의

초·중등학교에서 학생들의 성적을 기록하고 보관하는 문서는 학교생활기록부이다. 학교생활기록부는 '지도를 위한 기록'이라는 교육적 의의와 더불어 '학업상태에 관한 증명 원부'라는 행정적 의의를 지니고 있다. 전자는 학업성취에 대한 평정결과를 교수-학습과정에 피드백 시키기 위한 교육적 정보로 활용한다는 뜻이며, 후자는 학생의 과거 학업상태에 관한 여러 사실에 관하여 외부에 대한 증명 자료로 이용된다는 것을 의미한다. 학교생활기록부가 이와 같은 기능을 제대로 수행하기 위해서는 다음과 같은 조건이 충족되어야 할 것이다(이종승, 2009).

첫째, 학생의 전반적인 발달상황에 관한 평정결과가 기록되어야 한다. 학생의 발달상황 중 어느 한 측면만을 부각시켜 기록할 것이 아니라 학생의 지적, 신체적, 사회적, 정서적 측면 등 전반적인 발달상황을 평정하여 기록하는 것이 좋다. 이렇게 할 때 학생에 대한 전반적인 이해가 가능하고 학생을 지도하기 위한 자료로서의 기능을 발휘할 수 있다.

둘째, 평정 기록은 누가적인 것이 되어야 한다. 동일 학생을 동일 교사가 입학할 때부터 졸업할 때까지 담당하거나 가르치는 것은 거의 불가능하다. 학생의 과거 학업상태를 충분히 이해하지 못하고서는 그 학생을 제대로 지도할 수가 없다. 따라서 학생들의 학업상태와 발달상황에 대한 누가적 기록이 있으면, 교사가 바뀌어도 학생에 대한 전반적인 이해와 지도가 가능할 것이다.

셋째, 기록상황은 타당하고 신뢰로운 자료에 근거해야 한다. 그렇게 해야만 학생, 교사, 학부모를 비롯한 관련 당사자들에게 정확한 정보를 제공해 줄 수 있다. 그리고 모든 기록상황은 상급학교 진학 시나 취업 시 해당 학생의 학력에 관한 중요한 증빙자료가 되므로 장차 불이익이 없도록 공정하고 정확하게 작성되어야 한다.

넷째, 기록상황은 간단명료하고 중복되지 말아야 한다. 학교생활기록부가 기록과 증명이라는 두 가지 기능을 위한 것이라면 우선 기록하기가 용이해야 하고, 관련 당사자들이 이해하기 쉽게 작성해야 한다. 또한 얻고자 하는 정보가 명확히 드러나도록 기술해야 한다. 주요 기재항목은 다음과 같다.

① 인적사항: 성명, 성별, 주민등록번호, 주소, 가족관계
② 학적사항: 출신학교, 전학, 휴학, 퇴학, 복학, 졸업 후의 상황
③ 출결사항: 출석, 결석, 조퇴, 지각 등의 사항
④ 심리검사결과: 각종 심리검사의 결과와 해석
⑤ 신체발달상황: 신장, 체중, 체력급수, 체질
⑥ 교과학습발달상황: 과목별 이수단위와 평점, 총점과 평균, 특기사항

⑦ 행동발달상황: 근면성, 책임감, 협동성, 준법성, 창의성, 지도성 등
⑧ 특별활동: 활동부서, 활동상황, 수상내용, 특기사항
⑨ 진로희망: 학생희망, 부모희망, 교사의 의견
⑩ 기타: 봉사활동상황, 상벌상황 등

2) 학교생활기록부 작성 시 유의사항

학교생활기록부를 작성할 때 유의할 사항은 다음과 같다(교육부, 2018).

- 학교생활기록부는 학생의 성장과 학습 과정을 상시 관찰 · 평가한 누가 기록 중심의 종합 기록이어야 한다.
- 학교생활기록부에는 학교교육계획이나 학교교육과정에 의거하여 학교에서 실시한 각종 교육활동의 이수상황(활동내용에 따른 개별적 특성이 드러나는 사항 중심)을 기재하는 것이 원칙이다. 학교교육계획 이외의 체험활동은 교육관련기관(교육부 빛 소속기관, 시 · 도교육청 및 직속기관, 교육지원청 및 소속기관)에서 주최하고 주관한 행사, 청소년 단체활동, 학교스포츠클럽활동, 봉사활동 등만 학교장이 승인한 경우에 한해 기재 가능하다. 각종 공인어학시험(관련 교내 수상실적 포함), 교외 경시대회, 교내 · 외 인증시험 등의 참여 사실이나 성적(모의고사 · 전국연합학력평가 성적 또는 관련 교내 수상실적 포함), 교외상, 논문(학회지) 등재나 도서출간, 발병특허 관련 내용, 해외 활동 실적, 부모(친인척 포함)의 사회 · 경제적 지위 암시 내용, 구체적인 특정 대학명, 상호명, 강사명 등은 '행동특성 및 종합의견'란을 포함하여 학교생활기록부의 어떠한 항목에도 기재할 수 없다.
- 학교생활기록부에는 '항목과 관련이 없거나 기록해서는 안 되는 내용의 기재', '단순 사실을 과장하거나 부풀려서 기재', '사실과 다른 내용을 허위로 기재'하는 등 학교생활기록부의 신뢰도를 저하시키는 사례가 발생하지 않도록 유의하여야 한다. 특히, 학교생활기록부 서술형 항목에

기재될 내용을 학생에게 작성하여 제출하도록 하는 행위를 금지한다. 학교생활기록부 허위사실 기재는 '학생성적 관련 비위'로 간주되어 징계 양정 기준을 적용(2015. 04. 09)하며 징계의 감경에서도 제외된다.

○ 학부모 등의 학교생활기록부 기재 및 수정 관련 부당 요구는 「부청탁 및 금품 등 수수의 금지에 관한 법률」 제5조 제1항 제10호에 해당하는 위법 행위이다.

○ 「학교생활기록 작성 및 관리지침」 제3조 제3항에 따라 학교생활기록부 입력 및 정정 권한과 관련하여 업무의 편의나 관행을 이유로 담당이 아닌 교사에게 입력 및 정정 권한을 부여하는 행위는 금지한다.

○ 단위학교 내 연수를 통해 학교생활기록부 기재요령을 숙지하여 처리하되, 도움이 필요할 경우 1차적으로 교육지원청에 문의하여 해결하고, 부득이하게 전문적인 조문의 해설 등의 자문을 구하고자 할 경우 다음의 절차에 따라 문의한다.
  - 단위학교에서는 교육지원청(시 · 도교육청)에 질의한다.
  - 교육지원청에서는 단위학교의 질의(서면, 전화, 인터넷) 내용에 대해 성실히 응대하되, 자체 판단이 어렵거나 명확히 답변할 수 없는 내용이 있는 경우 시 · 도교육청에 문의하여 답변한다.
  - 시 · 도교육청에서는 교육지원청의 질의(서면, 전화, 인터넷) 내용에 대해 성실히 응대하되, 자체 판단이 어렵거나 명확히 답변할 수 없는 내용이 있는 경우 교육부 해당부서에 문의한다.

3) 학교생활기록부 작성 및 관리 지침

우리나라 학교생활기록부 작성 및 관리지침은 다음과 같다.

학교생활기록 작성 및 관리지침

[시행 2018.3.1. 교육부훈령 제243호, 2018.1.31., 일부개정]

제1조 (목적) 이 지침은 「초 · 중등교육법 시행규칙」 제21조 제2항에 의한 초등학교 · 중학교 · 고등학교 · 특수학교 등에 적용하는 학교생활기록의 작성 및 관리 방법에 대하여 필요한 사항을 규정함을 목적으로 한다.

제2조 (적용범위) 이 지침의 적용 범위는 「초 · 중등교육법」(이하 "법"이라 한다) 제2조의 규정에 의한 학교(이하 "학교"라 한다)의 장이 작성 · 관리하는 학교생활기록에 관하여 적용한다. 다만, 학교 중 공민학교 · 고등공민학교 · 고등기술학교 · 특수학교 및 각종 학교의 장은 해당 학교의 학칙이 정하는 바에 따라 해당 학교의 교육과정에 알맞게 수정하여 적용할 수 있다.

제3조 (용어의 정의) 이 지침에서 사용하는 용어의 정의는 다음과 같다.

① "전산자료"라 함은 학교생활기록부 및 관련 보조부 등을 체계적으로 전산처리한 자료를 말한다.

② "전산매체"라 함은 각종 전산자료가 기억 · 보관되어 있는 자기테이프, 디스크 등 보조기억매체를 말한다.

③ "사용자"라 함은 교육정보시스템 운영을 위해서 학교장으로부터 정당한 권한을 부여받은 자로서 시스템을 이용하여 관련 업무를 직접 처리하는 자를 말한다.

④ "원적교"라 함은 재취학 · 재입학(복학 포함) · 전입학 · 편입학 등 학생의 학적이 변동되기 이전에 재학하였던 학교를 말한다.

제4조 (처리요령) ① 학교생활기록의 자료 입력 및 정정 업무는 당해 업무를 담당하는 사용자가 수행함을 원칙으로 한다.

② 문자는 한글로(부득이한 경우 영문으로), 숫자는 아라비아 숫자로 입력한다.

③ 학교생활기록부 작성에 필요한 보조부는 각 학교의 실정에 알맞게 계획을 수립하여 작성 · 활용하되, 전산입력하여 관리함을 원칙으로 한다.

④ 학생이 전학할 때, 원적교에서는 재학 당시까지의 상황을 입력한 학교생활기록부

전산자료를 전 · 편입학하는 학교로 이송한다.

제5조 (자료입력 항목 및 출력서식) ① 학교생활기록부(학교생활기록부 I)와 학교생활세부사항기록부(학교생활기록부 II)의 전산입력은 동일하게 한다.

② 학교생활기록부(학교생활기록부 I)와 학교생활세부사항기록부(학교생활기록부 II)의 자료입력 항목과 전산처리 기본서식은 같다.

③ 학교생활기록부(학교생활기록부 I)의 전산처리된 출력서식(백상지 80g/㎡, 용지규격 A4(210㎜×297㎜))은 별지 제1호 내지 제3호와 같다.

④ 학교생활세부사항기록부(학교생활기록부 II)의 전산처리된 출력서식(백상지 80g/㎡, 용지규격 A4(210㎜×297㎜))은 별지 제4호 내지 제6호와 같다.

⑤ 학교생활기록부와 학교생활세부사항기록부의 출력 매수는 학생별 자료 입력의 분량에 따라 그 출력 매수를 달리할 수 있다.

⑥ 상급학교 입학전형을 위한 목적으로 별지 제1호 내지 제6호의 서식을 출력하는 경우에는 교육부, 시 · 도교육청 또는 입학전형을 실시하는 상급학교의 방침에 따라 입력된 내용의 일부를 제외하고 출력할 수 있다.

제6조 (인적사항) ① '학생'란에는 성명, 성별, 주민등록번호와 입학 당시의 주소를 입력하되, 재학 중 주소가 변경된 경우에는 변경된 주소를 누가하여 입력한다.

② '가족상황'란에는 부모의 성명, 생년월일을 입력하고, '특기사항'란에는 학생 이해에 도움이 될 수 있는 내용이 있는 경우 본인 또는 보호자의 동의를 받아 입력한다.

제7조 (학적사항) ① 중 · 고등학교에서는 입학 전 전적학교의 졸업연월일과 학교명을 입력하며, 검정고시 합격자는 합격연월일과 '검정고시합격'이라고 입력한다.

② 재학 중 학적변동이 발생한 경우에는 전출교와 전입교에서 각각 학적변동이 발생한 일자, 학교와 학년, 학적변동 내용을 입력한다. 학적 처리에 사용하는 용어는 별지 제7호와 같다.

③ '특기사항'란에는 학적변동의 사유를 입력한다. 특기사항 중 학교폭력과 관련된 사항은 「학교폭력 예방 및 대책에 관한 법률」 제17조에 규정된 가해학생에 대한 조치사항을 입력한다.

제8조 (출결상황) ① '수업일수'는 초 · 중등교육법시행령 제45조의 규정에 의하여 학교

장이 정한 학년별 학생이 연간 총 출석해야 할 일수를 입력한다.

② '결석일수', '지각', '조퇴', '결과'는 별지 제8호의 '출결상황 관리'에 따라 질병 · 무단 · 기타로 구분하여 연간 총일수 또는 횟수를 각각 입력한다.

③ 재취학 등 학적이 변동된 학생의 동 학년의 수업일수 및 출결상황은 학적변동 전(원적교)의 것과 변동 이후의 것을 합산하여 입력한다.

④ '특기사항'란에는 결석사유 또는 개근 등 특기사항이 있는 경우 학급 담임교사가 입력한다. 특기사항 중 학교폭력과 관련된 사항은 「학교폭력 예방 및 대책에 관한 법률」 제17조에 규정된 가해학생에 대한 조치사항을 입력한다.

제9조 (수상경력) ① 재학 중 학생이 교내에서 수상한 상의 명칭, 등급(위), 수상연월일, 수여기관명, 참가대상(참가인원)을 입력한다.

② (삭제)

③ 동일한 작품이나 내용으로 수준이 다른 상을 여러 번 수상하였을 경우, 최고 수준의 수상 경력만을 입력한다.

제10조 (자격증 및 인증 취득상황) ① 학생이 취득한 자격증의 명칭 또는 종류, 번호 또는 내용, 취득연월일, 발급기관을 입력하며 원본을 대조한 후에 취득한 순서대로 입력한다.

② 제1항에 따라 기재할 수 있는 자격증은 국가기술자격법에 의한 국가기술자격증, 개별 법령에 의한 국가자격증, 자격기본법에 의한 국가공인을 받은 민간자격증 중 기술과 관련 있는 내용으로서 고등학생이 재학 중에 취득한 것으로 한다.

③ 제1항 및 제2항의 내용은 초등학교와 중학교 학교생활기록부인 별지 제1호 내지 2호 및 제4호 내지 5호의 '자격증 및 인증 취득상황'에는 입력하지 않는다.

④ 고등학교의 장은 학교교육계획에 의한 국가직무능력표준의 이수상황을 학교생활기록부에 기재할 경우 별지 제3호, 제6호의 서식에 따라 입력한다.

제11조 (진로희망 사항) 학기 중에 진로지도를 실시하여 파악한 학생의 진로희망과 희망 사유를 담임교사가 입력한다. 단, 담임교사 외 진로교육 담당자의 자료가 있을 경우 이를 받아 담임교사가 입력한다.

제12조 〈삭제〉

제13조 (창의적 체험활동 상황) ① 창의적 체험활동의 4개 영역별 활동내용, 평가방법 및 기준은 교육과정을 근거로 학교별로 정하며, 자율활동, 동아리활동, 봉사활동, 진로활동의 영역별 이수시간 및 특기사항(활동실적이 우수하거나 개별적 특성이 드러나는 사항 등)을 입력하되, 초등학교 '자율활동', '동아리활동', '봉사활동' 3개영역의 특기사항은 통합하여 종합적으로 기록하고, 초등학교 '진로활동' 영역은 별도로 구분하여 기록한다. 또한, 안전한 생활(초등학교 1~2학년)은 교육과정 성취기준을 근거로 이수시간 및 특기사항을 별도로 기록한다.

② 제1항의 봉사활동 영역의 실적은 학교계획에 의한 봉사활동과 학생 개인계획에 의한 봉사활동의 구체적인 내용을 별도의 '봉사활동실적'란에 연간 실시한 봉사활동의 일자 또는 기간, 장소 또는 주관기관명, 활동내용, 시간을 실시일자 순으로 모두 입력하며, 체계적이고 지속적인 봉사활동 등 특기할 만한 사항이 있는 경우 봉사활동 특기사항란에 자세히 입력한다.

③ 제1항의 규정에 의한 영역별 누가기록은 공정성, 객관성, 투명성, 신뢰도, 타당도 등이 확보되도록 서식을 개발하여 활용하되, 학생의 구체적 활동 내용이 포함된 자료를 바탕으로 전산입력하여 관리함을 원칙으로 한다.

④ 제1항의 '진로활동'의 특기사항에는 활동실적이 우수한 사항과 각종 진로검사 및 진로상담 결과, 관심분야 및 진로희망과 관련된 학생의 활동내용 등 학생의 진로 특성이 드러나는 사항을 담임교사가 입력한다.

⑤ 제1항의 동아리활동 중 학교스포츠클럽활동의 실적은 활동 인정기간 동안 학교장이 승인한 학교스포츠클럽활동의 구체적인 활동 내용으로 '동아리활동'란에 클럽명, 활동시간, 팀에서의 역할, 포지션, 대회출전경력 등을 입력하되, 활동시간은 동아리활동 이수시간에 합산한다.

⑥ 제1항의 동아리활동 중 청소년단체활동의 실적은 학교 교육계획에 의한 청소년단체활동과 학교장의 승인을 받은 학교 교육계획 이외의 청소년단체활동으로 구분하여 '동아리활동'란의 특기사항에 입력할 수 있다.

⑦ 제1항의 규정에 의한 자율활동, 봉사활동의 특기사항은 담임교사가, 동아리활동의 특기사항은 해당 동아리 담당교사가 입력한다.

제14조 (교외체험학습 상황) 〈삭제〉

제15조 (교과학습발달상황) ① 교과학습발달상황의 평가는 별지 제9호 '교과학습발달

상황 평가 및 관리'에 의거 시행한다.

② 초등학교의 교과학습발달상황은 각 교과별 성취기준에 따른 성취수준의 특성 및 학습활동 참여도 등을 '세부능력 및 특기사항'란에 교과별로 문장으로 입력하되, 1, 2학년 '바른생활', '슬기로운 생활', '즐거운 생활' 교과는 통합하여 입력하고, 방과후학교 수강내용(강좌명, 이수시간)을 입력할 수 있다.

③ 중학교는 제1항의 규정에 의하여 시행한 평가에 따라 '교과', '과목', '성취도(수강자수)', '원점수/과목평균(표준편차)'을 산출하여 각 학기 말에 입력한다. 다만, 체육 · 예술(음악/미술) 교과(군)의 과목은 '교과', '과목', '성취도'를 입력한다.

④ 고등학교는 제1항의 규정에 의하여 시행한 평가에 따라 '교과', '과목', '단위수', '원점수/과목평균(표준편차)', '성취도(수강자수)', '석차등급'을 산출하여 각 학기 말에 입력한다. 다만, 전문교과Ⅱ는 '교과', '과목', '단위수', '원점수/과목평균(표준편차)', '성취도(수강자수)'를 입력하고, 보통교과의 체육 · 예술 교과(군)의 일반 선택 과목은 '교과', '과목', '단위수', '성취도'를 입력한다.

⑤ 중 · 고등학교의 '비고'란에는 학교간 통합 선택교과 이수, 학적변동으로 인한 이수과목 상이 등 교육과정 운영에 따른 특기사항에 관한 내용을 간략하게 입력한다.

⑥ 중 · 고등학교의 '세부능력 및 특기사항(특기사항)'란에는 특기할 만한 사항이 있는 과목 및 학생에 대하여 각 호와 같이 입력한다.

1. '세부능력 및 특기사항'란에는 과목별 성취기준에 따른 성취수준의 특성 및 학습활동 참여도 등을 문장으로 입력한다. 다만, 전문 교과 II의 실무과목은 능력단위별로 학습활동 참여도 및 태도 등을 문장으로 입력한다.

2. 체육 · 예술 교과(군)의 '특기사항'란에는 각 과목별 성취기준에 따른 성취수준의 특성, 실기능력, 교과적성, 학습활동 참여도 및 태도 등을 문장으로 입력한다.

3. 방과후학교 수강내용은 강좌명, 이수시간을 입력할 수 있다.

⑦ 고등학교의 보통 교과 중 교양 교과는 과목명 및 이수단위를 입력하고 '성취도'란과 '석차등급'란에는 'P'를 각각 입력한다. 또한, 중학교에서도 고등학교 교양교과(환경, 보건, 진로와 직업 등) 성격의 과목을 선택하여 이수한 경우 과목명 및 이수시간을 입력하고 이수여부에 'P'를 입력한다.

⑧ (삭제)

⑨ 보통교과[체육 · 예술 교과(군)의 일반 선택 과목, 교양 교과(군)의 과목 제외]의 과목 수강자수가 13명 이하인 경우 '교과', '과목', '단위수', '원점수/과목평균(표준편차)', '성취도(수강자수)'를 입력하고, '석차등급'란에는 '석차등급'이나 '·'을 입력한다.

다만, 수강자수가 13명 이하인 과목이 2과목 이상인 경우에 '석차등급'란에 '석차등급' 또는 '·' 표기 중 한 가지 방법으로 동일하게 입력한다.

⑩ (삭제)

⑪ 체육 · 예술계 중학교(예술체육 중점학교 포함)에서 학생이 선택과목으로 체육계 과목 또는 음악 · 미술계 과목을 이수한 경우 '교과', '과목', '원점수/과목평균(표준편차)', '성취도(수강자수)'를 입력한다.

⑫ 학생이 자유학기에 이수한 과목의 '성취도(수강자수)'란에 'P'로 입력하고, '원점수/과목평균(표준편차)'란은 '공란'으로 둔다. '세부능력 및 특기사항'란에는 모든 과목에 대해 각 과목별 성취기준에 따른 성취수준의 특성, 학습활동 참여도 및 태도, 활동 내역 등을 문장으로 입력한다. 또한, 학생이 자유학기에 이수한 체육 · 예술(음악/미술) 교과(군)의 과목은 '성취도'란에 'P'를 입력하고, '특기사항'란에는 모든 과목에 대해 각 과목별 성취기준에 따른 성취수준의 특성, 실기능력, 교과적성, 학습활동 참여도 및 태도 등을 문장으로 입력한다.

⑬ 교과학습발달상황의 '세부능력 및 특기사항'은 교과담당교사가 입력한다. 단, 방과후학교 교육활동은 관련 과목이 개설되지 않은 경우 담임교사가 입력한다.

⑭ 고등학교에서 학교 간 통합 선택교과로 이수한 과목[체육 · 예술 교과(군)의 일반선택과목, 교양 교과(군)의 과목 제외]은 '교과', '과목', '단위수', '원점수/과목평균(표준편차)', '성취도(수강자수)'를 입력한다.

제15조의2 (자유학기활동상황) ① 학교장은 자유학기 중에 자유학기 활동을 실시한 결과를 별지 제2호, 제5호의 서식에 따라 입력한다.

② 별지 제2호, 제5호의 '특기사항'란은 자유학기 활동별 담당교사가 수시로 관찰한 활동 내용, 참여도, 흥미도 등을 문장으로 입력한다.

제15조의3 (독서활동상황) ① 중 · 고등학교의 개인별 · 교과별 독서활동상황은 독서활동에 특기할 만한 사항이 있는 학생을 대상으로 학기 말에 입력한다.

② 학생이 읽은 책의 제목과 저자를 교과 담당교사 또는 담임교사가 입력한다.

제16조 (행동특성 및 종합의견) ① 행동특성 및 종합의견은 수시로 관찰하여 누가기록된 행동특성을 바탕으로 총체적으로 학생을 이해할 수 있는 종합의견을 담임교사가 문장으로 입력한다.

② 행동특성 중 학교폭력과 관련된 사항은 「학교폭력 예방 및 대책에 관한 법률」 제17조에 규정된 가해학생에 대한 조치사항을 입력한다.

제17조 (기타 사항) ① '졸업대장번호'란은 졸업대장의 번호를 입력한다.

② '구분'란은 학생의 학과, 반, 번호 및 담임성명을 입력하며, 변경사항이 있을 경우에는 변경 전 · 후의 내용을 함께 입력하며, '전공 · 과정'란에는 특성화고등학교(특정분야의 인재양성을 목적으로 하는 교육을 실시하는 학교에 한함)의 학기별 전공코스 이수, 산업체 실습과정 또는 일반고등학교, 특수목적고등학교 및 자율고등학교의 개인별 과정선택 등 교육과정 이수에 따른 특기사항을 입력한다.

③ '사진'란에는 입학년도에 촬영한 천연색 상반신 사진(3.5㎝×4.5㎝, 전산자료) 1매를 입력하며, 졸업학년도에는 졸업학년도에 촬영한 사진으로 교체 입력한다.

제18조 (자료의 보존) ① 학교의 장은 공공기록물 관리에 관한 법률 및 동법 시행령에 의거 학교생활기록부(학교생활기록부 I)를 준영구 보존해야 한다. 단, 초 · 중 · 고 및 특수학교의 특수교육대상자 중 특수학교 기본교육과정을 적용하는 학생에 대하여는 교과학습발달상황 항목에 '세부능력 및 특기사항'란을 포함하여 준영구 보존해야 한다.

② 학교의 장은 학교생활세부사항기록부(학교생활기록부 II)의 전산자료를 학생 졸업 후 5년 동안 보존하여야 하며, 보존기간이 종료된 후 폐기 처분하여야 한다.

③ 학교의 장은 제1항에 따라 준영구 보존하는 학교생활기록부(학교생활기록부 I)를 학생 졸업 후 5년 동안 학교에서 보관하고, 이후에는 「공공기록물 관리에 관한 법률 시행령」 제4조, 제31조, 제32조에 따라 보존 · 관리하여야 한다.

④ 학교의 장은 학교생활세부사항기록부(학교생활기록부 II)의 학적사항의 '특기사항'란에 입력된 「학교폭력예방 및 대책에 관한 법률」 제17조 제1항 제8호의 조치사항과 출결상황의 '특기사항'란에 입력된 「학교폭력예방 및 대책에 관한 법률」 제17조 제1항 제4호 · 제5호 · 제6호의 조치사항을 학생이 졸업한 날로부터 2년이 지난 후에는 삭제하여야 한다. 다만, 해당 학생의 반성 정도와 긍정적 행동변화 정도를 고려하여 졸업하기 직전에 「학교폭력예방 및 대책에 관한 법률」 제12조 제1항에 따른 학교폭력대책자치위원회의 심의를 거쳐 학생의 졸업과 동시에 삭제할 수 있다.

⑤ 학교의 장은 학교생활세부사항기록부(학교생활기록부 II)의 '행동특성 및 종합의견'란에 입력된 「학교폭력예방 및 대책에 관한 법률」 제17조 제1항 제1호 · 제2호 ·

제3호 · 제7호의 조치사항을 학생의 졸업과 동시에 삭제하여야 한다.

제19조 (자료의 정정) ① 학교의 학년도는 「초 · 중등교육법」 제24조(수업 등)에 따라 3월 1일부터 시작하여 다음 해 2월 말일까지로 하며, 매학년이 종료된 이후에는 당해 학년도 이전의 학교생활기록부 입력자료에 대한 정정은 원칙적으로 금지한다.
② 제1항의 규정에도 불구하고, 객관적인 증빙자료가 있는 경우에만 정정이 가능하며, 정정시에는 반드시 정정내용에 관한 증빙자료를 첨부하여 정정의 사유, 정정내용 등에 대하여 학교 학업성적관리위원회의 심의 절차를 거친 후 학교생활기록부 정정대장(별지 제10호의 1)의 결재 절차에 따라 정정 사항의 발견 학년도 담임교사가 정정 처리해야 한다. 다만, 제6조의 인적사항은 학업성적관리위원회 심의를 생략할 수 있다.
③ 학교생활기록부 정정대장은 교육정보시스템에서 제공하는 결재 절차를 거쳐 학기 중에는 전자문서로 관리하다가 매학년도 말 처리가 종료되면 출력하여 증빙서류와 함께 준영구 보관한다.
④ 학교의 장은 「초 · 중등교육법」 제30조의 6 제1항 제1호 및 2호의 규정에 의해 학교생활기록부(별지 제1호 내지 제6호의 서식)를 제공하는 경우 교육부, 시 · 도교육청 또는 입학전형을 실시하는 상급학교의 요청이 있으면 당해(학교) 입학전형에 응하는 해당 학생의 학교생활기록부 정정대장(별지 제10호의 1)을 제공할 수 있다.
⑤ 학교의 장은 제4항의 규정에 따라 정정대장을 제공할 시에는 다음 각 호의 어느 하나에 해당하는 내용 중 학생의 개인정보를 보호할 필요가 있다고 판단되는 경우 그에 대한 정정사항은 제외하여 제공해야 한다.
1. 학생 본인 및 가족(보호자 포함)의 질병명 등
2. '인적사항' 항목의 학생의 성별, 주소, 가족상황, 특기사항
3. 제18조 제4항 · 제5항에 따른 조치사항 삭제와 관련된 내용

제20조 (자료의 제공) ① 초등학교 및 중학교의 장은 지속적인 진로교육을 위하여 학교생활기록부의 진로 관련 사항(진로희망사항 및 창의적 체험활동상황 중 진로활동 영역을 말한다. 이하 이 조에서 같다)을 해당 학생(학생이 미성년자인 경우에는 학생과 학생의 부모 등 보호자)의 동의를 받아 상급학교(초등학교의 경우 중학교 및 고등학교, 중학교의 경우 고등학교를 말한다)의 장에게 전산자료의 형태로 진학이 확정된 후에 제공할 수 있다.

② 중학교 및 고등학교의 장은 제1항에 따라 제공받은 전산자료를 해당 학생의 재학(유예 및 휴학 포함) 기간 동안 진로교육을 위한 목적으로만 활용하여야 하며, 해당 학교급의 학교생활기록부와 별도로 관리하여야 한다.

③ 제1항에 따른 개인정보(진로 관련 사항) 활용 동의서는 별지 제11호 서식에 따른다.

제21조 (준용 등) 학교생활기록 작성과 관련하여 이 지침에 정하지 아니한 사항에 대하여는 다른 관련 법규를 준용한다.

제22조 (재검토 기한) 「훈령 · 예규 등의 발령 및 관리에 관한 규정」(대통령훈령 제334호)에 따라 이 훈령 발령 후의 법령이나 현실여건의 변화 등을 검토하여 이 훈령의 폐지, 개정 등의 조치를 하여야 하는 기한은 2020년 8월 31일까지로 한다.

부 칙

(제243호, 2018.1.31.)

제1조 (시행일) 이 지침은 2018년 3월 1일부터 시행한다.

제2조 (교과학습발달상황에 관한 적용례) ① 제15조 제4항, 7항, 8항, 9항 및 별지 제3호, 별지 제6호, 별지 제9호 중 2015 개정 교육과정 관련 내용은 2018학년도 고등학교 1학년부터 순차로 적용한다.

② 다만, 동 조 제4항, 9항, 별지 제9호 중 체육 · 예술 교과(군)의 성적 산출 관련 내용은 각 호에 따라 2018학년도 고등학교 2, 3학년에도 동시 적용한다.

가. 2015 개정 교육과정의 일반 선택 과목은 2009 개정 교육과정의 일반과목으로 본다.

나. 2015 개정 교육과정의 진로 선택 과목 및 전문교과 I 은 2009 개정 교육과정의 심화과목으로 본다.

③ 연도별로 적용되지 않는 대상자는 종전 훈령에 의한다.

3. 학생과 학부모에게 보고하기

교사는 학생들의 진전 상황에 대한 정보를 수집하고, 이러한 진전 상황에 대한 보고를 통지표 형태로 제공할 필요가 있다. 통지표에는 평가 결과에 대한 요약과 그것을 이해할 수 있는 간단한 설명이 담겨져 있다. 통지표는 학생의 성취도를 종합하여 나타낸 주관적 평가인 경우가 많다. 모든 학교들은 보고 절차를 표준화하기 위하여 국가에서 설정한 몇 가지 준거를 따라야만 한다. 그 준거 하에서 초임교사들은 학생과 학부모 및 학교행정가에게 보고할 필요가 있는 요인들을 찾을 필요가 있다.

대부분의 통지표는 점수와 교사의 논평을 담고 있다. 대체로 초등학교 저학년 학생들의 경우엔 점수가 제시되지 않고 교사의 논평만을 담고 있는 경우가 많다. 일단 문자점수가 소개되면, 그 점수는 학생들의 태도, 공부습관, 노력, 강점 및 개선이 필요한 영역에 관한 문장기술식 논평으로 확장되어야 한다.

교사는 학교에서 학생들의 진전 상황에 대해 명료하게 서술해야 할 책임을 가진다. 다른 많은 직업과 마찬가지로 교직도 그 나름의 전문 용어를 갖고 있다. 그렇지만 많은 학부모들은 교육 용어에 익숙하지 않다. 학생들이 학습의 질에 대한 명확한 지표를 이해함으로써 이득을 얻는 것과 마찬가지로 학부모들도 자녀들이 무엇을 완전 학습하였고 어떤 도움을 필요로 하는가를 정확하게 이해함으로써 이득을 얻는다. 각 학생의 통지표는 그가 할 수 있는 것이 무엇이고, 좀 더 개선되어야 할 점이 무엇인지, 그리고 그의 학습을 지원하기 위한 방법이 무엇인지를 알기 쉬운 언어로 간단히 기술된 문장을 포함해야만 한다. 다시 말해서, 학부모들이 이해하기 어렵거나 애매모호한 용어보다는 이해하기 쉬운 간단하면서도 명료한 용어를 사용해야 한다.

많은 학교에서는 통지표라고 하는 공식적 과정 외에도 비공식적 보고를 하고 있다. 비공식적 보고는 학부모와의 협의회, 학생주도의 협의회, 포트폴리오 검토, 전화, 메모, 전자메일, 중간보고 등을 통해서 이루어질 수 있다. 중간보고는 특히 어떤 학생이 학업적 혹은 행동적 어려움을 겪고 있을 때 중요하며, 이러한 중간보고를 통해 학부모들은 최신의 정보를 갖게 된다. 담당 학급의 모든 학생들의 진전 상황에 관한 좋은 의사소통은 가정과 학교의 유대관계 형성과 학생들의 학업성취에 큰 도움이 된다(Jordan & Porath, 2006).

학생과 학부모에게 평가결과를 보고하는 것은 학생의 학습과 발달을 촉진하는 데 큰 도움이 된다. 평가결과의 보고는 학교의 교육목표를 명확하게 밝혀 주고, 학생의 학습상의 장점과 단점을 나타내 주고, 학생의 개인적 및 사회적 발달에 대한 이해를 더욱 도모하도록 해 주며, 학생의 학습동기에 기여하는 바가 크다. 평가결가의 보고는 학생들에게 자신의 학습 진전도에 관한 자기평가의 적절성을 점검하는 데 기초 자료를 제공해 준다. 학부모들은 평가결과의 보고를 통해서 학교의 교육목표를 알게 되고, 그 목표에 대한 자녀의 진전도에 대한 이해를 하게 된다. 학교의 목표를 이해함으로써 학부모들은 그들 자녀의 학습과 발달을 증진시키는 데에 학교 교직원들과 더욱 협력할 수 있고, 학교에서 경험하고 있는 자녀의 성공과 실패 및 문제점에 관한 정보를 통해서 자녀에게 필요한 정서적인 지지와 격려를 할 수 있으며, 자녀의 학습 진전도에 대해 파악함으로써 그들 자녀의 교육적 및 직업적 계획을 수립할 수 있다. 이러한 목적을 적절하게 돕기 위해서는 가급적 학부모들이 합리적으로 이해하고 활용할 수 있도록 상세하면서도 포괄적인 정보를 보고내용에 담아야 한다.

❦ 가정통신문의 작성 지침

- ○ 학부모가 흐뭇해할 수 있는 이야기에서 시작하라.
- ○ 끝맺음을 할 때는 낙관적 태도를 보여라.
- ○ 만약 학생에게 어떤 문제가 있다면 그에 대한 학부모의 협력을 요청하라.
- ○ 학생의 사회적, 신체적, 학업적 발달 상황을 말하라.

① 사회적(시민적 자질)
- 바람직한 특성: 주의, 학교에 대한 태도, 물품관리, 협력, 정직, 노력, 공명정대, 단정, 진실성, 순종성, 솔선수범, 신뢰성, 자기통제, 자신감, 주의집중, 예의, 절약, 인내, 감사, 친절, 동정, 질서, 우정, 타인의 권리존중 등
- 바람직하지 못한 특성: 이기심, 낭비, 사치, 비신뢰성, 부정적, 둔한 동작, 심술궂음, 건방짐, 부주의, 불결, 난폭, 소란, 오만, 부정행위, 열등감, 무례, 잡담, 야비, 조급, 절도 등

② 신체적(건강조건): 자세, 체중, 생동력, 신체결함, 청결, 근육통정, 신경질, 정서적 특성 등

③ 학업적
- 흥미: 교내활동에서, 특별활동에서
- 작업방법: 진행방법, 목표설정, 계획, 종결, 판단, 작업의 일관성 등
- 학업성적: 지식과 감상 및 기술의 발달, 잘하고 있는 과목과 그렇지 못한 과목의 목록, 학생의 기대수준과 능력과의 관계 등

- ○ 학생의 학력을 이전의 노력 상황과는 비교하더라도 다른 동료들의 것과는 비교하여 말하지 말라.
- ○ 학업성취는 학생의 능력에 비추어 보고 말하라.
- ○ 정상적 발달이 못되는 이유는 먼저 우리들의 책임임을 의식하고, 만약 그런 면이 있을 땐 가급적 이유를 암시적으로 제시하라. 예를 들어, 지각, 결석, 건강불량 등
- ○ 학부모가 크게 역할을 하는 건강관계를 말하라. 예를 들어, 편식, 의복, 휴식, 운동 등
- ○ 가정 연락 통신문은 마치 법관의 판결문이 아닌 의사의 진단서와 같은 성격의 전문적 진단서가 되도록 하라.

* 출처: 정종진(2010). 교육평가: 이론과 실제. 파주: 양서원. p. 368.

토의문제

1. 학교현장에서 백분율 성적처리 체제가 사용되는 이유는 무엇이며, 이런 백분율에 기초한 평가가 지니는 문제점은 무엇인가?
2. 학생들의 학습결과에 대해 평가할 때 능력관련평가와 성장관련평가를 도입·적용하는 것에 대해 어떻게 생각하는가?
3. 학교생활기록부가 지니는 의의는 무엇이며, 어떻게 기록하는 것이 바람직한가?
4. 학교생활기록부 작성 및 관리지침에 따르면, 학생들의 교과학습발달상황은 어떻게 작성하도록 되어 있는가?
5. 학교생활기록부 작성 및 관리지침에 따르면, 학교생활기록부를 어떻게 보존하도록 되어 있는가?
6. 학생들의 발달과 학습에 대한 과정이나 결과를 학생과 학부모에게 어떻게 보고하는 것이 바람직한가?
7. 가정통신문은 마치 법관의 판결문이 아닌 의사의 진단서와 같은 성격을 띠어야 하는 까닭이 무엇인가?

제2부

표준화 검사의 이해와 활용

제7장

표준화 검사의 특성

오늘날 표준화 검사는 널리 이용되고 있으며, 거의 대부분 학생들이 겪는 교육적 경험의 일부분이다. 표준화 검사는 교사, 학교, 지역, 국가의 학업성취도를 비교하기 위해서 사용되기도 하고, 대학 입학에서처럼 학생들을 선발하기 위해 사용되기도 하며, 또한 특수학급에 배치할 것인지의 여부를 결정하기 위해서 사용되기도 한다. 그리고 책무성을 강조하는 최근의 추세로 인해 표준화 검사는 교사의 삶에 있어서 점차 중요한 부분이 되고 있다. 그러므로 교사는 표준화 검사를 잘 이해하고 효과적으로 활용해야 한다. 이 장에서는 표준화 검사란 무엇인지 그 특성과 기능 및 유형을 살펴보기로 한다.

1. 표준화 검사의 의미

표준화 검사(standardized tests)는 적절한 내용과 비교점수를 개발하기 위해 많은 학생들, 때로는 전국의 학생들에게 실시하는 검사이며, 일정한 절차에 따라 실시되고 채점된다. 출판사나 검사서비스기관에 의해 잘 준비되어 있고, 배포되며, 채점이 되기 때문에 출판된 검사(published tests)라는 용어가 가끔 사용되기도 하지만 대체로 표준화 검사라고 불린다. 표준화 검사를 정의함에 있어서 일정한 또는 표준화된 절차가 핵심이며, 다음과 같은 이유로 표준화 검사라고 불린다(Snowman & Biehler, 2003).

- 전문적인 지식과 검사 제작 훈련을 받은 사람들에 의해 만들어졌다는 점
- 검사를 받는 모든 사람들은 동일한 조건 하에서 동일한 문항에 대해 반응

을 한다는 점

- 응답 결과는 동일한 채점 기준에 따라 평가된다는 점
- 채점된 점수가 동일한 조건 하에서 동일한 검사를 받았던 집단(규준집단이라고 불림)이 획득한 점수와의 비교나 혹은 일부 학력검사의 경우에서처럼 미리 정해진 기준과의 비교를 통해서 해석된다.

표준화 검사를 실시하는 기본적인 목적은 한 개인이 어떤 특성(특정한 수학적 개념과 조작에 대한 지식과 같은)을 얼마나 많이 소유하고 있는가에 대한 정확하고 대표적인 표본(sample)을 얻기 위한 것이다. 한 검사로부터 정확한 측정을 얻는 이점은 분명하다. 잘 설계된 표준화 검사가 비표준화 검사보다 특정의 특성을 보다 정확하게 측정할 수 있다. 광범위한 측정은 비용이 많이 들고, 시간이 많이 소요되며, 실시하기가 성가시기 때문에 표준화 검사는 특성의 표본을 측정한다(Walsh & Betz, 2001).

표준화 검사에는 규준관련검사와 준거관련검사가 있다. 규준관련검사는 각 피검자들의 점수를 모든 피검자들의 점수와 비교한다. 표준화 검사는 채점을 위한 표준과 내용을 마련하기 위해 많은 수의 학생들에게 실시한다. 많은 학생들에게 어떤 검사를 실시하는 것은 검사 개발자에게 규준이나 규준점수를 개발하도록 도와 준다. 규준점수는 모집단에서 개인들의 수행을 반영하는 점수이다. 예를 들어, 박 선생님과 김 선생님이 관심을 가지는 모집단은 우리나라 전체 초등학교 5학년 학생들이다. 학생, 교사, 교육행정가, 학부모들은 그들 학교 학생들의 검사 점수가 국가적 차원의 규준과 비교해 어느 정도 되는지에 관심이 있다. 규준은 국가, 지역, 심지어는 학급 학생들의 검사 점수가 된다. 따라서 규준 표본이 누구인지를 아는 것이 중요하다.

준거관련검사는 다른 학생들의 수행과 비교하기보다는 학생들이 알아야 하는 것과 비교하여 학생들의 수행을 측정한다. 예를 들어, 분수에 관한 수학 시험에서 어떤 학생이 다른 학생들에 비해 어느 정도 잘하는지를 아는 것뿐만

아니라 그 학생이 이해하는 것과 이해하지 못하는 것을 아는 것이 교사에게는 도움이 된다. 준거관련검사는 규준관련검사와는 다르게 개발되는데, 다른 학생들과 비교하기보다는 어떤 교과과정에서 요구되는 지식을 학생이 어느 정도 이해하고 있는지를 강조한다. 준거관련검사는 종종 기준관련검사, 내용관련검사, 혹은 영역관련검사로 불리기도 하는데, 이것은 수행을 미리 정한 기준과 비교하는 것이다. 준거관련검사는 기준이 학습목표의 형태를 띨 경우 목표에 기초한 검사로 불리기도 한다(Mertler, 2007).

규준관련검사와 준거관련검사의 주요 차이점은 점수가 보고되는 방식에 있다. 예를 들어, 규준관련검사에서는 학생들의 성적을 백분위 순위로 보고한다. 이러한 유형의 정보는 각 지역의 학생들을 전국의 학생들과 비교할 때 유용하다. 그러나 규준관련검사는 실제로 학생이 무엇을 알고 있는지에 관해 교사에게 구체적인 정보를 알려주지 못한다. 이 때문에 준거관련검사가 유용한데, 이 검사는 두 자리 숫자를 더하는 능력이나 문단의 주제를 파악하는 능력과 같이 구체적인 학습목표를 달성했는지에 관한 정보를 제공해 준다. 준거관련검사에서 보고되는 점수는 대체로 정답의 빈도나 비율 또는 합격-불합격이나 상 · 중 · 하와 같이 보다 일반적인 용어를 사용한다.

기준 및 책무성에 대한 사회적 관심 때문에 의사결정자들은 준거관련점수를 더 많이 강조하고 있다. 그러나 전국 단위에서는 여전히 규준관련검사가 널리 사용되고 있는데, 그 이유는 지역 간 비교를 가능하게 하고 검사 내용의 일반적인 특성 때문에 다양한 상황에서 사용할 수 있기 때문이다. 규준관련검사는 광범위한 비교를 가능하게 하고, 준거관련검사는 구체적인 목표 달성에 관한 정보를 제공해 주기 때문에 두 검사 모두 유용하고 검사목적에 따라 달리 활용된다.

2. 표준화 검사의 기능

표준화 검사는 학교장면에서 다음과 같은 세 가지 주된 기능을 수행한다(Aiken, 2003; Stiggins, 2005).

1) 학습평가 및 진단

교사의 관점에서 표준화 검사가 지닌 가장 중요한 기능은 학생들의 학업 향상에 관한 정보를 외부에서 객관적으로 제공해 준다는 점이다. 정 교사 학급을 예로 들면, 영주가 국어에서 지속적으로 A를 받았지만, 이것이 전국에 있는 다른 학생들과 비교했을 때 어느 정도인지를 말해 주지는 않는다. 영주가 받은 A는 높은 성취 때문인가? 아니면 점수가 관대하기 때문인가? 표준화 검사는 학생의 향상에 대한 완전한 정보를 제공하도록 도와 준다.

또한 표준화 검사는 학생들의 장점과 단점을 진단하는 데 도움이 된다(Popham, 2005). 예를 들어, 영주의 수학 성적이 낮은 사실을 정 교사가 알게 되었다면, 영주로 하여금 표준화 진단검사를 치르게 할 수 있다. 교사들은 이러한 검사를 개별적으로 실시하는 데, 그 목적은 특정 내용 영역에서 학생의 성취에 관한 정보를 습득하기 위해서다.

2) 선발과 배치

표준화 검사의 또 다른 기능은 어떤 학생을 특별한 목적의 수업에 선발,

배치하는 것이다. 예를 들어, 어떤 고등학교에 입학하는 학생들은 매우 다른 유형의 중학교를 졸업하고 다양한 배경과 능력을 지니고 있을 가능성이 높다. 따라서 교사는 표준화 검사에서 학생들이 획득한 점수를 토대로 학생들의 배경과 능력에 맞는 학급 배치를 실시할 수 있다.

또한 교사는 표준화 검사 결과를 이용해서 영재교육 프로그램과 같은 고급 프로그램에 학생들을 배치하고, 대학 입학 허가와 관련된 결정을 내린다. 대부분의 대학생이 인지하고 있듯이 대학수학능력시험(수능) 점수와 같은 표준점수는 학생들이 선택한 대학교에 입학할 수 있는지를 결정하는 데 중요하다. 그리고 표준화 검사 점수는 학생들을 영재교육 프로그램에 추천할 때 고려하는 한 가지 기준이기도 하다.

3) 프로그램 평가와 책무성

표준화 검사는 또한 교수 프로그램의 질에 관한 정보를 제공해 주는 기능을 한다. 예를 들어, 한 초등학교 교사가 전통적인 읽기교육에서 쓰기와 문학을 강조하는 다른 종류의 읽기교육으로 전환한다고 할 경우, 교사는 이러한 변화의 효과를 평가하기 위해 표준화 검사 결과를 활용할 수 있다.

학생들의 학습에 대한 학교와 교사들의 책임이 점점 더 증가하고 있다. 학부모와 학교운영위위원회, 정부관리 및 정책결정자들은 국민의 세금이 효율적으로 사용되고 있는지에 대한 증거를 요구하고 있다. 표준화 검사 점수는 이러한 효과성에 대한 한 가지 지표를 제공해 준다.

❦ 학생 상담에서 심리검사의 기능

상담에서 심리검사는 내담자의 개인내적 및 개인간 비교를 통해 내담자의 행동이나 성격을 이해하고 이를 바탕으로 내담자의 문제해결에 도움을 주기 위한 것이다. 다시 말해서, 심리검사는 내담자에 대한 정확한 정보를 수집하고, 이들 정보를 활용해서 내담자 자신에 대한 이해를 도와주고, 일상생활에서 긍정적 변화를 유도하는 목표를 가진 절차라고 할 수 있다. 심리검사에 따른 평가는 단순히 내담자의 현재 상태를 기술하기 위한 도구가 아니라 상담적 · 임상적 의사결정을 내리고 상담의 성과를 평가하는 데 유용하며 심리검사 자체가 상담 및 치료 기법의 역할을 한다(김영환 · 문수백 · 홍상황, 2005).

- **상담적 · 임상적 의사결정**: 내담자의 문제 확인 및 명료화, 상담 계획(방법) 설정, 상담의 진전을 밝히는 것과 관련된 의사결정을 할 때 심리검사를 활용할 수 있다.
- **상담기법**: 심리검사의 자료는 상담을 위한 만남의 촉매제 역할을 하고, 내담자에게 객관적인 피드백을 제공하고, 내담자의 자기평가를 촉진시키고, 내담자와 상담자가 서로 일치하는 상담목표에 도달하는 데 도움이 된다.
- **상담계획 수립**: 심리검사에 따른 평가는 내담자의 성격과 외적 자원에 적합한 상담계획을 발전시키는 역할을 한다. 상담자가 내담자의 문제를 개선하기 위해 일련의 목표를 설정하고 내담자를 도와 상담목표를 달성하기 위한 구체적인 수단을 발전시키는 상담계획을 수립할 때 심리검사는 큰 도움이 된다. 상담계획에서 심리검사는 내담자의 문제를 확인하고, 문제를 명료화하고, 중요한 특징을 확인하며, 예상된 호전경과에 따른 상담의 진전을 검토하는 데에 중요한 역할을 한다.
- **상담성과의 평가**: 심리검사를 실시하는 중요한 이유 중의 하나는 상담적 개입의 성과를 평가하기 위한 것이다. 상담에서 성과평가는 상담의 시작부터 종결에 이르기까지 내담자의 상태가 얼마나 호전 · 변화되었는지를 객관적으로 측정하기 위한 것이고, 어떤 경우에는 상담을 종결한 뒤에 상담효과의 지속에 대한 평가까지도 포함한다. 이런 상담효과에 대한 피드백은 내담자에게 자신감과 자존감을 가지게 하고 내담자 자신의 상태를 보다 현실적인 관점으로 보게 하고 지속적인 상담의 필요성에 대한 객관적인 지표가 될 수 있다.

3. 표준화 검사의 제작과정

표준화 검사가 어떤 절차와 과정을 거쳐 제작되는가를 알아두는 것은 표준화 검사를 이해하고 활용하는 데 크게 도움이 된다. 표준화 검사의 제작과정은 다음과 같다(김석우, 2009). 이 중 규준 작성을 제외하면 교사가 제작하는 검사에도 동일하게 적용될 수 있다.

1) 제작계획 수립

검사의 목적, 내용, 대상, 방법 등을 구체적으로 확인하고 분석해야 한다. 이를 위해서 기존의 검사 및 문헌을 통해 자료를 수집하여 분석하고, 제작하려는 검사의 이론과 수집된 자료 분석 결과 간의 논리적 타당도를 확인해야 한다. 또한 문항 형식과 유형, 하위 검사 수와 문항 수, 규준집단의 표집계획 및 규준 작성 등을 어떻게 할 것인가를 치밀하게 계획해야 한다.

2) 문항작성

이 단계는 표준화 검사의 제작과정에서 가장 중요하며, 실제로 문항을 만드는 전문적인 단계에 해당한다. 따라서 이 단계에서는 문항 제작에 관한 전문적인 지식과 실제적인 경험이 필요하다. 검사의 목적이나 대상이 확인되면 여기에 가장 합당한 문항 형식을 선택해야 하며, 선택된 문항 형식에 따라 문항을 제작한다. 물론 이때 제작하는 문항은 검사목적에 타당해야 하며, 문항 수는 실제 검사에 포함될 수의 두 배 이상이 되어야 한다.

3) 예비조사

앞서 제작된 문항으로 구성된 예비 검사지를 사용하여 활용하려는 대상을 대표할 수 있는 표본을 정하여 예비조사를 실시한다. 이를 통해 문항을 수정하고, 실시 시간 및 방법, 그리고 실시 도중에 발생할 수 있는 제반 문제점을 사전에 검토하고 문항분석을 위한 자료를 수집한다.

4) 문항분석

검사문항으로 적절한지를 통계적 방법을 이용하여 결정하는 절차를 문항분석이라 한다. 먼저 문항별로 난이도를 조사하여 너무 쉽거나 어려운 문항을 제거한 후, 피검자들 간 능력의 차이를 얼마나 잘 드러내는지를 나타내는 변별도를 분석한다. 문항분석에서는 각 문항에 대하여 난이도, 변별도, 타당도, 선택지별 오답률 등을 충분히 검토하여 적절한 문항을 선정해야 한다.

5) 표준화 검사 제작

문항분석의 결과에 따라 선택된 문항으로 구성된 검사를 최종적인 형태의 표준화 검사로 제작하고, 실시방법(특히 검사시간, 지시문 등)과 채점방법을 결정한다. 개개의 문항이 적절하더라도 이들을 종합한 하나의 검사가 전체적으로 반드시 적절하다고 볼 수는 없으므로 경우에 따라 여러 번의 예비조사와 문항분석이 필요하다.

6) 검사의 양호도 검증과 규준 작성

통계적 방법을 통하여 검사 자체의 신뢰도와 타당도를 산출하고 검증하여야 한다. 최종적인 검사가 완성되면 활용대상인 모집단을 가장 잘 대표할 수 있는 집단을 표집하여 표준화를 위한 검사를 실시하고, 그 결과에 의하여 규준을 작성한다. 일반적으로 규준은 분포의 모양, 평균치, 분산도, 백분위 점수, 표준점수 등을 남녀별, 연령별, 지역별로 작성하여야 한다.

7) 검사요강의 완성

이러한 과정을 거쳐서 만들어진 표준화 검사는 검사지와 검사요강(test manual)의 모양으로 판매가 된다. 검사요강이란 검사의 실행, 처리, 해석의 지침서로 검사 전반에 걸친 상세한 내용이 수록되어 있다. 대체로 검사요강에는 검사의 목적과 특징, 검사의 문항 내용과 형식, 하위 검사의 종류, 검사의 실시방법, 채점방법과 점수 표시, 규준집단과 규준, 신뢰도와 타당도, 해석 및 활용방안 등이 기술되어 있다.

이상의 표준화 검사의 제작과정을 단계별로 요약하면 〈표 7〉과 같다.

표 7 표준화 검사의 단계별 제작과정

단계	제작내용
1. 제작계획 수립	• 기존의 검사 및 문헌을 통해 자료를 수집하고 분석한다. • 문항의 형식과 유형, 하위검사의 수와 문항 수를 계획한다
2. 문항작성	• 선택된 문항 형식에 따라 문항을 제작한다. • 문항 수는 실제 검사에 포함될 수의 두 배 이상이 되도록 한다.

단계	제작내용
3. 예비조사	• 활용하려는 대상을 대표할 수 있는 표본을 대상으로 실시한다. • 실시 후에 문항을 수정하고 여러 문제점에 대하여 사전 검토한다.
4. 문항분석	• 각 문항에 대하여 난이도, 변별도, 타당도, 선택지별 오답률을 검토한다.
5. 표준화 검사 제작	• 최종적인 형태의 표준화 검사로 제작하고 실시방법과 채점방법을 결정한다.
6. 검사의 양호도 검증과 규준 작성	• 검사의 양호도 검증을 위해 신뢰도와 타당도를 검증한다. • 활용대상인 모집단을 가장 잘 대표할 수 있는 집단을 표집하여 검사를 실시하고 그 결과에 의해 규준을 작성한다.
7. 검사요강의 완성	• 검사의 실시, 처리, 해석의 지침서로 검사 전반에 걸친 상세한 내용이 수록되어 있는 검사요강을 만든다.

4. 표준화 검사의 유형

표준화 검사의 종류는 〈표 8〉에서 보듯이 다양하다. 여기서는 학습과 관련하여 학교현장에서 많이 사용되고 있는 학력검사, 지능검사, 적성검사와 흥미검사, 준비도 검사에 대해 간단히 살펴보기로 한다.

표 8 검사 영역에 따른 표준화 검사

검사 영역	검사명
지능검사	• 한국 Wechsler 아동지능검사-4판(K-WISC-Ⅳ) • 한국 Wechsler 성인지능검사(K-WAIS) • 한국판 Kaufman 아동지능검사(K-ABC) • MIQ 다중지능검사
성격검사	• 성격유형검사(MBTI) • 다면적 인성검사(MMPI) • 에니어그램(Enneagram) • 표준화 성격진단검사 • 인성진단검사 • 욕구진단검사 • 성격차원검사 • 자아개념검사(SCI) • 자아개념진단검사
학습, 성취도검사	• 기초학습기능검사(KEDI-IBLST) • 학습방법진단검사 • 학습기술진단검사 • 학습전략검사 • 학습흥미검사 • 학업동기검사 • 학습습관검사 • 학습유형검사 • 학습능력검사 • 국립특수교육원 기초학력검사(KISE-BAAT) • 기초학습기능 수행평가체제 읽기(쓰기, 수학) 검사 • 종합학습능력진단검사 • 학습장애 평가척도(LDES)
진로, 적성검사	• Holland 진로탐색검사, Holland 적성탐색검사, Holland 진로발달검사 • Strong 진로탐색검사 • 진로성숙도검사 • 진로결정검사 • 진로흥미검사 • 일반직업적성검사(GATB) • 적성진단검사

검사 영역	검사명
	• 직업선호도검사(VPI) • 한국음악적성검사(KMAT)
주의집중력검사	• 주의집중능력검사 • 주의력장애진단검사 • FAIR 주의집중력검사 • 한국판 주의력결핍 과잉행동 진단검사
투사적 검사	• 로르샤흐 잉크반점 검사(Rorschach Ink-Blot Test) • 주제통각검사(TAT) • 시각운동형태검사(BGT) • 문장완성검사(SCT) • 인물화검사(DAP) • Rosenzweig 그림좌절검사(PFT) • 집-나무-사람검사(HTP)

1) 학력검사

학력검사(achievement test, 성취도 검사라고도 함)는 가장 널리 사용되는 표준화 검사로서 읽기, 수학, 과학 교과와 같은 단일 또는 다중 영역에서 얼마나 많이 학습 혹은 성취했는가를 평가한다. 일반적으로 읽기, 언어, 수학과 같은 특정 내용 영역에서의 학습을 평가하지만 과학, 사회, 컴퓨터 문해, 비판적 사고 등에서의 학습을 평가하기도 한다(Hogan, 2007). 보통 이러한 영역은 좀 더 구체적인 기술(skill)에 관한 설명으로 세분화되기도 한다. 예를 들어, 수학 총점뿐만 아니라 수 개념, 계산, 적용에 대한 점수를 포함하기도 한다. 표준화 학력검사는 일반적으로 몇 개의 하위검사로 구성되며, 대부분의 학교에 공통적으로 적용되는 교과과정을 반영하고 있다. 이는 특정 학교의 전체 교육목표가 아니라 몇 가지 목표를 평가함을 의미한다.

초등학교에서는 특정의 기본 교과에서 얼마나 많이 학습 혹은 성취했는가를 평가하기 위해 고안된 단일교과 학력검사가 실시된다. 초등학교 저학년에서는 읽기수행의 측면을 평가하기 위한 읽기 학력검사가 실시되는 경우가 많다. 초등학교 고학년 이후부터는 읽기에서의 수행뿐만 아니라 수학, 언어 및 다른 교과에서의 수행을 평가하기 위해 고안된 종합 학력검사(achievement batteries)를 실시하게 된다. 즉, 특정 교과내용 뿐만 아니라 기본적인 읽기-쓰기-셈하기 기능에 대한 보다 복잡하고 정교한 이해를 평가하는 한 가지 이상의 종합 학력검사를 받게 된다.

기본 교과와 공부기술에서의 문제의 근원을 확인하기 위해 고안된 특수한 유형의 학력 진단검사(diagnostic test)가 실시된다. 학력검사가 다양한 영역의 교과내용에 대한 학생들의 발달을 측정하는 반면, 진단검사는 특정한 기술 영역에서 학생들이 어떤 장점과 단점을 지니고 있는지를 상세하게 설명해 준다. 진단검사는 초등학교 학생들에게 많이 사용되며, 학생의 발달단계와 부합되도록 고안되어 있다. 진단검사는 보통 개별적으로 실시되는 경우가 많고, 일반 학력검사에 비해 문항 수가 많고, 더 많은 하위검사로 구성되어 있으며, 좀 더 구체적인 영역에 대하 점수를 제공해 준다(Thorndike, 2005). 예를 들어, 읽기에 대한 진단검사는 글자 재인, 단어분석능력, 맥락에서의 어휘력과 읽기이해력을 측정한다.

또한 고등학교를 졸업할 시기에 능력검사(competency test)가 실시되기도 한다. 미국에서 능력검사는 많은 고등학교 졸업생들이 기본 기능을 수행할 수 없다는 것이 밝혀졌던 1970년대 중반에 사용되기 시작하였다. 따라서 많은 학교에서 졸업장을 받기 전에 읽기, 쓰기, 셈하기에 있어서 능력이 있는지의 여부를 증명하기 위해서 능력검사를 학생들에게 실시하였다.

그리고 특수 목적을 가진 학력검사(special-purpose achievement test)인 대학졸업시험을 실시하여 대학 졸업증을 수여하기도 한다. 교사지망생이 교사가 되기 위해서 교사자격증을 받기 전에 국가교사자격시험과 같은 또 다른 특수 목적을 가진 학력검사를 받도록 요구될 수도 있다.

2) 지능검사

지능검사(intelligence test)는 지식을 습득하고 활용하며, 문제를 해결하고, 새로운 과제를 달성할 수 있는 개인의 능력을 측정하도록 고안된 표준화 검사다. 최초의 지능검사는 1900년대 초에 프랑스의 Binet에 의해 개발되었으며, 그 목적은 학교에서의 행동장애를 가진 아동들과 특수교육을 필요로 하는 아동들을 구분하기 위해서였다. Binet의 초창기 지능검사처럼 오늘날 지능검사는 아동들이 특수교육을 받아야 할지를 결정하는 데 도움을 주는 진단적 도구로서, 그리고 학생들이 학교에서 어떻게 수행할지 예측하는 도구로서 사용되고 있다.

지능검사에는 개인용 검사와 집단용 검사 두 가지 유형이 있다. 가장 널리 사용되고 있는 개인용 지능검사에는 Stanford-Binet 검사와 Wechsler 검사가 있다(Salvia & Ysseldyke, 2004). Stanford-Binet 검사(DiStefano & Dombrowski, 2006; Roid, 2003)는 Alfred Binet(1905, 1916)가 그의 동료인 Simon과 함께 만든 지능검사의 현대판이다. 이 검사는 Binet가 정의하는 지능을 측정하기 위해 2세 아동에서부터 90세의 성인에게까지 사용될 수 있으며, Wechsler 검사 다음으로 인기가 높다. 이 검사는 개인별로 실시되는 지능검사로서, 10개의 하위검사로 이루어져 있으며, 검사 매뉴얼과 함께 그림이나 물건 등을 이용한 검사항목을 포함하고 있다. 초기에 만들어진 검사는 언어 과제를 강조했지만, 가장 최근에 나온 것은 5가지 요인(유동적 추론, 지식, 수리적 추론, 시공간 처리, 작업기억)을 측정하고 있으며, 이들 요인은 언어적 하위검사와 비언어적 하위검사를 포함하고 있다. 그리하여 총 IQ, 언어적 IQ, 비언어적 IQ, 그리고 5가지 요인 점수를 제공하고 있다.

Wechsler 검사는 40년에 걸쳐 David Wechsler(1939, 1974, 1991, 2002, 2003)에 의해 개발되었고, 현재 가장 많이 사용되고 있는 지능검사다(Salvia &

Ysseldyke, 2004). Wechsler는 여러 연령에 실시하는 단일검사를 개발하기보다는 연령에 따라 다른 검사를 사용하였다. 즉, 이 검사는 학령기 이전의 아동(WPPSI-Ⅲ), 초등학생(WISC-Ⅳ), 성인(WAIS-Ⅲ)을 대상으로 하는 세 가지 종류가 있으며, 언어와 수행이라는 두 개의 주요 부분으로 구성되어 있다. 그리하여 Wechsler 검사는 전체 IQ, 언어성 IQ, 수행성(동작성) IQ가 산출된다. 아동용 Wechsler 지능검사 4판(WISC-Ⅳ)은 13개의 하위검사(6개의 언어와 7개의 수행)로 이루어져 있고, 개인별로 실시되는 지능검사다.

Wechsler 검사는 언어 점수와 수행 점수를 보고하는데, 이것이 이 검사의 장점이다. 예를 들어, 언어점수에 비해 수행점수가 훨씬 더 높게 나왔다면, 이는 읽는 것이 서툴거나 또는 문화적 차이로 인한 언어상의 문제가 있음을 시사한다. 수행검사는 최소한의 언어능력을 요구하기 때문에 난독증과 같은 장애가 있는 학생들, 학교에서 과제를 싫어하는 학생들, 그리고 다문화 가정 출신의 학생들을 연구하는 데 도움이 된다.

Stanford-Binet 지능검사에 있는 질문의 유형

내용영역	질문에 대한 설명	가능한 질문의 예
언어적 추론	한 단어가 나머지 세 단어와 어떻게 다른지 기술하라.	머그잔, 포크, 빨대, 컵 중에서 공통성이 없는 것을 골라라(포크는 음료를 마시는 데 사용하지 않지만 잔, 빨대, 컵으로는 음료를 마실 수 있다).
수리적 추론	수열을 완성하라.	아래의 구역에서 빈 칸에 들어갈 수는 : 3, 10, 17, 24, ___?
도형/추상적 추론	기하학적 도형을 조합하여 새로운 모양을 만들어라.	아래의 도형을 이용하여 피라미드를 만들어라. 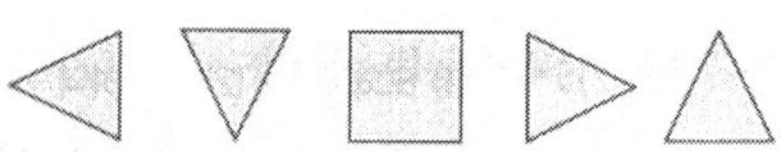

단기기억	읽어 준 문장을 그대로 반복하라.	"앨리슨은 덤불을 뛰어넘어서 호숫가로 달려갔다"를 그대로 반복하라.

Wechsler 지능검사에 있는 질문의 유형

내용영역	질문에 대한 설명	가능한 질문의 예
언어적 척도	낱말의 뜻을 정의하라.	치과 교정(orthodontics)의 뜻은? 확실한(conspicuous)의 뜻은?
수행 척도	검사자가 제공하는 디자인과 닮은 디자인을 만들기 위해 블록을 이용하라.	왼쪽에 있는 블록들을 오른쪽에 있는 형태로 만들어라. 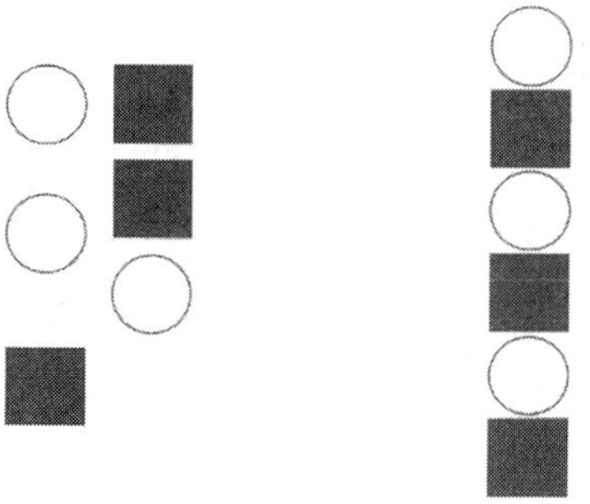

[그림 11] Stanford-Binet 지능검사와 Wechsler 지능검사 문항의 예

그 외에도 아동용 Kaufman 지능검사(Kaufman & Kaufman, 2004; Kaufman et al., 2005), 어느 검사를 실시할 것인지 선택할 수 있게끔 많은 수의 하위검사를 제공하고 있는 DAS(Differential Ability Scales)와 학습잠재력을 평가하는 LPAD(Learning Potential Assessment Device)와 같은 개인용 지능검사도 있다. Feuerstein(1979)의 혁신적인 개인용 지능검사인 LPAD는 아동들의 이미 개발된 잠재력을 측정하는 것이 아니라 Vygotsky(1978)의 근접발달영역(zone of proximal development, ZPD)을 측정한다. 근접발달영역은 개발된 능력과 잠재적 능력 간의 차이이며, 교사의 도움과 안내를 통해 혜택을 받을 수 있는 능력으로 측정된다.

개인용 지능검사는 훈련받은 심리학자나 검사 전문가에 의해 실시되며, 검사 결과가 집단용 지능검사보다 더 정확하다. 그러나 학생 한 명씩 검사를 실시하는 개인용 지능검사는 실용적이지 못할 때가 많다. 그래서 학교에서는 대체로 집단용 지능검사가 실시되는 경우가 많다. 집단용 지능검사는 대개 한두 시간 내에 끝낼 수 있는 지필검사이다. 개인용 검사와는 달리 집단용 검사 실시를 위해서 검사 감독자 혹은 실시자가 사전에 집중적이고 전문적인 훈련을 받을 필요가 없다. 검사 감독자 혹은 실시자가 해야 할 중요한 일은 검사 매뉴얼을 숙지하여 지시문을 읽어 주고, 시간 제한을 정확히 지키도록 하는 것이다. 집단용 지능검사는 비용이 적게 들고 신속하게 처리될 수 있는 장점이 있는 반면에 개인용 지능검사에 비해 정확성이 떨어지는 단점이 있다. 집단용 지능검사에는 두 가지 종류가 있다. 하나는 다양한 종류의 검사문항들이 섞여 있는 혼합검사(omnibus test)이고, 다른 하나는 여러 하위검사로 나뉘어져 있고 각 하위검사에 배정된 시간이 서로 다른 검사이다.

지능검사의 결과를 해석하기 위해 두 가지 종류의 점수가 사용된다. 하나는 비율 지능지수(ratio IQ)이고, 다른 하나는 편차 지능지수(deviation IQ)이다. Binet는 정신연령(mental age, MA)에 기초하여 아동들의 지능을 평가할 수 있다고 제안하였다. 정신연령은 동일한 생활연령(chronological age, CA)을 가진 사람들의 평균과 비교한 지능의 수준을 뜻한다. 예를 들어, 어떤 사람이 10세 아동들의 평균적인 성취 수준과 동일하다면, 이 사람의 정신연령은 10이다. 그러므로 전혀 다른 생활연령을 가진 사람들이라 하더라도 모두 같은 정신능력을 가질 수 있고, 반대로 생활연령이 같더라도 서로 다른 정신능력을 가질 수 있다. 독일의 심리학자 Stern은 연령이 다른 사람들의 점수를 단순 비교하는 것은 어려운 일이기 때문에 정신연령은 문제가 많은 측정치라고 말한다. 8세 아동이 얻은 정신연령 10과 12세 아동이 얻은 정신연령 10을 어떻게 비교할 수 있는가? 이런 어려움을 다루기 위해 Stern은 지능지수(intellectual quotient, IQ)를 제안했으며, 지능지수는 생활연령에 대한 정신연령의 비율에

100을 곱한 것이다. IQ를 계산할 때 생활연령에 대한 정신연령의 비율을 사용하기 때문에 이런 식으로 계산된 IQ는 비율 IQ라고 불린다.

$$\text{비율 IQ} = \text{MA/CA} \times 100$$

비율 IQ는 정신연령이라는 구성개념을 측정하기가 곤란하므로 오늘날 잘 사용되지 않고, 대신에 편차 IQ라고 불리는 것이 사용되고 있다. 편차 IQ는 어떤 사람의 점수가 같은 연령의 다른 사람들의 점수에 비해 얼마나 높은지에 기초하여 계산된다. 비율 IQ나 편차 IQ의 평균 점수는 100이다. 100 이상의 점수는 '평균 이상'이고, 100 이하의 점수는 '평균 이하'이다. 통상적인 통계적 계산을 사용하며, 모든 IQ 점수들 중 대략 3명 중 2명은 85～115 사이에 있고, 대략 20명 중 19명은 70～130 사이에 있다(Sternberg & Williams, 2010).

3) 적성검사와 흥미검사

적성(aptitude)이란 어떤 과제나 상황에 대해 특정한 방식으로 반응하는 기본적인 성향이며, 보다 발전된 능력의 개발을 가능케 한다(Snow, 1992). 적성이란 단어는 '붙잡기 위한' 혹은 '도달하기 위한'의 의미를 가진 중세 영어 apte에서 유래한 것이며, '적절한', '적합한', 혹은 '어떤 목적에 부합되는'의 의미를 가진 프랑스어 apropos와 관계가 있다. 적성은 완전히 인지적 성향을 확인하기 위한 것으로 간주되어 왔고, 효과적인 수업을 획득할 수 있는 학생의 지식과 기능의 수준을 알아보기 위해 고안된 적성검사(aptitude test)가 널리 사용하게 되었다. 오늘날 대학진학적성검사와 같은 일반적인 학업적성검사들이 있으며, 또한 음악적성검사, 기계적성검사, 공간관계적성검사 등과 같은 많은 특수한 적성검사들이 있다.

그러나 Snow(1992)는 또한 정의적, 동기적 성향을 포함하는 보다 광범위한 적성의 개념을 주장하고 있다. 그가 제시한 특성들 중에서 매력적이라고 여겨지는 외향성, 순응성, 독립성, 정신적 심상의 생산, 주의집중력, 신념, 실패에 대한 두려움과 같은 인간의 특성은 어떤 방식으로 과제에 반응하는 꽤 광범위하고 안정적인 성향이기 때문에 또한 적성으로 간주되어야 할 것이다.

더욱이 일부 현대 심리학자들은 적성(혹은 능력)과 학력(혹은 성취도) 간의 구별을 시도하지 말고, 능력이 학력의 원인이 된다는 견해를 버려야 한다고 주장한다. 예를 들어, Sternberg(1998)는 여러 지적 능력검사들(어휘 능력, 읽기이해 능력, 언어유추 능력, 수학적 문제해결 능력, 유사점 찾는 능력을 재는 검사들)에서 나타나는 문항들은 종종 교실수업에서 중점을 두는 것이며, 많은 학력검사에서 나타나는 문항들과 동일한 유형의 것이라고 언급한다. 둘째, 그는 능력검사 점수가 학력검사 점수의 예측인자인 것처럼 학력검사 점수도 능력검사 점수의 좋은 예측인자라고 언급한다. 언어적 추리, 수학적 추리, 공간적 지향 및 음악적 적성과 같은 적성을 한 개인이 특정 영역에서 개발하는 전문성의 수준에 책임이 있는 주로 타고난 능력으로 간주하기보다는 오히려 그는 적성을 개발하고 있는(developing) 전문성의 형태로 간주하기를 더 좋아한다.

요컨대, 적성은 장기간에 걸쳐 발달되며 읽기, 쓰기, 음악과 같은 특정한 영역에서의 성공을 예측하는 능력이며, 적성검사는 미래 학습에 대한 잠재력을 예측하거나 오래 기간에 걸쳐 일반적인 능력을 측정하기 위해 고안된 표준화 검사다. 일반적으로 교사들은 선발과 배치에 관한 결정을 내릴 때 적성검사를 사용하며, 이러한 검사는 학력검사 혹은 성취도 검사와 높은 상관을 보인다(Miller, Linn, & Gronlund, 2011; Popham, 2005).

가장 널리 사용되는 적성검사는 DAT(Differential Aptitude Test)인데, 이 검사는 언어추리력, 수리력, 추상적 추론능력, 받아쓰기 속도와 정확성, 기계적 추론능력, 공간적 관계, 철자법, 언어사용능력과 같은 적성을 측정한다. 이런 검사는 학생의 교육과정이나 진로계획에 도움을 주기 위해 사용된다. Bennett 기계적 이해도검사와 Seashore 음악적성검사와 같은 특수한 적성검사는 선발이나 직업배치와 같은 한정된 목적을 위해 사용된다. 예를 들어, 예술고등학교의 보컬 음악 프로그램에 입학하기를 원하는 학생들에게 입학전형의 과정에서 Seashore 음악 적성검사를 실시할 수 있을 것이다.

교사들 혹은 상담자들은 진로를 계획하고 있는 학생들에게 적성검사뿐만 아니라 Strong의 VIP(Vocational Interest Blank)와 같은 직업흥미검사를 받도록 권한다. 이런 검사의 목적은 학생들의 직업흥미가 어디에 있는지 결정하는 데 도움을 주기 위해서이다. 직업흥미검사는 직업적 능력을 말해 주는 것이 아니기 때문에 교사들은 흥미검사(interest test)와 적성검사 둘 다 받도록 권한다. 흥미검사는 최상의 수행(maximal performance)보다는 전형적인 수행(typical performance)을 측정하기 위해 고안된 것이다. 학생들은 그들이 평소에 어떻게 생각하고 행동하는지를 사실 그대로 드러내도록 요구받는다. 예를 들어, 학생들은 "나는 다른 사람과 함께 일하는 것을 좋아한다" 와 "나는 여행을 좋아한다" 와 같은 진술에 대해 평정하도록 요구받는다. 이런 진술을 높게 평정하는 사람은 여행사 직원, 여행 안내원, 또는 과학적 현장 연구자가 되라고 권고받는다(Sternberg & Williams, 2010).

4) 준비도 검사

준비도 검사(readiness test)는 아동이 취학 또는 취학전 프로그램에 얼마나 준비되어 있는지를 평가하는 표준화 검사다(Gullo, 2005). 교사들은 아동이 유치원 또는 초등학교 1학년에서 학습할 준비가 되어 있는지를 평가하기 위해 준비도 검사를 사용한다. 이런 측면에서 준비도 검사는 학력검사(성취도 검사)와 적성검사의 특성을 모두 지니고 있다. 준비도 검사는 아동들의 미래 학습에 대한 잠재력을 측정한다는 점에서 적성검사와 유사하고, 아동들이 읽기와 수학에서 기초가 되는 기본 개념들을 얼마나 숙달했는지를 측정한다는 점에서 학력검사와 유사하다.

표준화 준비도 검사는 적어도 다음과 같은 두 가지 이유 때문에 논란거리가 되어 왔다(Eggen & Kauchak,, 2010). 첫째, 아동이 준비도 검사에서 잘하지 못하면 유치원이나 초등학교에 입학하는 것을 지연시키는 경향이 있다는 것이다. 이것은 일종의 유급으로 아동의 이후 발달과정에서 부정적인 영향을 미칠 수 있다. 둘째, 준비도 검사가 단지 인지적인 요인만을 평가할 뿐 동기나 자기조절과 같이 성공적인 학교생활에 영향을 미치는 특성을 간과하고 있다는 것이다.

준비도 검사는 다른 표준화 검사와 마찬가지로 교육적 의사결정을 위해 귀중한 정보를 제공한다. 그러나 이 검사가 아동의 미래 학교교육을 위한 준비도를 측정하기 위한 유일한 기준이 되어서는 안 된다. 사실상 모든 5~6세 아동에게 학교경험은 유익할 수 있으며, 학교환경에서 아동이 기능하는 능력을 관찰하는 것 또한 평가과정의 일부가 되어야 할 것이다(Stipek, 2002).

❦ 표준화 검사에서 좋은 수행을 도와주기 위한 방법

학생들이 표준화 검사에서 좋은 수행을 하도록 격려하고 도와주기 위해 권장되는 몇 가지 방법을 제시하면 다음과 같다(Sternberg & Williams, 2010)

첫째, 검사의 중요성과 목적을 분명하게 한다. 학생과 교사를 어디에 배정하고 학교 자금을 얼마나 지원할지를 결정하기 위해 검사 점수를 이용하는 경우가 있다. "점수는 그렇게 중요하지 않다."고 말하면서 학생들을 안심시키려고 노력하는 교사들은 부정확한 정보를 제공하는 것이며, 결과적으로 학생들에게 손해를 끼친다. 의도한 것은 아니지만 이런 교사들은 잘해 보려고 노력하는 학생들의 동기를 꺾고 있다. 검사 점수의 사용과 중요성에 대한 사실적인 정보를 학생들에게 제공하되, 학생들이 지나치게 긴장하지 않도록 검사의 중요성을 대단히 강조해서는 안 된다.

둘째, 표준화 검사의 신비를 파헤친다. 학생들에게 검사에 대비하여 준비시키는 데 시간을 할애한다. 일반적으로 검사에 대해 준비가 잘된 학생들이 지시문이나 검사의 형태에 의해 영향을 덜 받게 되고, 검사 문항의 내용에 더 주의를 기울이게 된다. 학생들이 검사에 익숙해지고 직면한 문제의 유형에 익숙해지도록 만들기 위해 검사 제작사에서 제공하는 연습문제를 사용한다. 학생들이 문제가 진술된 방식에 익숙해지고 오해할 수 있는 낱말을 분간하는 것을 학습하도록 도와 준다. 전형적인 표준화 검사는 학생들의 어떤 능력을 측정하는지를 이해시키기 위한 전략을 학생들에게 브레인스토밍하고 연습시킨다. "빈칸을 채워라" 또는 "틀린 문장을 찾아라"와 같은 다양한 종류의 문항들을 다루기 위한 효과적인 전략을 개발하도록 학생들에게 격려한다.

셋째, 최상의 검사 조건을 제공한다. 만약 학생들이 자신들의 교실이 아닌 다른 장소에서 검사받아야 한다면, 검사 장소에 편안함을 느끼도록 안심시킨다. 온도와 빛을 적정히 조절하고, 주의를 산만하게 하는 것을 없애고, 필요한 물품을 충분히 보급하고, 모든 학생들이 시계를 잘 볼 수 있고 잘 들을 수 있게끔 자리를 배치한다.

넷째, 교사 자신을 준비시킨다. 유능한 교사는 표준화 검사 또는 시험을 감독하는 것이 지시문을 읽어 주고 시계를 보는 것 그 이상의 무엇을 해야 한다는 것을 알고 있다. 또한 유능한 교사는 이용 가능한 다양한 유형의 검사에 대해 알고 있으므로 적절한 수준의 검사를 선택할 수 있다. 검사 감독관은 학생들이 주의가 산만해지는 것을 어떻게 막고, 검사를 치고 있는 동안 주의를 집중할 수 있도록 어떻게 도와야 하는지 알아야 한다. 검사 감독관은 모든 학생들이 지시를 이해하도록 확실하게 해야 한다. 또한 검사 감독관은 부정행위, 학생의 질병이나 불안, 혹은 방해물 같은 문제를 수습할 줄 알아야 한다.

토의문제

1. 교사제작 검사와 표준화 검사의 차이점은 무엇인가?
2. 학교장면에서 표준화 검사가 어떤 기능을 갖고 있는가?
3. Wechsler 지능검사란? (조사하여 구체적으로 설명하기)
4. 비율 IQ와 편차 IQ란 무엇이며, 오늘날 비율 IQ가 아닌 편차 IQ를 널리 사용하고 있는 이유가 무엇인가?
5. Holland 진로검사란? (조사하여 구체적으로 설명하기)
6. 우리나라 학교장면(학교급별)에서 널리 사용되고 있는 인성검사는 무엇인가? (조사하여 구체적으로 설명하기)
7. 학생들이 표준화 검사에서 좋은 수행을 하도록 교사가 도와주려면 어떻게 해야 하는가?

제8장

표준화 검사의 평가준거

1. 신뢰도
2. 타당도
3. 규준의 우수성
4. 피검자에 대한 적절성
5. 검사 편파성

대부분의 다른 물건들처럼 표준화 검사들도 그 질에 있어서 천차만별이다. 검사 점수를 현명하게 사용하기 위해서 교사들은 정보를 제공받는 소비자일 필요가 있다. 즉, 교사들은 잘 제작된 검사와 그렇지 못한 검사를 구별짓는 특징이 무엇인지를 알아야 할 필요가 있다. 이 장에서는 표준화 검사를 평가하기 위해서 널리 사용되는 준거에 대해 알아보기로 한다.

1. 신뢰도

신뢰도(reliability)는 표준화 검사에서 고려해야 할 중요한 사항이다. 신뢰도란 검사의 결과가 얼마나 일관성 혹은 안정성이 있는가를 나타내는 주는 지표이다(Anastasi & Urbina, 1997; Cook & Beckman, 2006; Sattler, 2008). 즉, 신뢰도란 어떤 사람이 다른 경우에서 그 검사를 실시했을 때 얼마나 비슷한 점수를 획득할 것인가를 나타내 주는 지표이다.

검사 개발자는 신뢰도를 보장하기 위해서 다양한 방법들을 사용한다. 그러한 방법으로는 한 개의 검사를 같은 집단에게 두 번 실시해서 그 전후의 결과에서 얻은 점수를 기초로 해서 상관관계를 산출하는 방법인 검사-재검사신뢰도(test-retest reliability), 같은 집단에 대해서 문항은 다르지만 같은 특성을 같은 형식으로 측정하도록 제작된 두 동형검사를 각각 다른 시기에 실시하여 얻은 점수간의 상관관계를 산출하는 방법인 동형검사신뢰도(alternative/equivalent form reliability), 집단에게 하나의 검사를 실시하여 검사를 반으로 나누어 두 개의 점수를 산출하여 그 점수의 차이가 어느 정도인가를 측정하는 방법인 반분신뢰도(split-half reliability), 그리고 한 검사에 포함되어 있는 문항들이 서로 일치하고 있는가를 나타내 주는 문항내적합치도(inter-item or internal consistency reliability) 등이 있다. 평가자의 주관적 판단이 요구되는 논술형 검사는 평정자 간 신뢰도(inter-scores reliability)를 측정한다. 평정자 간 신뢰도는 학생의 반응(논술)을 평정할 때 두 명 이상의 평정자들이 동일한 방식으로 평정한 정도를 의미한다.

신뢰도를 평가하기 위해서 어떤 방법이 사용되든지 간에 그 목적은 두 평정 점수를 산출하여 두 평정 점수가 얼마나 유사한가를 알아보기 위한 것이다. 이러한 일관성(혹은 일치성)의 정도는 0에서 1의 범위를 가지는 상관계수(r)로 표시된다. 신뢰도가 어느 정도인지 검사 매뉴얼에 보고되어야 한다. 신뢰도 계수는 .00(신뢰도가 전혀 없음)에서 1.00(완전한 신뢰도)의 범위를 갖는다. 잘 제작된 표준화 검사는 반분신뢰도의 경우 .95, 검사-재검사신뢰도의 경우 .90, 그리고 동형검사신뢰도의 경우 .85의 상관계수를 가져야만 한다(Kubiszyn & Borich, 2012). 그러나 한 특정의 검사가 이러한 세 가지 형태의 신뢰도를 모두 보고하지 않을 수 있으며, 하위검사와 어린 연령의 집단(유치원~초등학교 2학년)의 경우 신뢰도는 이보다 더 낮아지기 쉽다.

문항이 많은 검사는 문항이 적은 검사에 비해 신뢰도가 더 높은 경향이 있다. 문항이 많을수록 측정되고 있는 구성개념이나 속성에서 한 개인이 보여주는 수준을 더 잘 측정하기 때문이다. 문항 수가 적을 경우 한 문항만이라도 측정 오류를 유도할 가능성이 있는 나쁜 문항이면 이 문항은 신뢰도에 큰 영향을 주지만, 문항 수가 많을 경우에는 측정 오류는 서로 상쇄되어 하나의 나쁜 문항이 신뢰도에 거의 영향을 주지 않게 된다. 또한 검사받고 있는 사람들이 보여주는 변량도 신뢰도에 영향을 미치게 되는데, 사람들의 반응 결과의 범위가 클수록 신뢰도가 더 높다. 즉, 능력이나 성취도에 있어서 큰 범위를 보이는 사람들 중에서 일관성 있게 구분해 내는 것이 보다 더 쉬운 일이다.

많은 요인들이 검사 결과의 신뢰도에 영향을 미칠 수 있다. 검사-재검사의 경우 검사를 처음 실시한 후 다음에 동일 검사를 실시하는 시간의 간격이

짧으면, 신뢰도는 연습 효과(practice effect) 때문에 높이 나오는 경향이 있다. 추측, 지시사항 잘못 이해하기, 채점의 오류, 피로, 스트레스, 동기의 결여 등이 신뢰도를 떨어뜨릴 수 있다. 교실에서 이루어지는 검사도구의 신뢰도를 높이는 방안을 제시하면 다음과 같다(신명희 외, 2014).

- 검사도구를 제작할 때는 가급적 문항 수를 많게 한다. 문항 수가 많아야 측정오차를 줄일 수 있다.
- 문항의 난이도가 적절해야 한다. 문항이 너무 어려우면 시험불안을 일으킬 수 있고, 너무 쉬울 경우에는 부주의하게 되어 실수를 저지르거나 동기 부여가 잘 되지 않을 수 있다. 이런 결과는 신뢰도 저하로 이어진다.
- 검사도구 문항 작성 시 지시문을 명확히 하고, 과제를 제시할 때도 정확하고 상세하게 설명하여 검사에서 학생에게 요구하는 것이 무엇인지를 명확하게 한다.
- 학생의 능력을 구분할 수 있도록 변별력이 높은 문항으로 구성한다.
- 측정 범위를 좁게 한다. 범위가 좁을수록 문항 간 동질성이 높아지기 때문에 신뢰도가 높아진다.
- 검사를 실시할 때는 시간을 충분히 주어 응답에 대한 안정성을 확보할 수 있도록 한다.
- 학생에게 평가 준거를 구체적으로 명확하게 제시한다.
- 모든 학생이 비슷한 조건과 방식에서 검사가 이루어질 수 있도록 한다.
- 학생의 수행에 대한 기대가 판단에 영향을 미치지 않도록 한다.
- 검사를 실시할 때는 학생의 상태를 고려한다. 너무 아프거나 지쳐 있을 경우에는 피하도록 한다.

❦ 객관도

객관도란 측정의 결과에 대해 여러 검사자(혹은 채점자)가 어느 정도로 일치된 평가를 하느냐의 정도를 말한다. 객관도란 결국 신뢰도의 일종이며 검사자 신뢰도이다. 채점결과의 객관성, 즉 검사자 신뢰도는 답안지 또는 문항의 답을 두 명 이상의 검사자가 독립적으로 채점하여 그 결과가 일치하는 정도인 검사자간 신뢰도와 채점해야 할 답안지가 많을 때 질적으로 거의 같은 내용의 답에 대해 한 검사자가 일관성 있게 같은 점수를 준 정도인 검사자 내 신뢰도로 구분할 수 있다. 선택형 검사에는 검사자 신뢰도가 전혀 문제되지 않지만, 서답형 문항으로 구성된 지필검사를 비롯하여 평정을 요구하는 관찰과 면접에는 검사자로 인한 채점의 오차가 생길 수 있다. 오차에는 피검자에 대한 검사자의 인상이 채점이나 평정에 영향을 주는 후광효과(halo effect), 후한 점수를 주는 경향인 관용의 오차와 인색하게 낮은 점수를 주는 경향인 엄격함의 오차, 판정을 내리기 어렵거나 잘 모를 경우 아주 높은 점수나 낮은 점수는 피하고 중간 점수를 주는 경향인 집중경향의 오차, 그리고 검사자가 두 특성 간에는 어떤 관계가 있다고 생각하는 데서 평정의 오류를 범하는 논리적 오차 등이 있다. 이처럼 검사에서 객관도가 낮게 되는 주요 요인으로는 검사도구 자체의 객관성 결여와 검사자의 소양 부족을 들 수 있다. 채점할 때에는 검사자의 개인적 인상이나 편견 등 주관적 요인을 배제하도록 노력해야 한다. 주관적 채점의 가능성이 높은 검사도구를 사용할 경우에는 가급적 여러 사람이 공동으로 채점하고 평가해서 그 결과를 종합하는 것이 객관도를 높이는 한 방법이다.

2. 타당도

표준화 검사의 두 번째 중요한 특징은 그 검사가 본래 측정하고자 하는 것을 제대로, 충실하게 측정해 주고 있느냐 하는 것이다. 읽기이해력 검사는 바로 읽기이해력을 측정해야지 그 외의 어느 것을 측정해서는 안 된다. 우리가 한 검사의 충실성을 말할 때마다 우리는 그 검사의 타당도(validity)를 언급하고 있는 것이다. 우리가 알고 싶은 대부분의 특성들(수학기능, 공간적성, 지능, 한국전쟁에 대하 지식 등)이 내적이고 따라서 직접적으로 관찰할 수 없기 때문에 검사들은 이러한 특성을 간접적으로 측정하고 있는 것이다. 그러므로 한 개인이 소유하고 있는 특성이 어느 정도인가를 검사에 기초하여 얻은 결론이나 한 개인이 미래에 얼마나 잘 수행할 것인가(예를 들어, 다른 형태의 검사에 있어서, 직무에 있어서, 특수 학업 프로그램에 있어서)에 대한 예측은 엄밀히 말하면 추론(inference)이라고 부르는 것이 적절하다. 우리가 "이 검사는 본래 재고자 하는 것을 잘 측정해 주고 있는가?"라고 물음으로써 검사의 타당도에 관해 탐구할 때, 우리는 "내가 피험자에 관해 추론한 것이 얼마나 정확한가?"라고 묻고 있는 것이다(Messick, 1989).

이러한 추론이 정확하다고 판단될 수 있는 정도, 즉 타당도는 우리가 모을 수 있는 지지 증거의 유형과 질에 달려 있다. 검사에 기초한 추론에 기본이 되는 네 가지 종류의 증거는 내용타당도(content validity), 예측타당도(predictive validity), 공인타당도(concurrent validity), 그리고 구인타당도(construct validity)의 증거이다.

내용타당도는 교육내용을 정확히 선별하고 학생들이 그것을 이해하고 있는 정도를 측정할 수 있는 검사의 능력을 지칭한다(Kane, 2006). 즉, 내용타당도는 검사의 내용이 그 검사가 측정하고자 하는 지식이나 기술을 정말로 측정하고 있는 정도이다(Gliner & Morgan, 2000). 예를 들어, 고등학교 2학년을 위한 일반 수학 성취도 검사가 평면 기하학 문항으로만 구성되었다면, 이 검사는 낮은 내용타당도를 가진 것으로 여겨진다. 내용타당도가 높은 수학 성취도 검사는 대수 문제와 산술 계산 문제도 포함하는 것이다. 내용타당도의 증거는 검사의 문항들이 우리가 추론하고 싶은 특정 무리의 지식과 기능(측정전문가들은 영역domain이라고 부름)을 얼마나 잘 반영하고 있는가에 대한 일련의 판단에 달려 있다. 예를 들면, 만일 한국전쟁에 대한 어떤 검사가 그 전쟁의 원인, 전쟁의 기간, 가장 큰 전투 등에 관한 문항을 포함하고 있지 않다면, 일부 사용자들은 이러한 문제에 대해 잘 알고 있는 학생들에게 그 검사를 실시하는 것을 주저할 것이다. 또 다른 사용자들은 그러한 문제가 비교적 중요하지 않다고 여긴다면 그러한 문항을 삭제하여 사용할 것이다. 내용타당도는 일반적으로 전문가 집단에 의해 판단되며, 한 사람의 판단보다는 검사의 내용이 적절한지 아닌지에 대해 여러 사람에 의해 합의된 판단이다.

예측타당도는 미래의 수행을 측정하는 검사의 능력(Miller, Linn, & Gronlund, 2011), 즉 어떤 검사의 점수가 차후 수행을 위한 예측하는 정도를 말한다(Gliner & Morgan, 2000). 검사의 미래 결과를 예측하는 것을 예측인자(predictor)라고 부르고, 예측되는 것은 준거(criterion)라 부른다. 예를 들어, 지능검사는 차후의 학업성취에 대한 예측인자로 자주 사용된다. 읽기 준비도 검사는 어떤 아동이 읽는 방법을 얼마나 잘 학습할 수 있을 것인지를 예측하기 위해 사용된다. 이 두 예에서 예측된 준거는 학업성취와 읽기능력이다. 예측타당도 증거는 학생들이 미래에 얼마나 잘 수행할 것인가에 대한 추정 진술을 가능토록 해준다("검사 점수에 기초하여 볼 때, 영주는 내년에 창의적인 쓰기 프로그램에서 잘 수행할 것임에 틀림없을 것이다"). 예를 들면, 미국에서 많은 대학들은 학생들이 대학진학적성검사(SAT)를 치르도록 요구하며, 그 검사결과를(다른 정보와 함께) 각 학생들의 대학 1학년 말의 평균 성적을 예측하는 데에 사용한다. 그리고 보다 높은 검사 점수를 가진 학생들이 보다 낮은 검사 점수를 가진 학생들보다 학점의 평점이 더 높을 것으로 기대되며, 따라서 입학 허가의 가망성이 더 있게 된다.

공인타당도는 타당성의 준거를 현재에서 찾는 점이 다를 뿐 나머지 추정 과정은 예측타당도의 경우와 같다. 즉, 공인타당도는 해당 검사 점수와 그 검사 이외에 현재의 다른 어떤 준거 점수 간의 상관관계로 추정한다. 예를 들어, 새로 제작한 지능검사의 공인타당도를 알아보는 방법은 새 검사의 결과와 이미 타당성을 인정받고 있는 기존의 다른 지능검사의 결과 사이에 어느 정도 상관이 있는가를 살펴보는 것이다. 또한 대학수학능력시험의 공인타당도를 알아보기 위하여 고등학교 내신 성적을 준거로 삼아서 이 두 성적 간의 상관관계를 계산하는 방식이다. 공인타당도에서는 준거의 성질이 예측에 있는 것이 아니라 공인(共因), 즉 공통된 요인을 두 검사가 얼마나 공유하고 있느냐를 따져 보는 점이 특징이다(이종승, 2009).

구인타당도는 검사와 그 검사가 측정하려는 것 사이의 논리적인 연결을 나타내는 것으로(Miller, Linn, & Gronlund, 2011), 그 검사가 측정하고자 하는 이론적 구성개념이나 속성을 완벽하고 정확하게 측정하는 정도이다(Gliner & Morgan, 2000; Westen & Rosenthal, 2003). 구인타당도 증거는 검사가 한 개인의 어떤 내적 속성에 관한 이론적 설명을 얼마나 정확하게 측정하고 있는가를 가리킨다. 심리학자들은 그러한 속성들(예를 들어, 지능, 창의성, 동기, 불안 등)을 구인(constructs)이라고 부른다. 구인타당도는 "이 문항들은 실제로 검사가 측정하고자 하는 개념을 측정하고 있는가?"라는 질문에 대한 답을 제공한다. 예를 들어, 대학수학능력시험에 나오는 문제들은 단어나 수에 대해 추상적인 사고를 할 수 있는 능력을 측정하는데, 이런 것들은 학생들이 대학에서 다루어야 할 과제다. 따라서 대학수학능력시험 문제가 추상적 사고를 측정해야 구인타당도를 지니고 있다고 할 수 있다.

3. 규준의 우수성

검사 점수가 어떤 의미를 가지기 위해서는 수행의 어떤 표준과 비교되어야만 한다. 표준화 검사는 규준집단의 수행을 모든 다른 점수들이 비교되는 표준으로서 사용한다. 규준집단(norm group)은 검사가 목적하는 학생들의 전집을 대표할 수 있도록 주의 깊게 선정된 개인들의 표집이다.

규준집단은 연령, 성, 지역, 가정의 경제적 수준, 부모의 직업 등과 같은 중요한 인구통계학적 변인들을 대표하는 전집과 거의 일치되도록 해야 한다.

이러한 변인들은 학업수행의 차이와 밀접하게 관련이 있기 때문에 중요하게 고려되어야 한다. 예를 들어, 만일 인구조사통계연보에서 우리나라 초등학교 2학년 학생들의 30%가 서울에 살고 있다면, 서울에 살고 있는 초등학교 2학년 학생들에게 검사를 실시하기 위해서는 같은 백분율인 30%의 서울 지역 초등학교 2학년 학생들이 규준집단에 포함되어야 할 것이다.

검사를 치르는 개인들의 중요한 인구통계학적 특성들이 규준집단에 반영되지 않을 때 점수를 해석하는 데에 문제가 발생한다. 예를 들어, 대구지역의 어느 중학교 3학년 학생의 점수를 해석하려고 한다고 가정해 보자. 만약 규준집단에서 가장 어린 학생들이 고등학교 1학년생들이고 또한 대구지역의 학생들이 있지 않다면, 그 중학교 3학년 학생의 점수가 규준과 비교하여 평균 이하인지, 평균인지, 아니면 평균 이상인지를 의미 있게 해석할 길이 없을 것이다(Snowman, McCown, & Biehler, 2012).

4. 피검자에 대한 적절성

표준화 검사의 개발은 실제로 상당한 돈과 시간 및 전문성을 들여서 이루어지기 때문에 대부분의 이러한 유형의 검사들은 전국적인 수준에서 사용하기 위해서 계획된다. 그러나 지역에 따라 학교의 교육과정은 차이가 있다. 따라서 주어진 검사가 특정 학생집단에게 얼마나 적절한 것인가를 따져 보는 것은 중요하다. 여러분이 한 검사의 내용타당도를 따져 볼 때, 문항들이 본래 측정하고자 하는 것을 얼마나 잘 측정해 주고 있는지 뿐만 아니라 또한 난이도와 학생들의 언어능력과 특성에 적절한 것인가에 주의를 기울여야만 한다. 예를 들면, 취학전과 유치원 아동들이 학교공부를 시작할 준비가 되어 있는지 혹은 1학년에 들어갈 준비가 되어 있는지의 여부를 알아보기 위한 준비도 검사의 실시가 피험자에 대한 적절성에 기초하여 상당한 비판을 받아 왔다. 입학 허가와 보류 결정을 하기 위한 준비도 검사 사용에 따른 하나의 중요한 문제가 신뢰도가 낮다는 점이다. 어린 아동들은 신체적으로, 사회적으로, 정서적으로, 지적으로 상당한 급속하게 변화되기 때문에 6개월 후에 검사를 다시 실시했을 때 결과가 매우 다르다(Schultz, 1989).

5 검사 편파성

검사 편파성(test bias)은 어떤 검사가 특정 집단에게는 불리하게 작용하지만 다른 집단에게는 유리하게 적용하여 검사가 공정하지 못하다는 것을 의미한다. 검사 편파성은 일종의 차별로서, 검사 또는 다른 형태의 검사도구가 성별, 인종, 민족, 또는 사회 경제적 지위에 따라 학생들을 불리하게 대하는 것을 말한다. 검사 편파성을 정의하는 가장 단순한 방법은 두 집단이 점수에서 차이가 있으면 그 검사는 편파성을 가진다고 말하는 것이다. 두 번째 방법은 전문가들에 의해 어떤 검사의 내용이 특정 집단에 유리하게 만들어졌다고 판정되면, 그 검사는 편파성이 있다고 말하는 것이다. 세 번째 방법은 검사가 학생들이 실제로 성취할 수 있는 것보다 높은 성취를 예측하거나 더 낮게 예측하는 것, 즉 집단에 따라 예측타당도가 다른 것도 편파성이다. 예를 들어, 어떤 지능검사가 여학생들의 학업성취 점수가 높을 것으로 예측하고 남학생들의 학업성취 점수는 일관성 있게 낮을 것이라고 과소평가한다면, 이 지능검사는 여학생들에게 우호적인 편파성을 가진다고 말한다(Sternberg & Williams, 2010).

측정전문가들은 검사의 타당성을 희석시키는 세 가지 유형의 편파성, 즉 내용의 편파성, 검사 절차의 편파성, 검사의 해석과 사용의 편파성을 확인하였다(Miller, Linn, & Gronlund, 2011). 모든 학생이 다 알 것 같지 않은 내용을 문제에 출제할 경우, 관련 배경지식이 없는 학생들에게는 공정하지 못한 검사가 될 것이다. 예를 들어, 다른 행성에 산이나 강이 있는지 알고 싶으면 쌍안경, 현미경, 망원경, 사진기 중 어떤 도구를 사용해야 하는가를 묻는 질문의 경우, 이 질문에 대한 답은 학생들의 사회 경제적 지위 또는 현미경이나 망원경과 같은 값비싼 도구를 접해 본 경험에 의해 영향을 받을 수 있다(Popham, 2004). 학생들의 문화적 배경과 검사내용이 불일치할 경우에도 내용 편파성 문제가 발생할 수 있다. 예를 들어, 섬마을에 살고 있는 학생이 "만약 당신이 다쳐서 병원에 가야 한다면, 다음 중 어떠 것이 당신을 병원에 데려다 줄 것이라고 생각하는가?"란 질문을 받았다고 한다면, 정답은 구급차이지만 섬마을에 살고 있는 학생은 비행기라고 답할 수 있다. 왜냐하면, 이것이 섬마을에서 긴급한 의료 지원을 받는 방법이기 때문이다(Platt, 2004).

문화적 배경이 다른 학생들은 검사환경에 대해 달리 반응하기 때문에 검사 절차에도 편파성이 발생할 수 있다. 예를 들어, 미국에서 어떤 소수 민족 학생들은 검사가 편향되어 있다고 믿고 있으며, 그 결과 시험을 잘 보려고 노력하지 않는 것으로 나타났다(Morgan & Mehta, 2004; Ryan & Ryan, 2005). 또한 편파성은 검사 결과를 해석하고 사용할 때에도 발생할 수 있다. 미국의 경우 표준화 학업성취도 검사 결과를 소수 민족 학생들과 영어를 사용하지 않는 학생들에게 적용하면, 이들이 상급학년으로 올라갈 때나 대학으로 진학할 때 불리한 방식으로 사용된다는 비판이 있다(Johnson et al., 2008).

집단에 따라 검사 문항의 기능이 다르기 때문에 최근에는 문항 편파성(item bias)이란 용어보다는 차별기능 문항(differential item function: DIF)이라는 용어를 사용하고 있다. 차별기능 문항이란 피험자의 능력이 같음에도 불구하고 그들이 속한 집단의 특성 때문에 문항의 답을 맞힐 확률이 다른 문항이다. 즉, 집단에 따라 문항특성곡선이 달리 그려지는 문항을 차별기능문항이라 한다. 자격이 중시되는 현대사회에서 자격 부여를 결정하기 위한 검사들은 어느 누구에게나 공정하여야 한다. 검사가 개인에게 미치는 영향이 큰 우리나라와 같은 상황에서 상급학교 진학을 위한 검사나 사회 진출을 위한 각종 자격검사(의사 · 약사 · 간호사 고시, 교원임용고시, 사법 · 행정 · 외무고시 등)는 더욱 공정해야 한다. 이런 검사들이 특히 성별에 따라 달리 기능하는 문항이 있는지를 검토할 필요가 있다.

❦ 교실에서 검사 편파성 없애기

교실에서 검사 편파성을 없애기 위한 몇 가지 방법을 제시하면 다음과 같다(Eggen & Kauchak, 2010).

검사의 타당도는 문화적 요인이 검사 수행에 부당한 영향을 미칠 때 위태로워진다. 학생들의 다양성이 검사 수행에 미칠 수 있는 잠재적인 영향을 이해하려고 노력해야 한다. 모국어가 다른 학생에게 과연 특수교육이 필요한지를 진단하기 위한 검사에 의뢰하기 전에, 교사는 학교상담교사와 이야기하고 그 학생의 배경과 언어 패턴을 설명해 준다. 전국적으로 치러지는 수학 모의고사를 실시하기에 앞서, 교사는 검사의 목적과 형식을 설명하고 학생들이 검사에 나오는 문제들과 유사한 문제를 연습할 수 있도록 기회를 제공한다. 교사는 검사에 대한 지시문을 천천히 그리고 명료하게 읽어 주고 칠판에 시간이 얼마나 남았는지 적는다. 국어교사는 외국에서 태어나 한국말이 서툰 학생을 대상으로 방과 후에 보충수업을 실시해서 국어시험에 대비할 수 있도록 도와 준다. 교사는 검사의 목적과 형식을 설명해 주고, 연습문제를 내주고 시간 내에 풀게 한다.

검사 절차는 학생들의 결과에 영향을 미치며, 궁극적으로는 검사의 타당도에 영향을 미친다. 모든 학생의 요구에 부응하도록 검사 절차를 변경하도록 한다. 교사는 학생들이 표준화 검사를 준비하는 동안 모든 학생에게 잘할 수 있을 것이라는 긍정적인 기대감을 표현하고, 검사를 치는 동안 학생들이 검사에 집중하고 있는지 주의 깊게 관찰한다. 매년 표준화 검사가 실시되기 전에 교사는 검사를 치는 전략을 가르쳐 준다. 교사가 직접 전략을 사용하는 것을 학생들에게 보여주고, 검사와 비슷한 상황에서 학생들이 연습할 수 있도록 기회를 제공해 준다. 그리고 교사는 표준화 검사에 나오는 어휘를 학생들이 이해하고 있는지 확인하기 위해 특별한 노력을 기울인다. 검사가 실시되기 전에 교사는 학생들이 배웠던 주요 개념을 복습시킨다.

토의문제

1. 신뢰도란 무엇이며, 신뢰도를 추정하는 방법에는 어떤 것이 있는가?
2. 검사도구의 신뢰도를 높이기 위한 방안은?
3. 논술형의 지필검사나 평정을 요구하는 관찰과 면접에서 채점자(평정자)가 범하기 쉬운 오류에는 어떤 것이 있는가?
4. 타당도란 무엇이며, 타당도를 추정하는 방법에는 어떤 것이 있는가?
5. 검사 편파성이란 무엇이며, 교실에서 검사 편파성을 없애기 위한 방법은?

제9장

표준화 검사 점수의 해석

1. 통계적 개념의 이해
2. 점수의 유형

교사들은 학생, 학부모, 심지어 동료 교사나 학교 행정가들에게 설명해 주기 위해 표준화 검사의 결과를 해석할 줄 알아야 한다. 검사를 실시한 다음에 응답지는 검사 제작사나 채점 전문기관에 보내져서 채점되며, 이들 기관은 채점한 점수를 학교로 보내 준다. 어떤 표준화 검사의 경우에는 교사들이 그 검사와 함께 배포된 채점방법과 안내서를 이용하여 직접 채점을 해야 한다. 일반적으로 한 검사로부터 여러 가지 유형의 점수가 산출된다. 이 장에서는 다양한 유형의 점수가 어떻게 산출되며, 각 유형의 점수가 무엇을 의미하고 가르치고 배우는 일에 어떤 함축적 의미를 가지는가를 알아보기로 한다.

1. 통계적 개념의 이해

교사는 빈도분포, 집중경향치와 변산도, 정상분포와 점수들의 관계 등 기본적인 통계적 개념들을 알고 있어야 표준화 검사를 이해하고 이 검사를 효과적으로 사용하고 해석할 수 있다.

1) 빈도분포

한 검사에서 얻은 값을 빈도분포(frequency distribution)로 나타낼 수 있다. 빈도분포는 각 점수를 취득한 사람들이 몇 명인지를 보여주는 점수의 분포로서, 각 점수 수준과 급간에서 점수의 수(빈도)나 비율을 수치로 표시한 것이다. 빈도분포의 예는 〈표 9〉에 있다. 이 표에 따르면 45점을 받은 학생은 10명이다.

표 9 빈도분포의 예

점수	빈도	상대빈도	누적빈도
50	1	1%	100%
49	2	2%	99%
48	2	2%	97%
47	2	2%	95%
46	3	3%	93%
45	10	10%	90%
44	25	25%	80%
43	25	25%	55%
42	15	15%	30%
41	10	10%	15%
40	5	5%	5%

빈도분포는 각 점수 수준에서 두 종류의 수치를 제공한다. 상대빈도는 특정한 점수를 받은 학생들의 수를 백분율로 나타낸 것이다. 예를 들어, 〈표 8〉에서 45점의 상대빈도는 10%이다. 즉, 검사를 받은 사람들 중 10%가 45점을 받았다. 누적빈도는 그 수준 이하의 점수를 받은 학생들의 수를 표시한다. 〈표 8〉에서 45점에서의 누적빈도는 90%이다. 45점을 받은 학생은 검사를 받은 모든 학생들의 90%보다 더 잘했거나 같은 수준의 점수를 받은 것이다. 빈도분포를 토대로 [그림 12]처럼 막대그래프와 선그래프로 표현할 수 있다. 막대그래프는 일련의 수직 막대들로 빈도를 보여주고, 선그래프는 연결된 선으로 빈도를 보여 준다.

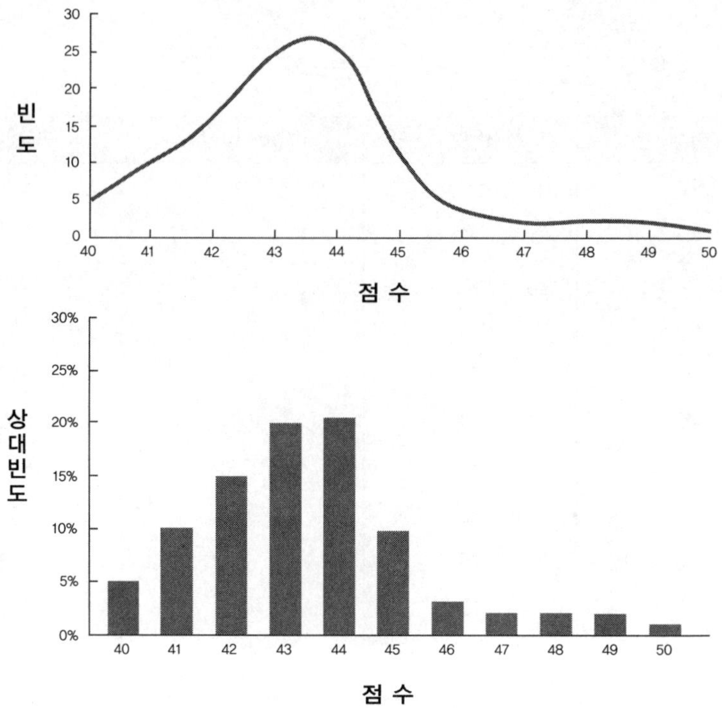

[그림 12] 빈도분포 그래프

2) 집중경향치

빈도분포는 질적인 기술 이외에는 특별하게 도움이 되는 정보를 제공하지 못한다. 정보를 양적으로 요약할 수 있는 보다 나은 방법이 필요한데, 집중경향치(central tendency)가 이런 역할을 수행한다. 집중경향치는 모집단의 가장 전형적인 값이나 점수를 보여 준다. 집중경향치에는 점수들의 산술적 평균값인 평균(mean), 분포에서 정중앙에 위치한 점수인 중앙치(median), 그리고 가장 빈도가 높은 점수인 최빈치(mode)의 세 가지 종류가 있다.

평균을 얻기 위해서는 모든 값을 더한 다음 그것을 사례수로 나눈다. 예를 들어, 2, 3, 4, 5, 6일 때 평균을 계산하면 (2+3+4+5+6=20)/5=4이다. 평균은 한 표본에 속한 모든 값의 정보를 계산하여 얻는 집중경향치이다. 그러나 평균은 극단적인 값에 의해 큰 영향을 받는다.

중앙치는 극단적인 값에 영향을 덜 받는다. 중앙치는 값들을 크기 순서로 정렬했을 때 중앙에 오는 값이다. 사례의 전체 수가 홀수이면 중앙치는 순위에서 중앙에 있는 수이다. 예를 들어, 5개의 수(2, 4, 7, 9, 15)를 가장 낮은 값에서 가장 높은 값의 순서로 나열했을 때 중앙치는 세 번째 값인 7이다. 사례의 전체 수가 짝수이면 단 하나의 중앙치가 존재하지 않는다. 예를 들어, 6개의 수(2, 6, 9, 13, 17, 21)를 가장 낮은 값에서 가장 높은 값의 순서로 나열했을 때 중앙치는 세 번째와 네 번째 수의 중간값(평균)이다. 즉, 이 경우의 중앙치는 (9+13=22)/2=11이다. 중앙치는 평균보다는 극단적인 값에 의해 영향을 덜 받지만, 평균에 비해 정보를 제대로 반영하지 못한다. 예를 들어, 2, 2, 3과 2, 2, 9는 같은 중앙치(2)를 가진다.

최빈치는 가장 빈도가 높은 값이다. 최빈치는 반복되는 값이 있을 때만 사용될 수 있다. 예를 들어, 어떤 검사에서 10명이 점수가 2, 3, 4, 4, 5, 5, 5, 6, 7, 8이라고 한다면 최빈치는 5이다. 사례수가 적은 분포에서는 종종 한 개 이상의 최빈치를 갖기도 하는데, 이 경우 양봉분포(bimodal distribution) 또는 삼봉분포(trimodal distribution)를 보이게 된다. 최빈치는 평균이나 중앙치에 비해 정보를 제대로 반영하지 못하지만, 극단적인 값에 의해 영향을 가장 적게 받는다.

이상에서 알 수 있듯이 평균은 각 개인의 검사 점수를 충분히 반영하기 때문에 중앙치나 최빈치보다 이점이 많다. 그러므로 평균은 가장 선호되는 집중경향치이다. 그러나 평균은 극단적인 값에 민감하다. 예를 들어, 위의 10명의 점수들에 하나 더 첨가한 값이 50이라면, 평균은 99/11=9가 되며, 이는 가장 큰 값인 50을 제외한 나머지 값들보다 더 큰 수이다. 중앙치는 극단적인 값에 덜 민감하지만 값들이 가진 모든 정보를 반영하지는 못한다.

최빈치의 가장 큰 이점은 집중경향치 중 가장 쉽게 얻을 수 있는 값이라는 점이며, 가장 큰 단점은 최소의 정보를 반영한다는 것이다.

3) 변산도

어떤 두 집단의 평균이 같다고 해서 두 집단의 분포가 같다고 말할 수 없다. 두 집단의 점수분포가 비슷한지를 확인하기 위해서는 변산도(variability)를 이해할 필요가 있다. 변산도는 평균에서 벗어난 정도를 의미하는데, 점수들이 어떻게 흩어져 있는지 혹은 분포되어 있는지에 관한 정보를 제공해 준다. 예를 들어, 학생들의 점수는 넓게 흩어져 있을 수 있고(몇몇 학생은 점수가 높고 다른 학생은 낮음), 또는 한데 모여 있을 수 있다(모든 학생들이 거의 비슷한 점수를 얻음). 일반적으로 점수들이 넓게 분포되어 있을 때가 점수들이 평균 점수 부근에 모여 있을 때보다 점수들 사이의 차이를 해석하기 더 쉽다.

변산도의 한 측정치가 범위(range)인데, 분포에서 가장 높은 점수와 가장 낮은 점수 간 거리다. 예를 들어, 점수 3, 4, 5, 6, 7, 8, 9의 범위는 9-3=6이다. 범위는 쉽게 계산할 수 있지만, 극단적인 점수에 의해 지나치게 영향을 받는다.

변산도를 측정하는 또 하나의 방법은 표준편차(standard deviation)이다. 표준편차는 평균에 기초하여 계산도 변산도 값으로, 범위와는 달리 점수의 분포에 있는 모든 정보를 반영한다. 표준편차를 구하는 과정은 다음과 같다.

① 평균을 구한다.
② 각각의 점수에서 평균을 빼서 두 값 사이의 차이를 계산한다.
③ 각 차이를 제곱한다.
④ 제곱한 점수를 더한다.
⑤ 이 값을 점수의 수(사례수)로 나눈다.

⑥ 이 값의 제곱근을 구한다.

예를 들어, 3, 4, 5, 6, 7, 8, 9의 표준편차를 계산해 보자. 평균은 6이다. 각 점수와 평균 사이의 차이는 3, 2, 1, 0, 1, 2, 3이다. 이 값을 제곱한 것은 9, 4, 1, 0, 1, 4, 9이고, 이것들의 합은 28이다. 점수의 수인 7로 나누면 4가 나온다. 이 값의 제곱근은 2이며, 이것이 표준편차이다. 표준편차는 변량의 측정이다. 변량은 각 값이 평균과 얼마나 차이가 있는지를 보여 준다. 한 극단적인 경우에 모든 값이 평균과 같으면 표준편차는 0이다. 정반대인 경우에 표준편차의 최대값은 범위의 절반값이다.

❦ 평균과 표준편차의 특성

〈평균의 특성〉

1. 평균치로부터 모든 점수의 차의 합은 0이 된다. 각 사례의 점수로부터 평균치를 뺀 값을 편차 점수라고 하는데, 이 편차 점수를 x라 표시하면 $x = X - \overline{X}$가 된다. 편차는 한 점수가 평균으로부터 얼마나 떨어져 있는가를 알려 준다. 편차의 합은 0이다는 평균의 공식적인 정의로서, 기호로 나타낼 경우 $\Sigma x = 0$으로 표기된다.
2. 평균을 중심으로 얻어진 편차 점수의 제곱의 합은 다른 어떤 값을 기준으로 얻은 편차 점수의 제곱의 합보다 항상 적다. 즉, 평균을 중심으로 한 편차 점수의 자승화(제곱의 합)가 항상 최소가 된다.
3. 평균은 점수 분포의 균형을 이루는 점이 된다. 한 집단의 점수 분포를 두꺼운 종이나 철판에 그리어 이를 잘라 내서 평균치가 되는 점을 받치면 이것은 평형을 이루게 된다. 즉, 평균치는 중력의 중심, 합의 중심이 된다. 이것은 결국 편차 점수의 합은 0이 된다는 것을 다르게 표현한 것이다..

〈표준편차의 특성〉

1. 표준편차는 평균과 마찬가지로 그 분포상에 있는 모든 점수의 영향을 받는다.

2. 표준편차 계산에 이용되는 평균으로부터의 편차 점수의 자승화(Σx)는 다른 어 떤 기준으로부터의 자승화보다 최소가 된다.
3. 표준편차는 표집에 따른 변화, 즉 표준오차가 가장 적다.
4. 한 집단의 모든 점수에 일정한 수를 더하거나 빼도 표준편차는 변화하지 않는다.
5. 한 집단의 모든 점수에 일정한 상수 C를 곱하면 표준편차 S도 C배만큼 증가한다. 즉, 그 값은 CS가 된다.
6. 표준편차와 정상분포는 일정한 체계를 갖고 있다.

$\overline{X}\pm1S$: 전체 사례수의 약 68%가 이 점수 사이에 포함된다.
$\overline{X}\pm2S$: 전체 사례수의 약 95%가 이 점수 사이에 포함된다.
$\overline{X}\pm3S$: 전체 사례수의 약 99%가 이 점수 사이에 포함된다.

4) 정상분포

표준화 검사는 많은 수의 학생들에게 실시되는데, 이때 점수들은 [그림 13]과 같은 정상분포(normal distribution)에 가까워진다. 정상분포에서는 대부분의 자료값이 그 분포의 평균 주변에 모여 있고, 평균과 중앙치 및 최빈치가 모두 동일하며, 점수들이 좌우대칭을 이루면서 종모양의 분포를 이룬다. 정상분포는 좌우대칭이므로 절반은 평균 이하이고, 나머지 절반은 평균 이상이다. 대부분의 점수가 평균 주변에 분포되므로 이들 중 68%가 표준편차 ±1 사이에 존재하며, 95%는 표준편차 ±2 사이에 존재한다.

❦ 정상분포곡선의 특성

① 정상분포곡선은 대칭적이다. 평균, 중앙치 그리고 최빈치가 동일한 값을 갖는다.
② 정상분포곡선의 최고 높이는 평균에서 수직인 선과 만나고 그것의 값은 .399 이다.

③ 정상분포곡선은 점근선(漸近線)이다. 곡선의 양끝은 수평선에 접근하지만, 만나지는 못한다.

④ 곡선의 급한 변화는 평균의 위와 아래 ±1S 안에서 일어나며, 이 범위 안에 전체 사례수의 68%가 포함된다.

⑤ 정상분포곡선하의 면적 중에서 z=±1.96안에 95% 그리고 z=±2.58안에 99%가 포함된다.

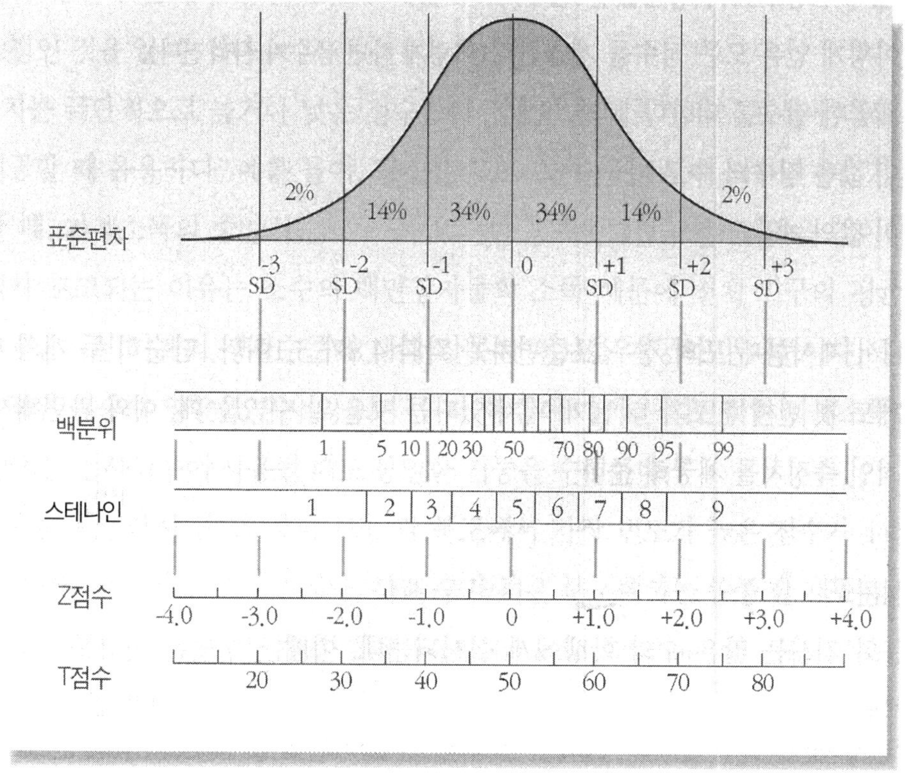

[그림 13] 정상분포

2. 점수의 유형

표준화 검사에서 얻어진 점수는 검사 결과를 요약하여 설명하고 있는 프로파일 형태로 보고되는 것이 일반적이다. 비록 대부분의 프로파일이 부가적인 소양 없이도 점수를 해석하는 데에 어려움이 없을 정도로 충분한 정보를 담고 있다 할지라도 여러분은 직면하게 될 점수가 어떤 종류의 것인가를 미리 알고 있어야 한다. 왜냐하면 교사는 점수를 학생과 학부모들에게 설명해 주기 위한 요구를 받을 수도 있기 때문이다.

표준화 검사에서 얻어진 자료는 수천 명의 학생들로부터 나온 것이고, 표준화 검사를 사용하는 주요 목적은 서로 다른 학교, 학군, 지역, 심지어 서로 다른 나라에 살고 있는 학생들과 비교하는 것이다. 이런 비교를 위해 검사 제작자는 원점수, 백분위, 스테나인 점수, 학년점수, 그리고 표준점수를 사용한다. 교사는 학생들의 수행을 기술하기 위해 사용되고 있는 다양한 유형의 점수 차이를 알고 있을 뿐만 아니라 이들 점수를 어떻게 비교하는지도 알고 있어야 한다.

1) 원점수

모든 표준화 검사는 원점수(raw score)에 기초를 두고 있다. 한 검사에서 얻어진 점수 그대로의 점수를 원점수라고 하는데, 이것은 한 개인이 표준화 검사 또는 그 하위검사에서 정확하게 응답한 문항 수일 수도 있고 정답의 수에다 어떤 비중을 주어서 계산한 점수일 수도 있다. 원점수는 쉽게 얻을 수 있는 반면에 다음과 같은 몇 가지 단점을 지니고 있다(이종승, 2009).

첫째, 원점수에는 의미 있는 기준점이 없다는 것이 가장 큰 단점이다. 원점수는 그것이 어떤 속성의 일정한 크기를 나타내지 못한다는 것이다. 가령, 길이의 측정에서 0미터는 길이가 없는 상태를 표시하지만, 어떤 학력고사에서 0점은 반드시 학력의 절대적인 결핍상태를 가리키는 것은 아니며 검사의 난이도에 의해서 심하게 영향을 받는 불안정한 수치이다.

둘째, 검사마다 측정의 단위가 다르고 문항의 난이도가 다르기 때문에 원점수는 서로 비교될 수 없다는 단점을 지니고 있다. 예를 들어, 어느 학생이 A와 B 두 검사에서 동일하게 80점을 받았다고 해도 이 학생의 능력이 같다고는 말할 수가 없다.

셋째, 원점수 척도에는 단위의 동간성이 없다. 따라서 원점수들 간의 차이를 의미 있게 비교하지 못한다. 예를 들어, 한 검사에서 50점과 60점의 차이와 80점과 90점의 차이는 둘 다 10점으로 같지만 그 차이는 동일하지 않다.

2) 백분위

백분위(percentile 또는 percentile rank)는 표준화 검사에서 가장 일반적으로 보고되는 점수 중 하나다. 백분위는 한 점수분포에서 어떤 학생의 점수보다 낮은 점수를 받은 학생들이 전체의 몇 퍼센트(%)인가를 나타낸다. 다시 말하면, 어떤 학생의 점수와 같거나 낮은 학생들의 수를 검사를 실시한 전체 학생들의 수로 나눈 다음 100을 곱한 값이다. 예를 들어, 어떤 학생이 전국적으로 68 백분위 점수를 얻었다고 한다면, 이는 이 학생의 점수가 전국에서 검사를 치른 학생들 중 68%가 얻은 점수와 같거나 더 높다는 것을 의미한다.

종종 학부모와 학생들은 백분위를 백분율과 혼동하는 경향이 있다. 백분율 점수는 한 검사에서 정확하게 응답한 비율, 즉 전체 문항 중 몇 개의 정답을 맞혔는지를 나타낸다. 반면, 백분위 점수는 다른 학생들과 비교하여 어떤 학생의 점수가 어느 위치에 있는지, 즉 한 학생이 다른 학생들과 비교해서 얼마나 잘 했는지를 말해 준다. 그러므로 백분위는 수행 그 자체보다는 다른 학생들과 비교하여 나온 측정치이다.

백분위는 간단하고 명료하기 때문에 많이 사용된다. 백분위는 등위인데, 등위 간 차이는 동일하지 않다(Miller, Linn, & Gronlund, 2011). 예를 들어, 어떤 검사의 분포에서 원점수 38점은 90 백분위, 36점은 80 백분위, 34점은 60 백분위, 33점은 50 백분위라고 하자. 이 분포에서 90 백분위와 80 백분위 간 점수 차이는 60백분위와 50 백분위 간 점수 차이(1점)의 두 배(2점)다. 표본의 크기가 커지면 이러한 차이는 더욱 두드러진다.

3) 스테나인 점수

제2차 세계대전 중에 미국 공군본부의 심리학자들이 스테나인 점수(stanine score: standard nine-point scale의 약어임)라고 불리는 통계치를 개발하였는데, 이것은 스테나인 점수가 표준점수의 한 유형이며 전집을 9개의 집단으로 나누고 있다는 사실을 반영하고 있다. 각 스테나인은 0.5 표준편차의 단위이다. 스테나인 점수는 어떤 개인이 표준화 검사에서 얻은 점수를 1점에서 9점까지 척도를 사용해서 기술하는 것이다. 스테나인 점수 5는 분포의 중앙에 위치하고, 평균 위아래로 1/4 표준편차 내에 있는 모든 점수를 포함한다. 스테나인 점수 4, 3, 2는 각각 스테나인 점수 5밑에 위치하는 폭이 1/2 표준편차인 점수의 띠고, 스테나인 점수 6, 7, 8은 각각 스테나인 점수 5 위에 위치하는 폭이 1/2 표준편차인 점수의 띠다. 스테나인 점수 1과 9는 분포의 꼬리 부분에 해당한다. 어떤 학생의 점수가 평균에서 1 표준편차 위에 위치하면 스테나인 점수 7에 해당하고, 평균에서 2 표준편차 위에 위치하면 스테나인 점수 9에 해당한다. 앞의 [그림 13]에서 스테나인 점수가 어떤 측정값에 대응하는지 알 수 있다.

스테나인 점수는 사용하기가 간단하고, 교사와 학부모들이 학생들의 성적을 미세하게 구분하기보다는 가능한 범위에 기초해서 점수를 해석하도록 권장하기 때문에 많이 사용된다(McMillan, 2013). 예를 들어, 백분위 57에 해당하는 점수는 백분위 52에 해당하는 점수와 비교했을 때, 한 하위검사에서 1점 내지는 2점을 더 획득했기 때문에 얻어질 수 있다. 따라서 이 둘의 차이는 별로 의미가 없다. 실제 두 점수 모두 스테나인 점수 5에 해당한다. 스테나인 점수는 검사에서의 수행을 가능한 점수들의 범위로 묘사하기 때문에 보다 현실적인 측정값이라고 할 수 있다. 그러나 점수들을 스테나인 점수로 줄이게 되면 그만큼 정보를 희생하게 된다. 따라서 교사는 스테나인 점수의 장단점을 염두에 두고 표준화 검사 점수를 학생과 학부모에게 해석해 주어야 한다.

4) 학년점수

학년점수(grade equivalent score) 역시 많이 보고되는 점수인데, 어떤 학생이 표준화 검사(특히 성취도검사)에서 획득한 점수를 해당 학년(나이) 집단에 속한 학생들의 점수와 비교하는 것이다. 첫 번째 숫자는 학년을 나타내고, 두 번째 숫자는 학년의 달(개월)을 나타낸다. 예를 들어, 어떤 학생이 읽기 검사에서 4.7년의 학년점수를 얻었다면, 이것은 이 학생이 4학년 7개월에 해당하는 학생들의 평균점수를 획득했다는 것을 의미한다. 어떤 학생이 초등학교 3학년이 된 지 4개월째에 쓰기 점수에서 받은 점수가 4학년이 된 지 8개월이 된 다른 학생들의 평균점수와 같다면, 그 학생의 학년점수는 4.8(4학년 8개월)이 된다.

교사들은 대응 학년점수가 학년수준을 말해 주기 때문에 이 점수를 좋아하지만, 자주 잘못 해석할 가능성이 있다(Goodman & Hambleton, 2004; Hogan, 2007). 예를 들어, 4학년인 어떤 학생이 수학에서 대응 학년점수를 5.8로 받았다고 할 때, 이것은 그 학생이 5학년이 배우는 수학문제를 해결할 수 있다는 것이 아니다. 정확한 의미는 5학년이 된지 8개월이 된 학생들에게 그 학생이 받은 것과 같은 검사를 실시했을 때 이 학생들이 받는 평균과 그 학생의 점수가 같다는 뜻이다. 다시 말하면, 만일 4학년 학생이 5.8의 학년점수를 얻었다면, 이것은 그 학생이 해당 과목에서 약간 진보했다는 것을 의미할 뿐, 5학년으로 진급해야 한다는 것을 의미하지는 않는다. 학생에 대해 이런 결정을 내리기 위해서는 사회성 발달, 동기, 학습에서의 행동 및 교사가 제작한 시험에서의 성적 등과 같은 다른 요인을 함께 고려해야 한다. 따라서 교사가 학생과 학부모에게 학년점수를 보고할 경우에는 특별히 주의를 기울여야 하고, 다른 측정값과 함께 제시해야 한다(Miller, Linn, & Gronlund, 2011).

5) 표준점수

표준점수(standard score)는 표준화 검사에서 학생이 얼마나 잘했는지를 표준편차를 기본 단위로 해서 기술한 것이다. 표준화 검사 제작자들은 평균과 표준편차를 사용해서 표준점수를 보고한다.

표준편차로부터 유도된 두 개의 표준점수가 있다. 하나는 z점수(z score)라고 불리는 것인데, 이것은 한 주어진 원점수가 표준편차 단위에 있어서 평균으로부터 얼마나 멀리 떨어져 있는가를 말해 준다. 예를 들어, 어떤 학생의 z점수가 -1.5라고 하는 것은 그 학생이 평균 아래의 1.5 표준편차 단위에 있다는 것을 의미하는 것이다. z점수는 -의 값을 가질 수 있고 소수점을 가지기 때문에 z점수 대신에 T점수(T score)가 종종 사용된다. T점수는 평균이 50이고 표준편차가 10인 표준점수다. [그림 13]에서 알 수 있듯이 T점수 70은 평균에서 2표준편차 위에 위치하며 z점수 2에 해당한다. T점수를 사용하는 대부분의 표준화 검사들은 검사요강이나 검사결과 프로파일에서 T점수가 어떻게 해석되어야 하는가에 대한 상세한 설명을 제공하고 있다.

z점수와 T점수 등 표준점수를 사용하면 비교가 수월해진다. 이러한 표준점

수는 동일한 측정단위에 기초하고 있기 때문에 집단 간, 검사 간 비교를 가능하게 한다.

6) 측정의 표준오차

표준화 검사가 기술적으로는 세련되지만 측정오차를 지니고 있다. 즉, 점수는 학생의 진점수(true score)의 근사치에 불과하다. 가설적으로는 동일한 검사를 반복해서 실시하면 학생의 점수가 변하는 것을 발견하게 된다. 이때 이 점수들의 평균을 구하면 이 학생의 진점수에 대한 추정치를 얻게 된다. 진점수는 어떤 사람이 연습의 효과 없이 같은 검사를 무한정 실시하면 얻게 되는 가설적인 점수이다. 따라서 진점수는 어디까지나 가상적 점수이며, 우리는 어떤 사람의 진정한 점수를 알 수가 없다.

그러나 어떤 사람의 관찰된 점수(observed score)가 진점수와 얼마나 유사한지를 측정할 수 있는 방법이 있다. 한 사람이 어떤 점수를 받는다는 것은 실제로는 그 사람이 받을 수 있는 점수의 범위를 받는다는 것을 의미한다. 이 범위는 때로는 신뢰구간(confidence interval)이라는 용어로 표현되며, 신뢰구간을 표현하기 위해 사용되는 측정이 측정의 표준오차(standard error of measurement)이다. 예를 들어, 측정의 표준오차가 4인 검사에서 A라는 학생의 원점수는 46이고, B라는 학생의 원점수는 52라고 가정하자. 이것은 A의 진점수가 42점과 50점 사이에 위치한다는 것이고, B의 진점수는 48점과 56점 사이에 위치한다는 것을 의미한다. 얼핏 보기에는 B가 훨씬 더 높은 점수를 얻은 것처럼 보이지만 표준오차를 고려하면 둘의 점수가 같을 수도 있고, 오히려 A의 진점수가 B의 진점수보다 더 높을 가능성도 있다.

그러므로 표준화 검사를 바탕으로 어떤 결정을 내려야 할 때 표준오차의 개념을 이해하는 것이 중요하다. 원점수만을 기초로 A와 B를 다른 능력집단에 배치하는 것은 현명하지 못한 결정이 될 수 있다.

토의문제

1. 집중경향치와 변산도란 무엇이며, 각각 측정하는 방법에는 어떤 것이 있는가?
2. 백분위, Z-점수, T-점수란 무엇인가?
3. 우리나라 고등학교 내신 9등급 점수체제와 스테나인 점수와의 관계는?
4. 측정의 표준오차란 무엇인가?

제10장

표준화 검사의 활용

1. 표준화 검사의 활용 범위와 유의사항
2. 표준화 검사의 사용 규정과 윤리
3. 표준화 검사의 오용

제7장에서 잠시 언급했지만 표준화 검사는 여러 용도로 활용될 수 있다. 검사만 실시해 놓고 교육적으로 활용되지 않는다면 검사 실시의 의미가 없다. 이 장에서는 표준화 검사의 활용 범위와 활용 시 유의사항, 검사의 사용 규정과 윤리, 그리고 검사의 오용에 대해 알아보기로 한다.

1. 표준화 검사의 활용 범위와 유의사항

1) 표준화 검사의 활용 범위

역사적으로 교육자들은 여러 수업과 관련된 목적을 위해서 표준화 검사, 특히 표준화 학력검사를 사용하여 왔다. 교사와 상담자 및 교장들은 학생들의 학력에 있어서의 일반적인 강점과 약점을 확인하고, 학부모들에게 자녀의 일반적인 학력 수준에 대한 정보를 제공하고, 수업계획을 세우고, 수업을 위해 학생들을 집단 편성하며, 특수교육 프로그램에 배치시킬 학생들을 추천하기 위해서 검사 자료를 사용하여 왔다. 한 학생이 한 도시 내에서 다른 지역으로 이사하거나 한 도시에서 다른 도시로 이사를 하여 새 학교에 전학을 왔을 때, 새 학교의 교직원들이 기본 교과에 대하여 그 학생이 알고 있는 것이 무엇인가에 대한 약간의 지식을 가지는 것은 매우 바람직한 일이다. 표준화 학력검사는 일반 교과목의 지식과 기능에 대한 성취 수준에 관한 정보를 제공하는 데에 기여하며, 따라서 수업을 계획하고 집단을 편성하고 학생을 배치하며 기타 수업목적을 위해 활용될 수 있다.

교사는 담당하고 있는 학생들이 표준화 검사에서 얼마나 잘 수행하였는가를 보고하고 있는 검사 프로파일을 보면 학생들의 강점과 약점에 대한 약간의 일반적인 지식을 얻을 수 있다. 만일 어떤 학생들이 특정 기능 영역에서 약점을 가지고 있고 교사가 그 약점을 학생들이 극복하도록 도와주고 싶다면, 검사 결과는 교사에게 교정과 보충의 수업을 제공하기 위한 가능한 방법이 무엇인지에 대한 약간의 통찰을 제공해 줄 것이다. 만일 학생들 대부분이 교육과정의 어떤 영역에서 평균 이하의 점수를 보인다면, 이는 교사에게 학급의 전체 학생들에게 해당 주제와 기능을 다루는 데에 보다 많은 시간과 노력을 투자해야 한다는 것을 알려주는 것이다. 물론 교사는 잠재적으로 효과적인 형태의 교정 혹은 심화 수업을 설계하기 위해서 표준화 검사 결과에 교사가 직접 제작한 검사와 관찰 결과를 보충해야 한다.

표준화 검사 점수가 적절하게 활용될 때, 표준화 검사 점수는 부모와 학생 및 교육자들에게 학생의 일반적 학력 수준을 알려줄 수 있으며, 교사와 행정가들에게 학생들을 특수교육 프로그램에 배치하는 문제에 대한 의사결정을 도와줄 수 있다.

2) 표준화 검사 활용 시 유의사항

학교에서 표준화 검사를 실시할 때 교사는 다음과 같은 점을 유의할 필요가 있다(Snowman & Biehler, 2003).

첫째, 교사가 표준화 검사를 실시하기 전에 학생들에게 최선을 다해 검사에 임하도록 강조하고 또한 그러한 검사를 치르기 위한 유의사항을 알려주어야 한다. 최대한의 유용성을 위해서는 표준화 검사의 점수가 가능한 한 실제 능력을 정확하게 나타내 줄 수 있어야 한다. 따라서 표준화 검사를 치르기 전날에 학생들에게 최선을 다해 검사에 임해야 한다는 것을 말해 주어야 한다. 또한 검사 점수가 학생들의 학교 수행을 개선하는 데에 도움이 되는 데에 사용될 것이며, 또한 교사들에게 그들 자신의 수업의 질에 관한 유용한 피드백을 제공해 주게 될 것이라는 점을 강조해야 한다. 교사는 학생들에게 미리 어떤 검사를 치러질 것이라는 힌트를 줌으로써 공식적인 검사 상황 하에서 거의 불가피한 불안과 긴장을 부분적으로 감소시킬 수 있다. Miller 등(2011)은 검사의 유형과 학생들의 학년 수준을 감안하면서 강조해야 될 다음과 같은 몇 가지 비결을 언급하고 있다.

- 지시 사항을 주의 깊게 읽거나 귀를 기울여라.
- 검사 문항을 주의 깊게 읽거나 귀를 기울여라.
- 검사를 마치는 데에 필요한 시간을 조절하라.
- 어려운 문항을 건너뛰고 다른 문항을 푼 다음에 나중에 가서 풀어라.
- 문항을 빠뜨리기보다는 오히려 추측을 하여 해결하라.
- 선다형 문항의 경우 추측을 하기 전에 가능한 한 많이 정답이 아닌 답지를 제거하라.
- 답안지에 표시를 할 때 지시에 잘 따르라.
- 답안지에 정답 표시를 할 때 문항번호와 정답번호가 맞는지 확인하라.
- 답안지에 정답 표시가 제대로 되었는지 확인하라.
- 시간이 허락되면 정답에 이상이 없는지 다시 점검하라.

둘째, 검사에 익숙해지기 위해서 검사요강과 답안지를 미리 검토해야 한다. 학생들이 무엇을 해야 되는가에 대해서 교사가 충분히 익숙해지기 위해서는 스스로 검사를 치러 보는 것이 이상적이다. 만일 대답을 기록함에 있어서 특별히 방심할 수 없는 어떤 면이 있다면, 교사는 검사를 치를 때 이러한 것을 학생들에게 언급해 주는 것이 좋다.

셋째, 점수를 해석할 때 조심하고, 항상 학생들에게 검사 결과를 맹신하지 않도록 한다. 검사를 실시한 후에 몇 주 지나서 교사가 받게 될 프로파일 혹은 보고서에는 교사와 학생들에게 잠재적으로 이점이 있는 정보가 포함되어 있을 것이다. 그러나 그 정보를 남용하거나 잘못 해석하게 되면 오히려 그 정보는 잠재적으로 해가 된다. 점수에 대한 잘못된 해석은 학부모들의 불평을 살 수 있다. 그러므로 교사가 점수를 검토할 때, 검사 결과를 긍정적으로 활용할 수 있는 방법에 초점을 두어야 한다. 예를 들면, 만일 어떤 학생의 점수가 교사가 기대했던 것보다 낮다면, 약점의 영역을 발견하려고 하되 "그래, 그가 나를 바보로 만들었군. 그는 내가 생각했던 것보다 영리하지 못해. 다음 보고서 카드에 그의 성적을 낮추어 기록하는 것이 나을거야"라는 생각을 경계해야 한다. 학생이 검사에서 잘 수행할 수 없었던 이유(예를 들어, 불안, 피로, 질병, 가정이나 학교에서의 대인관계의 곤란에 대한 걱정 등)는 여러 가지가 있기 때문에 검사 점수는 현재의 능력을 정확하게 반영하지 못할 수도 있다. 따라서 검사 점수와 관찰된 교실 수행 사이에 간격이 있을 때마다 항상 호의적으로 생각해야 한다. 그리고 학생들로 하여금 부적절성을 극복하도록 도와주기 위해서 평균 이하 수행의 지표를 건설적으로 활용하도록 노력해야 한다.

넷째, 부정적인 기대의 영향을 통제하기 위해서 최선을 다해야 한다. 교사가 학생의 검사 점수를 읽을 때 학생들, 특히 일관되게 낮은 점수의 패턴을 보이는 학생들을 범주화하거나 명칭을 붙이고자 하는 유혹을 떨쳐버려야 한다. 교사는 그러한 학생들이 학습할 수 없다는 생각에 압도되기보다는 오히려 그들은 특별한 격려와 개별적인 주의를 필요로 하고 있다는 생각에 중점을 두도록 노력해야 할 것이다. 그들로 하여금 학습곤란을 극복하도록 도와주기 위해서 검사 프로파일에 나타난 정보를 활용해야 한다.

다섯째, 학부모들에게 그들 자녀의 검사 점수에 관한 명확하고 정확한 정보를 제공해 주기 위해서 준비해야 한다. 여러 가지의 이유로 해서 표준화 검사의 본질에 관한 잘못된 생각이 보편화되어 있다. 그 결과 많은 학부모들이 자녀의 점수가 의미하는 바를 완전히 이해하지 못한다. 부모와 교사와의 협의 시간이 이러한 잘못된 생각을 바로 잡고 표준화 검사 점수의 의미에 관한 기본적인 정보를 제공해 주어야 할 가장 좋은 시간이다. 검사 점수는 측정

대상에 대한 추정치(estimates)로서 다루어져야 한다는 점을 언급해야 한다. 검사 점수를 이런 식으로 설명하는 데에는 두 가지 이유가 있다. 첫째, 검사는 학생들이 알고 있거나 특정한 능력을 구성하는 모든 것을 측정하지 않기 때문이다. 사실 모든 것을 측정할 수가 없다. 예를 들면, 표준화 학력검사는 비교적 광범위한 지식을 다루는 경향이 있지만 어느 한 주제를 깊게 측정하지는 못한다. 따라서 학생들은 점수가 시사하는 것보다 더 많은 것을 알고 있을 수 있다. 둘째, 모든 검사들은 모호한 어휘를 가진 문항, 혼란스러운 지시, 검사 당일의 낮은 동기 등과 같은 요인들 때문에 어느 정도 오차를 포함하고 있기 때문이다. 학생은 특정의 검사에 의해서 측정되지 않는 강점과 약점을 가지고 있을 수 있고, 흥미와 동기 및 인지기능과 같은 특성들의 변화 때문에 검사 점수는 변화될 수 있으며 때로는 엄청나게 변화될 수 있다. 검사 대상이 어린 학생일수록 그리고 검사 실시 간격이 길수록 검사 점수의 변화는 유의하게 커질 가능성이 있다. 검사 점수가 의미하는 바는 검사의 성질에 달려 있다. 만일 학생들이 지능검사나 학업적성검사를 받았다면, 그러한 검사들은 학업 성공과 아주 밀접하게 관련되어 있는 인지기능의 현재 상태를 측정하는 것이라는 점을 지적해 주어야 한다. 또한 IQ 점수는 규준집단의 점수와 어떻게 비교되는가에 따라서 평균 이하, 평균, 혹은 평균 이상이라고 판단된다는 것을 언급해야 한다. 만일 교사가 학력검사 점수를 논의하고 있다면 진단검사, 규준관련검사 및 준거관련검사 간의 차이를 명확히 이해하고 있어야 한다.

2. 표준화 검사의 사용 규정과 윤리

표준화된 심리검사를 선택, 실시, 해석, 적용할 때에는 다음과 같은 검사 사용 규정과 윤리강령을 따라야 한다. 검사를 개발할 때와는 달리 개발된 검사를 사용할 때에는 많은 융통성과 전문적인 판단력이 요구된다. 검사를 특정한 목적으로 사용하는 것의 적절성은 평가 과정의 전체 맥락을 고려할 때 제대로 판단될 수 있다. 한국심리학회 검사 사용규정을 보면 다음과 같다.

① 우선 검사를 선택하는 데 있어서, 검사 사용자는 사용하려는 검사의 타당도와 신뢰도에 대해 충분히 검토해야 한다. 또한 어떤 검사가 이전에 타당화 작업이 이루어지지 않은 새로운 목적으로 사용되거나 타당도가 뒷받침되지 못하는 용도를 위해 사용될 때에는 검사 사용자가 타당도에 대한 증거를 마련할 책임이 있다.

② 검사를 실시하는 데 있어서, 검사자는 검사에 임하는 피검자의 정서 상태를 잘 이해하고, 검사가 어떤 목적으로 실시되며 검사가 실시되어 어떤 이득이 있는지를 충분하게 설명하여야 한다. 또한 검사자는 중립적이고 과학적인 태도로 검사를 실시하며 검사 실시 절차에 익숙하여야 하고, 검사요강에 제시된 표준화된 방식으로 가능하면 외부 자극이 없는 안정된 분위기에서 검사를 실시해야 한다.

③ 검사의 채점에 있어서, 검사 사용자는 전문적인 자격과 경험을 갖춘 사람으로서, 검사요강에 제시된 표준화된 채점 절차를 주의 깊게 따라야 한다. 규준 자료를 참고하여 해석할 때에는 먼저 규준표를 만들기 위하여 표집된 규준집단의 대표성 및 크기 그리고 규준 제작시기가 적절한지 검토하고, 가능하다면 다른 검사나 관련 자료들을 함께 고려하여 결론을 내려야 한다.

④ 검사 실시자는 일정 기준 이상의 전문성을 유지하고 자신이 실시한 결과에 대한 책임을 져야 하며 자신의 능력과 기술의 한계를 알고 있어야만 한다. 또한 전문가로서 자신의 영향을 오용할 수 있는 개인적 · 조직적 · 재정적 또는 정치적인 상황이나 압력들에 대해 경계하여야 한다.

⑤ 검사자는 개인의 사생활권을 적절히 다루기 위해 검사의 적절성에 대해서 피검자에게 충분하게 설명한 후 피검자의 동의를 얻는 것이 필요하고 검사 과정에서 피검자에게 얻은 정보에 대한 비밀을 보장할 의무가 있다.

한편, 상담 장면에서 상담자가 표준화된 심리검사를 선택, 실시, 해석, 적용할 때에는 다음과 같은 검사 윤리강령을 따라야 한다. 한국상담학회 윤리강령에 의하면, 상담자는 상담수혜자의 복지를 최우선으로 해야 한다. 특히 심리검사와 관련해서 상담자가 지켜야 할 윤리적 의무를 다음과 같이 규정하고 있다.

① 상담자는 내담자의 환경(사회적 · 문화적 · 상황적 특성 등)과 개별적 특성을 고려한 후, 내담자를 조력하기 위한 목적에 적합한 심리검사를 선택해야 한다.
② 심리검사를 실시할 때에는 자격이 있는 사람이 표준화된 절차에 따라 실시해야 화며, 그 과정을 경시해서는 안 된다.
③ 상담자는 내담자에게 심리검사 결과를 수치만을 알리거나 제3자에게 알리는 등 검사 결과가 잘못 통지되지 않도록 해야 한다.

무엇보다도 각종 표준화된 심리검사를 사용하는 상담자는 인간(내담자)을 다룬다는 의식이 철저해야 한다. 심리검사는 인간을 이해하기 위해서 존재하는 것이지 인간을 심판 · 규정 · 범주화하기 위해서 존재하는 것은 아니다. 그러므로 인간의 가치나 존엄성이 경시되어서는 안 되며, 인간 위에 점수와 판단과 분류가 군림되어서는 안 된다. 이를 위해 검사 사용자가 지녀야 할 태도는 공감적 이해, 존경, 진실성이다. 공감적 이해란 한 개인(검사자, 상담자)이 자기 자신을 타인(피검자, 내담자)의 입장에 놓음으로써 그의 내적 의식체제로부터 그를 이해하는 태도이다. 타인의 세계를 공감적으로 이해한다는 것은 그

타인 내부로부터 보는 것이며, 타인의 사적 의식을 마치 자신의 것처럼 느끼는 의식을 말한다. 존경은 타인에 대한 판단, 비난, 조소, 경멸함이 없이 있는 그대로의 가치로운 한 인간으로 수용하고 깊이 존중하는 의식이다. 그리고 진실성은 타인에 대한 정직하고 진지하며 개방적인 지각을 지니고 대하는 태도를 뜻한다. 이러한 공감적 이해, 존경, 진실성에 대한 신념과 의식이 투철하지 않은 검사 사용자는 언제나 인간보다 검사가 눈에 더 들어오고, 이해보다는 판단과 단정적 해석을 할 가능성이 크다. 자칫 잘못된 단정적인 해석이 한 인간을 심한 좌절감, 극심한 심리적 혼돈, 자신감의 포기 등 인간을 파멸에로 이끌 수도 있다는 무서운 개연성을 간과해서는 안 된다.

3. 표준화 검사의 오용

표준화 검사가 오용되는 경우는 두 가지가 있다. 하나는 학생 선발을 결정하기 위해 검사의 결과만 이용하는 것이고, 다른 하나는 학교, 학군, 지역, 국가의 수행을 판단하기 위해 표준화 검사에만 주로 의존하는 것이다(Sternberg & Williams, 2010).

1) 고부담 검사

고부담 검사(high-stakes testing)는 학생, 교사, 학교, 학군에 영향을 미치는 중요한 결정을 내리기 위해 교육자들이 사용하는 검사이다(Miller, Linn, & Gronlund, 2011). 고부담 검사는 세 가지 요소를 가지고 있다. 첫째, 수용 가능한 수행에 대해 기준이 마련되어 있다. 둘째, 특정 학년의 모든 학생이 검사를 치러야 한다. 셋째, 검사 결과를 사용해서 입학이나 선발, 진급과 졸업에 대한 결정을 내린다. 검사에서 실패했기 때문에 다음 학년으로 진급하지 못하거나 졸업할 수 없을 때 개인에게 미치는 위험부담은 매우 높다. 따라서 이러한 검사를 고부담 검사라고 부르는 것이다.

고부담 검사에는 두 가지 형태가 널리 사용되고 있다. 첫 번째 유형의 고부담 검사는 준비도 검사(readiness test)이다. 예를 들어, 대학수학능력시험이나 기타 입학시험은 학생들이 어떤 것을 학습할 준비가 되어 있는 정도를 측정하기 위한 검사이다. 심지어는 초등학교에서 수업받을 준비가 되어 있는지를 확인하기 위한 검사도 실시한다. 또 다른 고부담 검사는 최소능력검사(minimum-competency test)이다. 이것은 한 학생이 특정한 목적 달성을 위해 필요한 최저 수준의 성취도를 보여주는지를 측정하는 검사이다. 예를 들면, 학생들이 고등학교를 졸업해도 되는지를 결정하기 위해 실시하는 검사가 최소능력검사이다.

고부담 검사는 논란의 여지가 많다. 옹호론자들은 고부담 검사가 학교체제의 목표를 분명하게 하고, 학생들에게는 그들이 무엇을 배워야 하는지에 대해 명확한 메시지를 전달하며, 또 일반 대중에게는 학교의 효과성에 대해 믿을 수 있는 증거를 제공한다고 주장한다(Hirsh, 2006; Phelps, 2005). 옹호론자들은 교사들의 준비도나 자료 및 검사 자체가 더 향상되어야 한다는 것에는 동의하지만, 고부담 검사가 모든 학생에게 양질의 교육을 제공하기 위한 가장 공정하고 가장 효과적인 수단이라고 주장한다. 그러나 고부담 검사의 비평가들은 교사들이 너무 많은 시간을 들여서 학생들이 검사에 대비하는 것을 도와주어야 하고, 검사 자체는 교과과정을 반영하지 못하며, 검사는 학생들의 학습을 정확히 평가하지 못한다고 반론을 제기한다(Amrein & Berliner, 2003; Berliner, 2004). 그리고 합격점수가 작위적이고 검사 도구가 너무 조잡해서 학생, 교사, 학교에 관한 중요한 결정을 내리는 데 사용할 수 없다고 주장한다(Popham,

2007). 특히 준비도 검사의 경우, 많은 교육자나 연구자들은 매우 어린 학생들은 준비도를 측정하는 데 자주 사용되고 있는 지필검사에 준비되어 있지 않고, 준비도 검사 결과에 따라 초등학교 1학년에 입학시키는 것을 늦추는 것은 한 가지 정보에 지나치게 의존하는 것이며, 검사가 실제로 준비도를 측정하고 있는지 확실하지 않다는 이유로 어린 학생들에게 준비도 검사를 사용하는 것에 강력히 반대한다(Engel, 1991; May & Welch, 2006).

2) 책무성 측정에 있어서 검사의 남용

표준화 검사의 사용이 요구되는 주된 이유는 정치가, 학부모, 세금 납부자들이 학교의 책무성(accountability)에 대해 관심이 높기 때문이다(Linn, 2006; McDermott, 2007). 이런 사람들은 학교는 학생들의 교육을 위해 측정할 수 있는 목표를 정해야 한다고 믿는다. 수치로 교사와 학교의 성취도를 측정하고자 하는 사람들은 표준화 검사를 통해 제공되는 양적 측정을 중요하게 여긴다. 그리고 교사와 학생이 설정한 목표를 달성하는 데 책임을 져야 한다고 생각한다.

그러나 표준화 검사로 교사나 학교를 평가하려는 것에는 여러 가지 문제가 있다. 첫째, 검사가 측정하고자 하는 것과 학교나 학군의 교육목적과 일치하지 않을 수 있다. 이렇게 되면 교사들은 학부모와 행정가들에게 양질의 교육을 제공하고 있다는 것을 보여주기 위해 표준화 검사에서 높은 점수를 받을 수 있도록 학생들을 가르치는 강요를 받게 된다. 둘째, 표준화 검사에 지나치게 의존할 때 문제가 발생할 수 있다. 준거관련평가를 통해 학생들이 학습한 내용을 정확히 파악하는 것이 검사의 처음 목적이었더라도, 검사 점수를 통해 학교나 교사의 능력을 평가하게 되며, 그 결과 학생들을 최고의 점수를 얻기 위해 경쟁하도록 몰아갈 수 있다. 높은 점수를 얻으려고 경쟁하는 것은 나쁜 결과를 초래할 수 있다. 실제로 많은 학교와 학군들은 높은 점수와 등급을 얻기 위해 서로 치열하게 경쟁하고 있다. 점수가 높은 학군에 대한 선호도가 높으므로 학부모들이 이 지역으로 이사 가고자 할 것이며, 학비가 비싼 학교에 자녀를 보내려고 할 것이다.

❦ 표준화 검사 선택 시 유의사항

모든 목적에 부합하는 검사는 없다. 그러므로 표준화 검사를 선택할 경우 다음 내용을 확인해야 한다(성태제, 2005).

- 측정하고자 하는 내용에 부합하는 검사를 선택한다.
- 검사하고자 하는 집단의 특성에 맞는 검사를 선택한다.
- 검사 소요시간, 검사 결과의 활용을 고려한다.
- 문화적으로, 인종과 성별에 따른 차별기능 문항이 있는지 확인한다.
- 타당도와 신뢰도를 확인한다.
- 표준화 검사를 위한 규준이 최근 규준인지 확인한다.

검사에 대하여 많이 알수록 좋은 검사를 선택할 수 있다. 검사가 지닌 문항의 내용과 특성에 대한 세밀한 분석은 올바른 검사를 선택하고 검사 결과의 활용을 최대화할 수 있다.

토의문제

1. 학교에서 표준화 검사를 실시할 때 실시자가 유의해야 할 점은 무엇인가?
2. "학교에서 심리검사의 실시와 활용은 학생을 이해하기 위한 것이지 학생을 심판하기 위한 것이 아니다"는 견해에 대해 어떻게 생각하며 그 이유가 무엇인가?
3. 고부담 검사란 무엇이며, 학교에서 고부담 검사의 사용에 대해 어떻게 생각하는가?
4. 학교에서 어떤 표준화 검사를 사용할 것인지 선택할 때 검사의 어떤 면을 확인해 보아야 하는가?

참고 문헌

곽병선 외 (1988). **교과교육원리**. 서울: 갑을출판사.

교육부 (2018). **2018학년도 학교생활기록부 기재요령**.

김석우 (2009). **교육과평가의 이해**. 서울: 학지사.

김영환, 문수백, 홍상황 (2005). **심리검사의 이론과 실제**. 서울: 학지사.

김재복 외 (1990). **국민학교 1, 2학년 교육과정 운영에 따른 평가방안**. 경기: 교육과학사.

백문수 (2008). **「서울학생 학력신장」을 위한 중학교 서술형 · 논술형 평가의 문제점 및 개선 방안**. 에듀넷 장학/연구.

백순근 (2000). **수행평가의 원리**. 경기: 교육과학사.

성태제 (2005). **현대교육평가** (개정판). 서울: 학지사.

신명희 외 (2014). **교육심리학** (3판). 서울: 학지사.

이종승 (2009). **현대교육평가**. 파주: 교육과학사.

정종진 (2010). **교육평가: 이론과 실제**. 파주: 양서원.

정종진 (2011). 두뇌훈련지도법. 문정화 외, **브레인 트레이너 한 권으로 끝내기**. 서울: 글로벌사이버대학교 출판부.

정종진 (2015). **뇌기반 학습의 원리와 실제**. 서울: 학지사.

최윤옥 (2005). **서술형 · 논술형 평가의 실태분석 및 개선방안**. 에듀넷 장학/연구.

Aiken, L. R. (2003). *Psychological testing and assessment* (11th ed.). Boston: Allyn & Bacon.

Airasian, P. W. (2001). *Classroom assessment* (4th ed.). Boston: McGraw-Hill.

Amerin, A., & Berliner, D. (2003). The effects of high-stakes testing on student motivation and learning. *Educational Leadership, 60*(5), 32-38.

Archbald, D. A., & Newmann, F. M. (1988). *Beyond standardized testing: Assessing authentic academic achievement in the secondary school.* Madison: University of Wisconsin. National Association of Secondary Principals.

Bangert-Drowns, R. L., Kulik, C. C., Kulik, J. A. (1991). The instructional Effect of feedback in test-like events. *Review of Educational Research, 61*, 213-238.

Bardine, B. A. (1999). Students' perception of written teacher comments: What do they say about how we respond to them? *High School Journal, 82*(4), 239-247.

Beers, B. (2006). *Learning-driven schools: A practical guide for teachers and principals.* Alexandria, VA: Association for Supervision and Curriculum Development.

Belgrad, S., Burke, K., & Fogarty, R. (2008). *The portfolio connection: Student work linked to standards* (3rd ed.). Thousand Oaks, CA: Corwin.

Berliner, D. (2004). If the underlying premise for No Child Left Behind is false, how can that act solve our problems? In K. Goodman, P. Shannon, Y. Goodman, & R. Rapoport (Eds.), *Saving our schools.* Berkeley, CA: RDR Books.

Black, P., Harrison, C., Lee, C., Marshall, B., & William, D. (2004). Working inside the black box: Assessment for learning in the classroom. *Phi Delta Kappan, 86*(1), 9-21.

Bloom, B. S. (Ed.) (1956). *Taxonomy of educational objectives: Handbook I, cognitive domain.* New York: David Mckay.

Bridgeman, B. (1974). Effects of test score feedback on immediately subsequent test performance. *Journal of Educational Psychology, 66*, 62-66.

Brookhart, S. (2007/2008). Feedback that fits. *Educational Leadership, 65*(4), 54-59.

Brookhart, S., Walsh, J., & Zientarski, W. (2006). The dynamics of motivation and effort for classroom assessments in middle school science and social students. *Applied Measurement in Education, 19*(2), 151-184.

Burke, K. (2009). How to nassess authentic learning. 정종진, 성용구, 임청환, 류성림, 박세원 옮김 (2012). **학습평가의 방법**. 서울: 시그마프레스.

Burns, M. (2005). Looking at how students reason. *Educational Leadership, 63*(3), 26-31.

Butler, S. M., & McMunn, N. D. (2006). *A teacher's guide to classroom assessment:*

Understanding and using assessment to improve student learning grades K-12. San Francisco: Jossey-Bass.

Campbell, L., Campbell, B., Dickinson, D. (2004). *Teaching and learning through multiple intelligences*(3rd ed.). 이신동, 정종진, 이화진, 이정규, 김태은 옮김 (2006). **다중지능과 교수-학습**. 서울: 시그마프레스.

Cassady, J. C., & Johnson, R. E. (2002). Cognitive anxiety and academic performance. *Contemporary Educational Psychology, 27,* 270-295.

Cook, D. A., Beckman, T. J. (2006). Current concepts in validity and reliability for psychometric instruments: Theory and application. *American Journal of Medicine, 119*(2), 166e.7-166e16.

Covington, M. V. (1999). Caring about learning: The nature and nurturing of subject-matter appreciation. *Educational Psychologist, 34*(2), 127-136.

Crooks, T. (1988). The impact of classroom evaluation practices on students. *Review of Educational Research, 58,* 438-481.

Dempster, F. N. (1991). Synthesis of research on reviews and tests. *Educational Leadership, 48,* 71-76.

Dempster, F. N., & Perkins, P. G. (1993) Revitalizing classroom assessment: Using tests to promote learning. *Journal of Instructional Psychology, 20*(3), 197-203.

DiStefano, C., & Dombrowski, S. C. (2006). Investigating the theoretical structure of the Stanford-Binet. *Journal of Psychoeducational Assessment, 24*(2), 123-136.

Drayer, A. M. (1979). *Problems in middle and high school teaching: A handbook for student teachers and beginning teachers. Boston: Allyn and Bacon.*

Easley, S. D., & Mitchell, K. (2003). *Portfolios matter: What, where, when, why and how to use them.* Markham, ON: Pwmbroke.

Egeland, P. (1996/1997). Pulleys, planes, and student performance. *Educational Leadership, 54*(4), 41-45.

Eggen, P., & Kauchak, D. (2010). *Educational psychology: Windows on classrooms* (8th ed.). 신종호, 김동민, 김정섭, 김종백, 도승이, 김지현, 서영석 옮김 (2011). **교육심리학: 교육실제를 보는 창**. 서울: 학지사.

Engel, P. (1991). Tracking progress toward the school readiness goal. *Educational Leadership, 48*(5), 39-42.

Feuerstein, R. (1979). *The dynamic assessment of retarded performers: The Learning Potential Assessment Device, theory, instruments, and techniques.* Baltimore:

University Park Press.

Finn, K., & Frone, M. (2004). Academic performance and cheating: Moderating role of school identification and self-efficacy. *Journal of Educational Research, 97*(3), 115-122.

Gandini, L., & Kaminsky, J. A. (2004). Reconceptualizing assessment: An interview with Gunilla Dahlberg. *Innovations in Early Education: The International Reggio Exchange, 11*(3), 1.

Gardner, H. (1991). *The unschooled mind: How children think and how school should teach.* New York: Basic Books.

Gareis, C. R., & Grant, L. W. (2008). *Teacher-made assessment: How to connect curriculum, instruction, and student learning.* Larchmont, NY: Eye On Education.

Gliner, J. A., & Morgan, G. A. (2000). *Research methods in applied settings.* Mahwah, NJ: Erlbaum.

Goodman, D. P., & Hambleton, R. K. (2004). Student test score reports and interpretive guides: Review of current practices and suggestions for future research. *Applied Measurement in Education, 17*(2), 145-220.

Gronlund, N. E. (2003). *Assessment of student achievement* (7th ed.). Needham Heights, MA: Allyn & Bacon.

Gullo, D. (2005). *Understanding assessment and evaluation in early childhood education* (2nd ed.). New York: Teachers College Press.

Guskey, T. (2005). Mapping the road to proficiency. *Educational Leadership, 63*(3), 28-35.

Haertel, E. (1986). *Choosing and using classroom tests: Teachers' perspectives on assessment.* Paper presented at the annual meeting of the American Educational Research Association, San Francisco.

Herman, J. L., Gearhart, M., & Baker, E. L. (1993). Assessing writing portfolios: Issues in the validity and meaning of scores. *Educational Assessment, 1*(3), 210-224.

Hogan, T. P. (2007). *Educational assessment: A practical introduction.* Hoboken, NJ: John Wiley & Sons.

Johnson, D. D., Johnson, B., Farenga, S., & Ness, D. (2008). *Stop high-stakes testing: An appeal to American's conscience.* Lanham, MD: Rowan & Littlefield.

Jordan, E. A., & Porath, M. J. (2006). *Educational psychology: A problem-based approach.* 강영하, 김유미, 김혜숙, 문은식, 이명숙, 정종진 공역(2008). **교육심리학: 문제중심접근.** 서울: 아카데미프레스.

Juniewicz, K. (2003). Student portfolios with a purpose. *The Clearing House, 77*(2), 73-77.

Kane, M. (2006). Content-related validity evidence in test development. In S. Dowing & T. Haladyna (Eds.), *Handbook of test development* (pp. 131-154). Mahwah, NJ: Erlbaum Associates.

Kaufman, A. S., & Kaufman, N. L. (2004). *Kaufman assessment battery for children* (2nd ed.). Circle Pines, MN: American Guidance Service.

Kaufman, A. S., Lichtenberger, E. O., Fletcher-Janzen, E., & Kaufman, N. L. (2005). *Essentials of KABC-Ⅱ assessment.* Indianapolis, IN: John Wiley & Sons.

Kubiszyn, T., & Borich, G. (2012). *Educational testing & measurement: Classroom application and practice* (10th ed.). New York: Wiley.

Lambert, C., DePaepe J., & Lambert, L. (2007). e-portfolios in action. *Kappa Delta Pi Record, 43*, 76-81.

Linn, R. (2006). *Educational accountability systems.* CSE technical report 687. Los Angeles, CA: National Center for Research on Evaluation, Standards, and Student Testing.

Lundeberg, M. A., & Fox, P. W. (1991). Do laboratory findings on test expectancy generalize to classroom outcomes? *Review of Educational Research, 61*(1), 94-106.

Mabry, L. (1999). Writing to the rubric: Lingering effects of traditional standardized testing on direct writing assessment. *Phi Delta Kappan, 80*(9), 673-679.

Martin-Kniep, G. O. (2000). *Becoming a better teacher: Eight innovations that work.* Alexandria, VA: Association for Supervision and Curriculum Development.

May, D. C., & Welch, E. (2006). Screening for school readiness: The influence of birthdate and sex. *Psychology in the Schools, 23*(1), 100-105.

McAfee, O. & Leong, D. J. (2007). *Assessing and guide young children's development and learning.* Boston: Pearson Education, Inc.

McDermott, K. A. (2007). "Expanfing the moral community" or "balming the victim"? The politics of state education accountability policy. *American Educational Research Journal, 44*(1), 77-111.

McMillan, J. (2013). *Classroom assessment: Principles and practice for effective standards-based instruction* (6th ed.). Boston: Allyn & Bacon.

McTighe, J. (1996/1997). What happens between assessment? *Educational Leadership, 54*(4), 6-12.

McTighe, J., & Ferrara (1996). Performance-based assessment in the classroom: A planning framework. In R. E. Blum & J. A. Arter (Eds.), *A handbook for student performance assessment in an era of restructuring.* Virginia: association for Supervision and Curriculum Development(ASCD).

Meichenbaum, D., & Biemiller, A. (1998). *Nurturing independent learners: Helping students take charge of their learning.* Cambridge, MA: Brookline Books.

Mertler, C. (2007). *Interpreting standardized test scores: Strategies for data-driven instructional decision making.* Los Angeles: Sage Publications.

Messick, S. (1989). Meaning and values in test validation: The science and ethics of assessment. *Educational Researcher, 18*(2), 5-11.

Miller, M. D., Linn, R. L., & Gronlund, N. E. (2011). *Measurement and assessment in teaching* (11th ed.). Upper Saddle River, NJ: Merrill/Pearson.

Morgan, S. L., & Mehta, J. D. (2004). Beyond the laboratory: Evaluating the survey evidence for the disidentification explanation of black-white differences in achievement. *Sociology of Education, 77*(1), 82-101.

NCTM (1995). *Assessment standards for school mathematics.* Reson, VA: Author.

Newmann, F. M. (1997). Authentic assessment in social studies: Standards and examples. In G. D. Phye (Ed.), *Handbook of classroom assessment: Learning, adjustment, and achievement.* San Diego, CA: Academic Press.

Nikto, A. J., & Brookhart, S. M. (2010). *Educational assessment of students* (6th ed.). Upper Saddle River, NJ: Merrill/Pearson.

Oosterhof, A. (2000). *Classroom applications of educational measurement* (3rd ed.). NJ: Prentice-Hall.

Page, E. (1992). Is the world an orderly place? A review of teacher comments and student achievement. *Journal of Experimental Education, 60*(2), 161-181.

Paris, S. G., & Ayres, L. R. (1994). *Becoming reflective students and teacher with portfolio and authentic assessment.* Washington, DC: American Psychological Association.

Phelps, R. (Ed.) (2005). *Defending standardized testing.* Mahwah, NJ: Erlbaum.

Paltt, R. (2004). Standardized tests: Whose standards are we talking about? *Phi Delta Kappan, 85*(5), 381-382.

Popham, W. J. (2002). *Classroom assessment: What teachers need to know* (3rd ed.). Boston, MA: Allyn & Bacon.

Popham, W. J. (2004). Teaching to the test: An expression to eliminate. *Educational Leadership*, 62(3), 82-83.

Popham, W. J. (2005). *Classroom assessment: What teachers need to know* (4th ed.). Boston: Pearson.

Popham, W. J. (2006). *Assessment for educational leaders.* Boston: Pearson Education.

Popham, W. J. (2007). Who should make the test? *Educational Leadership, 65*(1), 80-82.

Pressley, M., & Hilden, K. (2006). Cognitive strategies. In D. Kuhn & R. Siegler (Eds.), *Handbook of child psychology* (6th ed., Vol. 2, pp. 511-556)). Hoboken, NJ: John Wiley & Sons.

Principles for Fair Student Assessment Practices for Education in Canada (1993). Edmonton, Alberta: Joint Advisory Committee, Center for Research in Applied Measurement and Evaluation, University of Alberta.

Reynolds, C. R., Livingston, R. B., & Willson, V. (2006). *Measurement and assessment in education.* Boston: Pearson Education, Inc.

Ritts, V., Patterson, M., & Tubbs, M. (1992). Expectations, impressions, and judgement of physically attractive students: A review. *Review of Educational Research, 62,* 413-426.

Roid, G. (2003). *Stanford-Binet Intelligence Scales* (5th ed.). Itasca, IL: Riverside Publishing.

Ronis, D. L. (2007). *Brain-compatible assessment*(2nd ed.). Thousand, Oaks: Corwin Press.

Ryan, K. E., & Ryan, A. M. (2005). Psychological processes of stereotype threat and standardized math test performance. *Educational Psychologist, 40*(1), 53-63.

Salvia, J., & Ysseldyke, J. (2004). *Assessment in special and remedial education* (9th ed.). Boston: Houghton Mifflin.

Santi, K., & Vaughn, S. (2007). Progress monitoring: An integral part of instruction. *Reading and Writing, 20,* 535-537.

Sattler, J. M. (2008). *Assessment of children: Cognitive Foundations* (5th ed.). San Diego: Jerome M. Sattler.

Schultz, T. (1989). Testing and retention of young children: Moving from controversy to reform. *Phi Delta Kappan, 71*(2), 125-129.

Schunk, D. H., Pintrinch, P. R., & Meece, J. L. (2008). *Motivation in education: Theory, research, and applications* (3rd ed.). Upper Saddle River, NJ: Merrill/Pearson.

Scriven, M. (1967). The methodology of educational evaluation. In R. Stake (Ed.), *Perspectives of curriculum evaluation.* Chicago: Rand McNally.

Shavelson, R. J., & Baxter, C. P. (1992). What we've learned about assessing hands-on science. *Educational Leadership, 49*(8), 20-25.

Shepard, L. A. (2000). The role of assesment in a learning culture. *Educational Researcher, 29*(7), 4-14.

Shepard, L. A. (2001). The role of classroom assesment in teaching and learning. In V. Richardson (Ed.), *Handbook of research on learning* (4th ed., pp. 1066-1101).

Washington, DC: American Educational Research Association.

Shepard, L. A. (2005). Liking formative assessing to scaffolding. *Educational Leadership, 63*(3), 66-71.

Smith, J. K., Smith, L. F., & De Lisi, R. (2001). *Natural classroom assessment: Designing seamless instruction & assessment*. Thousand, Oaks, CA: Corwin Press.

Smith, T., Polloway, E., Patton, J., & Dowdy, C. (2004). *Teaching students with special needs in inclusive settings* (4th ed.). Boston: Allyn & Bacon.

Snow, R. E. (1992). Aptitude theory: Yesterday, today, and tomorrow. *Educational Psychologist, 27*(1), 5032.

Snowman, J., & Biehler, R. (2003). *Psychology applied teaching* (10th ed.). 강영하, 송재홍, 정미경, 정종진 옮김 (2004). **교육심리학: 수업을 위한 심리학적 원리와 적용**. 서울: 아카데미프레스.

Snowman, J., McCown, R., & Biehler, R. (2012). *Psychology applied teaching* (13th ed.). Belmont, CA: Wadsworth.

Solomon, P. G. (1998). *The curriculum bridge: From standards to actual classroom practice*. Thousand Oaks, CA: Corwin.

Sternberg, R. J. (1998). Abilities are forms of developing expertise. *Educational Researcher, 27*(3), 11-20.

Sternberg, R. J., & Williams, W. M. (2010). *Educational psychology* (2nd ed.). 김정섭, 신경숙, 유순화, 이영만, 정명화, 황희숙 옮김 (2010). **스턴버그의 교육심리학**. 서울: 시그마프레스.

Stiggins, R. (2001). *Student-involved classroom assessment* (3rd ed.). Upper Saddle River, NJ: Merrill Prentice Hall.

Stiggins, R. (2005). *Student-centered classroom assessment* (4th ed.). Upper Saddle River, NJ: Merrill Prentice Hall.

Stiggins, R. (2007). Assessment through the student's eyes. *Educational Leadership, 64*(8), 22-26.

Stipek, D. (2002). *Motivation to learn* (4th ed.). Boston: Allyn & Bacon.

Thorndike, R. M. (2005). *Measurement and evaluation in psychology and education* (7th ed.). Upper Saddle River, NJ: Merill/Pearson.

Tombari, M. L., & Borich, G. D. (1999). *Authentic assessment in the classroom: Applications and practice*. Upper Saddle River, NJ: Merrill.

Tomlinson, C. A. (1999). Mapping a route toward differentiated instruction. *Educational Leadership, 57*(1), 12-16.

Vygotsky, L. S. (1978). *Mind in society: The development of higher psychological processes.* Cambridge, MA: Harvard University Press.

Walsh, W. B., & Betz, N. E. (2001). *Tests and assessment*(4th ed.). Upper Saddle River, NJ: Prentice Hall.

Wangh, C. K., & Gronlund, N. E. (2011). *Assessment of student achievement* (10th ed.). Boston: Allyn & Bacon.

Wechsler, D. (2003). *Measurement of adult intelligence.* Baltimore, MD: Williams & Wilkins.

Wechsler, D. (2002). *WPPSI-Ⅲ: Administration and scoring manual.* San Antonio, TX: Psychological Corporation.

Wechsler, D. (2002). *WISC-Ⅳ: Administration and scoring manual.* San Antonio, TX: Psychological Corporation.

Wechsler, D. (2003). *Wechsler Intelligence Scale for Children* (4th ed.). San Antonio, TX: Psychological Corporation.

Wesson, C. L., & King, R. P. (1996). Portfolio assessment and special education students. *Teaching Exceptional Children, 28*(2), 44-48.

Westen, D., & Rosenthal, R. (2003). Quantifying construct validity: Two simple measures. *Journal of Personality and Social Psychology, 84*(3), 608-618.

Wiggins, G. P. (1993). Assessment: Authenticity context, and validity. *Phi Delta Kappan, 75*(3), 200-214.

Wiggins, G. P. (1998). *Educative assessment: Designing assessment to inform and improve student performance.* San Francisco, CA: Jossey-Bass.

Williams, W. M., Blythe, T., White, N., Sternberg, R. J., & Gardner, H. I. (1996). *Practical intelligence for school: A handbook for teachers of grades 5-8.* New York: HarperCollins.

Wilson, R. J. (1996). *Assessing students in classrooms and schools.* Scarborough, ON: Allyn & Bacon.

Worthen, B. R. (1993). Critical issues thar will determine the future of alternative assessment. *Phi Delta Kappan, 74*(6), 450-454.

부록(기출문제)

2013학년도 공립 유치원 교사 임용후보자 선정경쟁시험(교직 논술)
2014학년도 중등학교 교사 임용후보자 선정경쟁시험(교육학)
2015학년도 중등학교 교사 임용후보자 선정경쟁시험(교육학)
2016학년도 중등학교 교사 임용후보자 선정경쟁시험(교육학)
2017학년도 공립 초등학교 교사 임용후보자 선정경쟁시험(교직 논술)
2017학년도 중등학교 교사 임용후보자 선정경쟁시험(교육학)
2018학년도 중등학교 교사 임용후보자 선정경쟁시험(교육학)

2013학년도 공립 유치원 교사 임용후보자 선정경쟁시험(교직 논술)

유아에 대한 이해와 평가는 유아교육의 질을 높이는 데 중요하다. 1) 유아 평가의 목적 2가지를 (가)와 관련지어 논하시오. 2) (나)에서 김 교사가 포트폴리오 평가 수행 과정에서 범한 문제점 4가지를 논하고, 3) 각 문제점에 대한 해결 방안을 서로 중복되지 않게 논하시오. [총 20점]

(가) 송 교사가 작성한 저널
학기 시작한 지도 벌써 한 달이 되었다. 그동안 내가 맡은 아이들의 개인별 특성을 파악하려고 나름대로 노력하였고, 그로 인해 얻은 것이 참 많다. 아이들에 대해 파악한 특성을 최대한 반영하여 교육과 보육 활동을 개선한다면 더욱 멋진 한 해가 되겠지! 다음 주부터 학부모 상담이 시작된다. 학부모를 상담하는 자리가 조금은 부담스럽다. 그러나 학부모 상담은 내가 각 아이에 대해 파악한 것이 맞는지, 더 알아야 할 것은 없는지, 부모님이 나에게 바라는 점은 또 어떤 것이 있는지 등을 한 번 더 확인하는 기회가 될 것이기 때문에 기대도 된다.

(나) 송 교사와 김 교사가 나눈 대화
송 교사 : 선생님! 포트폴리오 평가 계획 수립 시 평가 지침은 명확히 설정하셨나요?
김 교사 : 포트폴리오 평가 지침을 명확하게 정해야 한다는 말은 맞아요. 그러나 포트폴리오 평가는 구성주의 패러다임을 따르잖아요. 그래서 저는 아이들의 성장·발달을 선입견 없이 보이는 양상 그대로 평가하려고 자료 수집 내용과 평가 시기만을 설정했어요.
송 교사 : 포트폴리오 평가를 위한 자료 수집은 어떻게 하셨나요?
김 교사 : 아이들의 강점을 확인하고자 다양한 자료를 모았어요.
송 교사 : 수집한 자료는 충분했나요?
김 교사 : 학기 말에 집중적으로 모았는데 충분했어요. 사실 학기 초에는 모을 시간이 없었거든요.
송 교사 : 포트폴리오 자료 분석은 어떻게 하셨나요?
김 교사 : 포트폴리오 평가에서는 아이들의 자기평가가 중요하잖아요. 그래서 아이들 스스로 자신의 작품에 대한 생각을 말해 보게 했고요. 저는 모은 자료 중에서 잘한 것 위주로 분석했는데 생각보다 좋은 작품이 많았어요. 각 아이의 성취수준이 기대만큼 충분히 높아서 참 흐뭇했어요.
송 교사 : 예. 그러시군요. 그렇다면 포트폴리오 평가 결과는 어떻게 활용하셨나요?
김 교사 : 아이들의 발달과 학습 변화에 대해 학부모들과 이야기하기보다는 유치원을 홍보하는 데 개별 아이의 포트폴리오 평가 결과를 사용했어요. 특히, 유치원 행사와 관련된 사진 자료가 매우 효과적이었어요. 이와 별개로 포트폴리오 평가를 통해 얻은 시사점은 2학기 교육과정 운영에 반영하려고 해요.
송 교사 : 예. 포트폴리오 평가는 유아 평가의 취지에 부합되기 때문에 앞으로 유치원 현장에서 많이 활용될 것 같네요.

답안 작성 시 유의 사항
• 어법과 원고지 작성법에 맞게 서술하시오. • 주어진 원고지(1,200자)에 맞게 서술하시오. (1,100자 이하 또는 1,200자 초과 시 감점) • 글의 체계를 논리적으로 짜임새 있게 구성하시오. • 글의 명료성, 타당성, 일관성을 고려하여 서술하시오.

배 점
• 논술의 체계 [총 10점] – 분량 [3점] – 맞춤법 및 원고지 작성법 [3점] – 글의 논리적 체계성 [4점] • 논술의 내용 [총 10점] – 유아 평가의 목적 2가지 [2점] – 김 교사가 포트폴리오 평가 수행 과정에서 범한 문제점 4가지 [4점] – 문제점에 대한 해결 방안 4가지 [4점]

2014학년도 중등학교 임용후보자 선정경쟁시험(교육학)

다음은 A중학교 초임 교사인 박 교사와 경력 교사인 최 교사의 대화 내용이다. 다음 대화문을 바탕으로 학생들이 수업에서 소극적으로 행동하는 문제를 2가지 관점(① 잠재적 교육과정, ② 문화실조)에서 진단하고, 수업에 소극적인 학생들의 학습 동기를 유발하기 위한 방안을 3가지 측면(① 협동학습 실행, ② 형성평가 활용, ③ 교사지도성 행동)에서 각각 2가지씩만 논하시오. [20점]

박 교사 : 선생님께서는 교직 생활을 오래 하셨으니 학교의 일상적인 업무뿐만 아니라 가르치는 일에서도 큰 어려움이 없으시죠? 저는 새내기 교사라 그런지 아직 수업이 힘들고 학교 일도 낯섭니다.

최 교사 : 저도 처음에는 선생님과 마찬가지로 교직 생활이 힘들었지요. 특히 수업 시간에 반응을 잘 보이지 않으면서 목석처럼 앉아 있는 학생이 있을 때는 어떻게 해야 할지 모르겠더군요.

박 교사 : 네, 맞아요. 어떤 학급에서는 제가 열심히 수업을 해도, 또 학생들에게 질문을 던져도 몇몇은 그냥 고개를 숙인 채 조용히 있습니다. 심지어 어떤 학생은 수업 시간에 아예 침묵으로 일관하기도 하고, 저와 눈도 마주치지 않으려고 해요. 또한 가정환경이 좋지 않은 몇몇 학생은 다양한 문화적 경험을 가질 기회가 상대적으로 부족해서 그런지 수업에 관심도 적고 적극적으로 참여하지도 않는 것 같아요.

최 교사 : 선생님의 고충은 충분히 공감해요. 그렇다고 해서 수업 시간에 학생들을 그대로 방치해서는 안 됩니다. 교육적으로 바람직하지 않아요.

박 교사 : 그럼 수업에 소극적인 학생들을 적극적으로 참여시킬 수 있는 동기 유발 방안을 고민해 보아야겠네요. 이를테면 수업방법 차원에서 학생들끼리 서로 도와 가며 학습하는 형태로 수업을 진행하면 어떨까요?

최 교사 : 그거 좋은 생각이네요. 다만 학생들끼리 함께 학습을 하도록 할 때는 무엇보다 서로 도와주고 의존하도록 하는 구조가 중요하다는 점을 유의해야겠지요. 그러한 구조가 없는 경우에는 수업활동에 열심히 참여하지 않는 학생들이 많아진다는 문제가 발생할 수 있어요.

박 교사 : 아, 그렇군요. 그런데 선생님, 요즘 저는 수업방법뿐만 아니라 평가에서도 고민거리가 있어요. 저는 학기 중에 수시로 학업성취결과를 점수로 학생들에게 알려 주고 있는데요. 이렇게 했을 때 성적이 좋은 몇몇 학생들을 제외하고는 나머지 학생들은 자신의 성적을 보고 실망하는 것 같아요.

최 교사 : 글쎄요, 평가결과를 선생님처럼 그렇게 제시할 수도 있겠죠. 하지만 학습 동기를 유발하기 위해서는 평가를 어떻게 활용하느냐가 중요해요.

박 교사 : 그렇군요. 그런데 제가 보기에는 학생들의 수업 참여 정도가 교사의 지도성에 따라서도 다른 것 같아요.

최 교사 : 그렇죠. 교사의 지도성 행동에 따라 달라질 수 있죠. 그래서 교사는 지도자로서 학급과 학생의 상황을 고려하여 학생들의 학습동기를 불러일으킬 수 있는 지도성을 발휘해야겠지요.

박 교사 : 선생님과 대화를 하다 보니 교사로서 더 고민하고 노력해야겠다는 생각이 듭니다.

최 교사 : 그래요, 선생님은 열정이 많으니 잘하실 거예요.

〈배점〉

- 답안의 논리적 구성 및 표현 [총 5점]
- 논술의 내용 [총 15점]
  - 잠재적 교육과정 관점에서의 진단 [3점]
  - 문화실조 관점에서의 진단 [3점]
  - 협동학습 실행 측면, 형성평가 활용 측면, 교사지도성 행동 측면에서의 동기 유발 방안 논의 [9점]

2015학년도 중등학교 교사 임용후보자 선정경쟁시험(교육학)

다음은 A 고등학교 초임 교사들을 대상으로 진행한 학교장의 특강 내용 중 일부를 발췌한 부분이다. 발췌한 특강 부분은 학교에 대한 이해 차원에서 1) 학교 교육의 기능과 2) 학교 조직의 특징, 수업에 대한 이해 차원에서 3) 수업 설계와 4) 학생 평가에 대한 내용이다. 이를 바탕으로 1)~4)의 요소를 활용하여 '다양한 요구에 직면한 학교 교육에서의 교사의 과제'라는 주제로 서론, 본론, 결론의 형식을 갖춰 논하시오.

> 여러분들도 잘 아시겠지만 최근 우리 사회는 학교가 다양한 역할을 수행하도록 요구하고 있습니다. 이에 따라 선생님들께서는 학교 및 수업에 대한 기본적인 이해가 필요하다고 생각합니다.
>
> 먼저 교사로서 우리는 학교 교육의 기능을 이해해야 합니다. 지금까지 학교는 학생들이 사회 구성원으로서 올바로 성장할 수 있는 보편적 가치와 규범을 가르쳐 왔습니다. 그러나 최근 사회는 학교 교육에 다양한 요구를 하게 되면서 학교가 세분화된 직업 집단의 교육 요구를 충족시켜 주기를 원하고 있고, 학교 교육의 선발 · 배치 기능에 다시 주목하고 있습니다. 그러므로 여러분은 학교 교육이 선발 · 배치 기능을 이해하는 한편, 이것이 어떤 한계를 갖는지도 생각해야 할 것입니다.
>
> 이와 함께 학교에 대한 사회의 요구에 효율적으로 대응하기 위해서 학교장을 포함한 모든 학교 구성원들은 서로의 행동 특성을 이해해야 합니다. 이를 위해서 학교 조직의 특징을 먼저 파악해야 합니다. 학교라는 조직을 합리성의 측면에서만 파악하면 분업과 전문성, 권위의 위계, 규정과 규칙, 몰인정성, 경력 지향성의 특징을 갖는 일반적 관료제의 틀로 설명할 수 있습니다. 그러나 교사들의 전문성이 강조되는 교수 · 학습의 측면에서 보면 학교 조직은 질서 정연하게 구조화되거나 기능적으로 분명하게 연결되어 있지 않은 이완결합체(loosely coupled system)의 특징을 지닙니다. 따라서 우리는 관료제적 관점과 이완결합체제의 관점으로 학교 조직의 특징을 이해할 필요가 있습니다.
>
> 한편, 사회가 학생들에게 새로운 역량을 요구하고 있고, 이를 키우기 위해 교사는 다양한 수업을 설계할 수 있어야 합니다. 제가 경험했던 많은 교사들은 다양한 수업을 시도해 보고자 하는 열정은 높았지만 새로운 수업 방법이나 모형을 활용하여 수업을 설계하거나 수업 상황에 맞게 기존의 교수 · 학습지도안을 적용하는 데 어려움을 느꼈습니다. 다양한 교수체제설계 이론과 모형이 있지만 분석, 설계, 개발, 실행, 평가와 과정은 일반적이라고 생각합니다. 이 중 분석과 설계는 다른 과정의 기초가 되기 때문에 중요합니다. 수업 요소들이 서로 어떻게 관련되어 있는지 파악하여 여러분의 수업에 적용해 보시기 바랍니다.
>
> 수업 설계를 잘 하는 것 못지않게 수업 결과를 평가하는 것 또한 중요합니다. 여러분이 어떤 평가 기준을 활용하느냐에 따라 평가 유형이 달라질 수 있습니다. 자칫하면 평가로 인해 학생들 사이에 서열 주의적 사고가 팽배하여 서로 경쟁만 하는 문제가 발생할 수 있습니다. 이를 보완할 수 있는 평가 유형에 대해 고민해 볼 필요가 있습니다.

〈배점〉

- ○ 논술의 내용 [총 15점]
  - – 기능론적 관점에서 학교 교육의 선발 · 배치 기능 및 한계 각각 2가지만 제시 [4점]
  - – 학교 조직의 관료제적 특징과 이완결합체제적 특징 각각 2가지만 제시 [4점]
  - – 일반적 교수체제설계에서 분석 및 설계 과정의 주요 활동 각각 2가지만 제시 [4점]
  - – 준거지향평가의 개념을 설명하고, 장점 2가지만 제시 [3점]

- ○ 논술의 구성 및 표현 [총 5점]
  - – 논술의 내용과 '학교 교육에서의 교사의 과제'와의 연계 및 논리적 형식 [3점]
  - – 표현의 적절성 [2점]

2016학년도 중등학교 교사 임용후보자 선정경쟁시험(교육학)

다음은 A 중학교에 재직 중인 김 교사가 작성한 자기개발계획서의 일부이다. 김 교사의 자기개발계획서를 읽고 예비 교사 입장에서 '교사가 갖추어야 할 역량'이라는 주제로 교육과정 및 평가 유형, 학생의 정체성 발달, 조직 활동에 대한 내용을 구성 요소로 하여 서론, 본론, 결론의 형식을 갖추어 논하시오. [20점]

〈자기개발계획서〉

개선 영역	개선 사항
수업 구성	• 학생의 경험을 중시하는 교육과정을 실행할 것 • 학생의 흥미, 요구, 능력을 토대로 한 활동을 증진할 것 • 학생이 관심을 가지는 수업 내용을 찾고, 그것을 조직하여 학생이 직접 경험하게 할 것 • 일방적 개념 전달 위주의 수업을 지양할 것
평가 계획	• 평가 시점에 따라 적절한 평가 방법을 마련할 것 • 진단평가 이후 교수 · 학습이 진행되는 중간에 평가를 실시할 것 • 총괄평가 실시 전 학생의 학습 진전 상황에 관한 정보를 수집 · 분석 할 것
진로 지도	• 진로를 결정하지 못한 학생의 경우 성급한 진로 선택을 유보하게 할 것 • 학생에게 다양한 진로를 접할 수 있는 충분한 탐색 기회를 제공할 것 • 선배들의 진로 체험담을 들려줌으로써 간접 경험 기회를 제공할 것 • 롤모델의 성공 혹은 실패 사례를 제공할 것
학교 내 조직 활동	• 학교 내 공식 조직 안에서 소집단 형태로 운영되는 다양한 조직 활동을 파악할 것 • 학교 구성원들의 욕구 충족을 위한 자발적 모임에 적극 참여할 것 • 활기찬 학교생활을 위해 학습조직 외에도 나와 관심이 같은 동료 교사들과의 모임 활동에 참여할 것

〈배점〉

○ 논술의 구성요소 [총 15점]
- '수업 구성'에 나타난 교육과정 유형의 장점 및 문제점 각각 2가지 [4점]
- 김 교사가 실시하려는 평가 유형의 기능과 효과적인 시행 전략 각각 2가지 [4점]
- 에릭슨(E. Erikson)의 정체성 발달이론에 제시된 개념 1가지(2점)와 반두라(A. Bandura)의 사회인지학습이론에 제시된 개념 1가지(1점) [3점]
- '학교 내 조직 활동'에 나타난 조직 형태가 학교 조직과 구성원에 미치는 순기능 및 역기능 각각 2가지 [4점]

○ 논술의 구성 및 표현 [총 5점]
- 논술의 구성 요소와 '교사가 갖추어야 할 역량'과의 연계 및 논리적 형식 [3점]
- 표현의 적절성 [2점]

2017학년도 공립 초등학교 교사 임용후보자 선정경쟁시험(교직 논술)

다음은 2015 개정 교육과정에 대한 초등학교 교사들의 대화이다. 대화에 근거하여 1) 2015 개정 교육과정에서 강조하는 교수 · 학습의 중점 사항 3가지를 제시하시오(단, 협동학습은 제외). 그리고 2) 모둠성취분담(STAD) 모형의 보상 방식을 구체적으로 설명한 후 그것이 협동학습 촉진에 어떻게 기여하는지 쓰고, 3) 정의적 능력에 대한 평가의 중요성과 방법을 각각 2가지씩 논하시오. [총 20점]

김 교사 : 이번 2015 개정 교육과정에서는 특별히 교수 · 학습의 질 개선을 강조하는 것 같더군요.
박 교사 : 네, 저도 그렇게 느꼈어요. 교과의 핵심 개념을 중심으로 학습 내용을 구조화하는 데 교육과정 구성의 중점을 둔 것도 그것 때문이라 생각해요.
김 교사 : 맞아요. 진도를 나가야 한다는 부담감에 단편적 지식 암기에 치중하거나, 학생 수준을 고려하지 않은 채 교과서 내용을 단원 순서에 따라 기계적으로 가르치는 것을 지양해야 할 것 같아요. 교과 울타리에 갇힌 수업 관행도 개선해야 하고요.
박 교사 : 이런 측면에서 협동학습의 중요성도 강조한 것 같은데, 김 선생님 반에서는 예전부터 협동학습을 자주 하셨죠?
김 교사 : 네, 저는 주로 과제분담학습(Jigsaw, 직소) 모형을 활용했어요. 처음에는 이른바 '직소 I' 모형을 활용했는데, 개별 보상만 하다 보니까 협동학습의 취지가 약해지더라고요. 그래서 모둠성취분담(STAD) 모형의 보상 방식을 적용해 보았더니 협동학습이 훨씬 잘 이루어졌어요.
박 교사 : 오, 그러셨군요. 저도 그렇게 해 봐야겠네요.
김 교사 : 교수 · 학습을 개선하려면 이에 어울리는 평가 방법의 개선이 함께 이루어져야 한다고 생각해요.
박 교사 : 맞아요. 그동안 우리 교육은 지나치게 인지적 능력 중심으로 이루어지고, 평가 또한 인지적 능력에 치중되어 왔다고 할 수 있죠. 그러다 보니까 자아개념, 태도, 동기와 같은 정의적 능력의 발달과 이에 대한 평가가 상대적으로 소홀히 여겨진 측면이 있어요.
김 교사 : 그렇죠. 정의적 능력이 학업 성취를 비롯한 인지적 능력의 발달과도 뗄 수 없는 관계에 있고, 초등학교 교육 목표에 비추어 보면 정의적 측면이 특히 중요한데도 말이에요. 앞으로 인지적 능력과 정의적 능력에 대한 평가를 균형 있게 실시해야겠어요.
박 교사 : 그렇게 하려면 정의적 능력을 평가하는 다양한 방법을 상황에 맞게 적절히 활용하는 법을 익혀야 할 것 같아요.
김 교사 : 우리 다음 공부 모임에서는 그 주제로 같이 토의해 봐요.

답안 작성 시 유의 사항	배 점
• 어법과 원고지 작성법에 맞게 서술하시오. • 주어진 원고지(1,200자)에 맞게 서술하시오. (1,100자 이하 또는 1,200자 초과 시 감점) • 글의 체계를 논리적으로 짜임새 있게 구성하시오. • 글의 명료성, 타당성, 일관성을 고려하여 서술하시오.	• 논술의 내용 [총 15점] – 교수 · 학습의 중점 사항 [6점] – 모둠성취분담(STAD) 모형의 보상 방식(2점)과 그 보상 방식이 협동학습 촉진에 기여하는 점(1점) [총 3점] – 정의적 능력에 대한 평가의 중요성(4점)과 방법(2점) [총 6점] • 논술의 체계 [총 5점] – 분량 [1점] – 맞춤법 및 원고지 작성법 [1점] – 글의 논리적 체계성 [3점]

2017학년도 중등학교 교사 임용후보자 선정경쟁시험(교육학)

다음은 신문 기사의 일부이다. 이를 바탕으로 '2015 개정 교육과정의 실질적 구현 방안'이라는 주제로 서론, 본론, 결론의 형식을 갖추어 단위 학교 차원에서의 교육기획, 교육과정 내용의 조직, 학생 참여 중심 수업과 그에 따른 평가의 타당도를 논하시오. [20점]

○○신문 2016년 ○○월 ○○일

교육부 『2015 개정 교육과정』 발표 이후, 학교 현장의 준비는?

교육부는 핵심역량을 갖춘 창의융합형 인재 양성을 위한 『2015 개정 교육과정』을 발표하였다. 개정 교육과정에 따르면, 학교 교육에서는 인문 · 사회 · 과학기술에 대한 기초 소양 함양을 위한 교육과정을 마련하고, 학생 참여 중심의 수업을 진행하며, 배움의 과정을 평가하는 방향으로 나아가야 한다는 것이다. 새 교육과정을 적용하기 위해 노력하고 있는 중·고등학교 현장의 목소리를 들어 보았다.

학교 현장의 목소리

◆ 교육기획의 중요성 부각

A 교장은 단위 학교에서 새 교육과정이 체계적으로 운영되도록 돕는 교육기획(educational planning)을 강조하였다.

"새 교육과정은 교육의 핵심인 교수 · 학습 활동의 중심을 교사에서 학생으로 이동시키는 근본적인 전환을 강조하고 있습니다. 저는 실질적 의미에서 학생 중심 교육이 우리 학교에 정착할 수 있도록 모든 교육활동에 앞서 철저하게 준비할 생각입니다."

◆ 교육과정 재구성 확대

개정 교육과정의 취지에 따른 교과 내용 재구성에 대해, B 교사는 다음과 같이 말했다.

"교사는 내용 조직의 원리를 제대로 파악할 필요가 있습니다. 저는 몇 개의 교과를 결합해 교육과정을 편성 · 운영해 보려고 합니다. 각 교과의 내용이 구획화되지 않도록 교과 교사들 간 협력을 강화하고자 합니다. 이러한 시도는 교육과정 설계에서 교과 간의 단순한 연계성 이상을 의미합니다."

◆ 학생 참여 중심 수업 운영

C 교사는 학생 참여 중심의 교수 · 학습을 준비하기 위해서 교사 연수 프로그램에 참여하고 있다고 말했다.

"저는 구성주의 학습환경 설계에 관한 연수에 참여하고 있습니다. 문제 중심이나 프로젝트 중심의 학습 활동을 실행하기 위해서는 적합한 학습 지원 도구나 자원을 학생들에게 제공해야 한다는 것을 알게 되었고, 학습 활동 중에 교사가 수행해야 할 역할에 대해서도 이해하게 되었습니다."

◆ 학생 평가의 타당도 확보

학생 중심 수업에서의 평가와 관련하여 D 교사는 다음과 같이 말했다.

"학생 참여 중심 수업에서도 평가의 타당도는 여전히 중요합니다. 타당도에는 준거 타당도와 구인 타당도 등이 있습니다. 그러나 저는 이원분류표를 작성해 평가가 교육목표에 부합하는지를 확인하는 방법으로 타당도를 높이는 방안을 고려하고 있습니다."

〈배점〉

- ㅇ 논술의 내용 [총 15점]
  - – A 교장이 강조하고 있는 교육기획의 개념과 그 효용성 2가지 제시 [4점]
  - – B 교사가 채택하고자 하는 원리 1가지와 그 외 내용 조직의 원리 2가지(연계성 제외) 제시 [4점]
  - – C 교사가 실행하려는 구성주의 학습 활동을 위한 학습 지원 도구 · 자원과 교수 활동 각각 2가지 제시 [4점]
  - – D 교사가 고려하고 있는 타당도의 유형과 개념 제시 [3점]
- ㅇ 논술의 구성 및 표현 [총 5점]
  - – 논술의 내용과 '2015 개정 교육과정의 실질적 구현 방안'의 연계 및 논리적 형식 [3점]
  - – 표현의 적절성 [2점]

2018학년도 중등학교 교사 임용후보자 선정경쟁시험(교육학)

다음은 A 중학교 학생들의 학업 특성 조사 결과에 관해 두 교사가 나눈 대화 중 일부이다. 대화의 내용은 (1) 교육과정, (2) 수업, (3) 평가, (4) 장학에 관한 것이다. (1)~(4)를 활용하여 '학생의 다양한 특성을 고려하는 교육'이라는 주제로 논하시오. [20점]

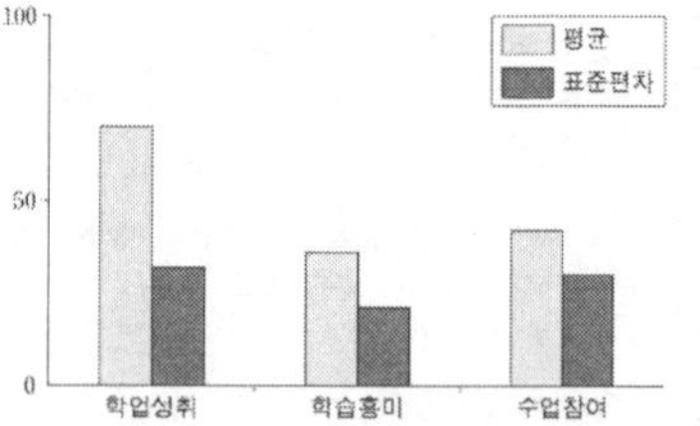

[그림] A 중학교 학생들의 학업 특성

박 교사 : 선생님, 우리 학교 학생의 학업 특성을 보면 학습흥미와 수업참여 수준이 전반적으로 낮아요. 그리고 학업성취, 학습흥미, 수업참여의 개인차가 크다는 것이 눈에 띄네요.

김 교사 : 학생의 개인별 특성이 그만큼 다양하다는 것을 의미하겠죠. 우리 학교 교육과정도 이를 반영해야 하지 않을까요?

박 교사 : 그렇습니다. 그런데 교육과정을 개발하는 과정에서 학생의 개인별 특성을 중시하는 의견과 교과를 중시하는 의견 간에 차이가 있습니다. 이를 조율하기 위해서는 시간이 걸리겠지만 적절한 논쟁을 거쳐 합의에 이르는 심사숙고의 과정이 필요합니다.

김 교사 : 네, 그렇다면 학생의 다양한 특성을 반영하기 위한 수업 방법으로 어떤 것이 있을까요?

박 교사 : 우리 학교 학생에게는 학습흥미와 수업참여를 높이는 수업이 필요할 것 같아요. 제가 지난번 연구수업에서 문제를 활용한 수업을 했는데, 수업 중에 학생들이 무엇을 해야 하는지 모르는 것 같았어요. 게다가 제가 문제를 잘 구성하지 못했는지 별로 흥미를 보이지 않더라고요. 문제를 활용하는 수업에서는 학생의 역할을 안내하고 좋은 문제를 개발하는 것이 중요하다는 것을 알게 되었어요.

김 교사 : 그렇군요. 이처럼 수업이 학생의 다양한 특성을 반영하게 되면 평가의 방향도 달라질 필요가 있습니다. 앞으로의 평가에서는 학생의 능력, 적성, 흥미에 적합한 목표를 설정하고 그에 따라 수업과 평가가 이루어지는 것도 의미가 있어 보입니다.

박 교사 : 동의합니다. 그러기 위해서는 평가결과를 해석하고 판단하는 기준도 달라질 필요가 있습니다. 예컨대 학생의 상대적 위치가 어느 정도인지를 판단하기보다는 미리 설정한 학습목표에 도달했는지 여부를 중시하는 평가유형이 적합해 보입니다.

김 교사 : 네, 저도 그렇게 생각합니다. 그리고 말씀하신 유형 외에 능력참조평가와 성장참조평가도 제안할 수 있겠네요.

박 교사 : 좋은 생각입니다.

김 교사 : 그런데 저 혼자서 학생의 다양한 특성을 고려해서 교육과정을 개발하고 수업을 설계하고 평가하는 것은 힘들어요. 선생님과 저에게 이 문제가 공동 관심사이니, 여러 선생님과 경험을 공유하고 협력해서 피드백을 주고받는 것이 좋겠어요.

〈배점〉

- 논술의 내용 [총 15점]
  - 박 교사가 제안하는 워커(D. F. Walker)의 교육과정 개발 모형의 명칭, 이 모형을 교육과정 개발에 적용하는 이유 3가지 [4점]
  - 박 교사가 언급하는 PBL(문제중심학습)에서 학습자의 역할 2가지, PBL에 적합한 문제의 특성과 그 특성이 주는 학습 효과 1가지 [4점]
  - 박 교사가 제안하는 평가유형의 명칭과 이 유형에서 개인차에 대한 교육적 해석 1가지, 김 교사가 제안하는 2가지 평가유형의 개념 [4점]
  - 김 교사가 언급하는 교내장학 유형의 명칭과 개념, 그 활성화 방안 2가지 [3점]

- 논술의 구성과 표현 [총 5점]
  - 논술은 서론, 본론, 결론으로 구성하고 [1점], 주어진 주제와 연계할 것 [2점]
  - 표현이 적절할 것 [2점]

찾아 보기

내용

인명

저자 소개

✍ **정종진**

공주사범대학 교육학과 졸업
충남대학교 대학원 교육학석사
건국대학교 대학원 교육학박사
뉴질랜드 크라이스트처치교육대학 연구교수 역임
호주 퀸즐랜드대학교 교육학부 객원교수 역임
한국초등상담교육학회 회장 역임
한국교육심리학회 부회장 역임
한국초등교육학회 부회장 역임
국제뇌교육학회 이사를 비롯한 여러 학회의 임원으로 활동 중
현재, 대구교육대학교 교육학과 교수

〈저서 및 역서〉
BGT 심리진단법
학습평가의 방법
좋은 수업의 실제
뇌기반 학습의 원리와 실제
학습동기
학습코칭
행복수업 외 다수

〈연구관심분야〉
뇌기반 학습, 심리검사와 평가, 긍정심리학, 학습동기와 상담

교사를 위한 교육평가 -개정판-

초판발행 2015년 2월 20일
재판발행 2015년 8월 25일
개정1쇄 2018년 8월 31일

2018. 8.

저 자 정 종 진
발행인 김 현 태
발행처 태영출판사

주 소 (08301) 서울 구로구 구로동 104-10 동남오피스텔 201호
전 화 02 · 839-3757, 839-3752
팩 스 02 · 837-3754
등 록 2005년 5월 30일 제12-421호
http://www.taeyeongbook.co.kr
E-mail tys2005@hanmail.net
ISBN 978-89-6302-233-8 93370
정 가 17,000원

NAVER 태영출판사

* 잘못 만들어진 책은 교환해 드립니다.